高职大学生创新创业与就业指导

《高职大学生创新创业与就业指导》编写组编

上海财经大学出版社

图书在版编目(CIP)数据

高职大学生创新创业与就业指导/《高职大学生创新创业与就业指导》编写组编.—上海：上海财经大学出版社，2017.8

ISBN 978-7-5642-2813-2/F·2813

Ⅰ.①高… Ⅱ.①高… Ⅲ.①职业选择—高等职业教育—教学参考资料 Ⅳ.G717.38

中国版本图书馆 CIP 数据核字(2017)第 199922 号

封面设计　张启帆
责任编辑　刘晓燕
电话　021-65903667
邮箱　exyliu@163.com

GAOZHI DAXUESHENG CHUANGXIN CHUANGYE YU JIUYE ZHIDAO
高 职 大 学 生 创 新 创 业 与 就 业 指 导
《高职大学生创新创业与就业指导》编写组编

上海财经大学出版社出版发行
(上海市中山北一路 369 号　邮编 200083)
网　址:http://www.sufep.com
电子邮箱:webmaster@sufep.com
全国新华书店经销
上海华教印务有限公司印刷装订
2017 年 8 月第 1 版　2017 年 8 月第 1 次印刷

787 mm×960 mm　1/16　16.5 印张　314 千字
印数:0001—4000　定价:42.00 元

(本书有电子课件,欢迎向责任编辑索取)

《高职大学生创新创业与就业指导》编委会

主　编　　刘苍劲　　理阳阳　　张立华
　　　　　王媚莎　　李爱卿　　白立强
副主编　　欧汉生　　高　斌　　胡荣华
　　　　　许爱军　　仇志海　　谢　平
编　委　　鲁春燕　　陈楚瑞　　冯清云
　　　　　卢红军　　叶　华　　吴玥琼
　　　　　马玉兰　　谢　洁

创新创业教育的核心是提高教育质量,对大学生进行创新创业教育是以培养大学生成为具有创业基本素质和创业型心理素质的人才为目标,不仅仅是以培育在校学生的创业意识、创新精神、创新创业能力为主的教育,而是要面向全社会,针对那些打算创业、已经创业、成功创业的创业群体,分阶段、分层次地进行创新思维培养和创业能力锻炼的教育。1991年,东京创业创新教育国际会议从广义上把"创业创新教育"界定为:培养最具有开创性精神的人,包括首创精神、冒险精神、创业能力、独立工作能力以及技术、社交和管理技能的培养。教育部在《关于大力推进高等学校创新创业教育和大学生自主创业工作的意见》中指出:"在高等学校开展创新创业教育,积极鼓励高校学生自主创业,是教育系统深入学习实践科学发展观,服务于创新型国家建设的重大战略举措;是深化高等教育教学改革,培养学生创新精神和实践能力的重要途径;是落实以创业带动就业,促进高校毕业生充分就业的重要措施。"

一、对大学生的创新创业教育是一项系统工程

要提高大学生的创新创业能力,形成良好的创新创业教育氛围,建设完善的创新创业培育体系,形成一个像生态体系一样的良性循环系统,应构建一个全方位的立体创新创业教育生态培育体系。这一体系包括高校、政府、企业、家庭、学生等多个子系统,各子系统之间相互联系、相互作用、相互支撑,构成一个完整的创新创业教育培育系统工程。

作为高校创新创业教育体系的主干,高校在创新创业教育培育体系中发挥着关键作用。作为参与者和协助者,政府是高校创新创业教育生态系统中的重要一环,发挥着重要作用,能够在政策制定、资金支持、舆论导向、服务体系、部门协调等多方面为高校创新创业教育创造良好的外部环境,起到难以替代的积极作用。各种企业尤其是知名企业在高校的创新创业教育中起着重要的示范作用,他们是大学毕业生创新创业的最直观的感受和奋斗目标,因此,企业在高校的创新创业教育中担负着不可推卸的社会责任。创新创业教育的最终落脚点在学生,只有学生接受了创新创业观念,并勇于去实践,才能说创新创业教育起到了实际的效果。每一个学生的背后都有一个家庭,家庭的支持是学生实践创新创业的有力保障。

二、对大学生的创新创业教育必须纳入课程体系

早在2012年8月1日,教育部办公厅下达关于印发《普通本科学校创业教育教学基本要求(试行)》的通知。文件指出:在普通高等学校开展创业教育,是服务国家加快转变经济发展方式、建设创新型国家和人力资源强国的战略举措,是深化高等教育教学改革、提高人才培养质量、促进大学生全面发展的重要途径,是落实以创业带动就业、促进高校毕业生充分就业的重要措施。随着"创业基础"课纳入本科必修,创新创业教育再一次成为教育研究的关注点。随后,联合国青年就业网络中国示范项目CDEP平台开通创新创业系统,也标志着创新创业教育在我国的大力开展是与世界接轨的。

2016年5月13日,国务院办公厅印发《关于深化高等学校创新创业教育改革的实施意见》(以下简称《意见》),从高校开设创新创业必修课、允许学生休学创业,到加强教师创新创业教学能力,打出了一套涉及高校课程、考核、管理、师资建设等的改革"组合拳"。

大学生创新创业教育需要依托有效的课程载体。课程体系是实现创新创业教育的关键。创新创业教育课程体系主要由以下三个层次构成:第一层次,面向全体学生,旨在培养学生创新创业意识、激发学生创新创业动力的普及课程;第二层次,面向有较强创新、创业意愿和潜质的学生,旨在提高其基本知识、技巧、技能的专门的系列专业课程;第三层次,旨在培养学生创新创业实际运用能力的各类实践活动课程,要以项目、活动为引导,教学与实践相结合,有针对性地加强对学生创业过程的指导。

高校创新创业教育的内容体系和课程体系互为支撑,内容体系为课程体系提供课程内容的支撑,课程体系为内容体系提供内容实现形式的支撑,两者共同作用,促进高校创新创业教育课程的发展。

三、高校创新创业教育必须转变观念

当前全国高校开展创新创业教育,存在的问题不少,主要问题是观念不清、政策不明、管理不规范、各自为政、五花八门、师资奇缺、质量不高等,这在很大程度上严重影响了对大学生创新创业教育的质量和声誉。例如,有人认为创新创业教育就是单纯创业项目的教育,项目失败的概率是很高的,大学不应该误导学生;有人认为大学就应该做好创新教育,不必搞创业教育,将创新做好了,就有了创业的基础。正如刘志阳教授所说,"创新创业教育实质是有创造性的人的全面教育而非项目的教育,创新创业教育是融合创新活动的实践教育,而非纯粹传授的知识教育,实践能力对于大学生来说也是十分重要的"。

创新教育、创业教育和国家双创工程是三个层次的问题。创新教育是教育系统内部通过教育教学行为,培养学生的创新意识、创新能力、创新思维,应着重于科学、技术和文化的创造;创业教育就是培养学生能够认识社会、了解社会、切入社会,让他们将科学技术文化,应用到社会的生产发展实践中,产生对经济的推动、对产业的升级,对商品销售带来全面实质性的影响;国家"双创"工程就是通过毕业就业教育,指导学生将学到的创新知识和创业能力结合起来,围绕国家双创工程去谋划其职业生涯。刘志阳教授认为,"创新创业素养应该成为每个大学生具备的核心素养。要从'知识'(主要包含技术、服务和商业模式创新的知识以及创建企业的知识)、'能力'(实践能力、创新创业领导力、把握机会的能力)、'思维'(问题导向思维、批判性和创造性思维)3个层面6个维度培养学生创新创业核心素养。"

四、高校创新创业教育的重点和基本思路

国务院《意见》颁布后,教育部高教司张大良司长等相关负责人和专家明确指出了高校创新创业教育的重点。深化高校创新创业教育,并不是简单教学生开公司、办企业,而是将其作为推进高等教育综合改革、全面提高高教质量、促进高校毕业生更高质量创业就业的突破口和重要抓手。创新创业的重点,用两个字说是"培养",提升培养质量、补足培养短板、汇聚培养合力,"是要以提高人才培养质量为核心……促进高等教育与科技、经济、社会的紧密结合,不断提高其对稳增长促改革调结构惠民生的贡献度。""这并不是单纯地鼓励发起一场大学生创业的运动,而是指向高校育人核心。"《意见》体现的是"向学"导向,"如其中非常关注学术创新、科研攻坚、人才综合素质培养等问题,有助于形成管理者办学、教师教学、学生求学的理性认知与行动自觉。也只有提高人才培养质量,提升全体学生的综合素质,才有可能培养出高层次的创新创业人才。"

国务院《意见》规定,高校要设置合理的创新创业学分,建立创新创业学分积累与转换制度;为有意愿、有潜质的学生制订创新创业能力培养计划,并面向全体学生开设创新创业教育必修课和选修课,推出慕课、视频公开课等在线开放课程等。"各高校要广泛开展启发式、讨论式、参与式教学,扩大小班化教学覆盖面,推动教师把国际前沿学术发展、最新研究成果和实践经验融入课堂教学,注重培养学生的批判性和创造性思维,激发创新创业灵感。"张大良直言,"高分低能"的积弊阻碍创新创业人才的涌现,未来考试将"注重考查学生运用知识分析、解决问题的能力,探索非标准答案考试"。

"高校要聘请各行业优秀人才,担任专业课、创新创业课的授课教师或指导老师。"刘贵芹则透露,各高校要制定兼职教师的管理规范,同时在各个高校聘请兼职教师的基础上,形成一个全国性的万名优秀创新创业导师人才库。

高校评估要看创新创业教育质量怎么样,要想推动政策落地,高校积极性又该如何保证?"教育主管部门要把创新创业教育质量作为衡量高校办学水平、考核领导班子的重要指标,纳入高校教育教学评估指标体系和学科评估指标体系,引入第三方评估。"张大良表示,各高校要成立由校长任组长、分管校领

导任副组长、有关部门负责人参加的创新创业教育工作领导小组,建立教务部门牵头,学生工作、团委等部门齐抓共管的创新创业教育工作机制,此外,还要把创新创业教育相关情况列入本科、高职高专、研究生教学质量年度报告和毕业生就业质量年度报告重点内容,接受社会监督。

《意见》规定:(1)谁来教？配齐、配强创新创业教育与创业就业指导专职教师,建立定期考核、淘汰制度。聘请知名科学家、创业成功者、企业家、风险投资人等各行各业优秀人才,担任专业课、创新创业课授课或指导教师,制定兼职教师管理规范,形成全国万名优秀创新创业导师人才库。(2)钱从哪里来？部委属高校按规定使用中央高校基本科研业务费,支持在校学生开展创新科研。中国教育发展基金会设立大学生创新创业教育奖励基金,奖励对创新创业教育做出贡献的单位,鼓励社会组织、公益团体、企事业单位和个人设立大学生创业风险基金,以多种形式向自主创业大学生提供资金支持。(3)怎么教？加强专业实验室、创业实验室等建设,促进实验教学平台共享,建好一批大学生校外实践教育基地、创业示范基地、科技创业实习基地和职业院校实训基地,完善国家、地方、高校三级创新创业实训教学体系,深入实施大学生创新创业训练计划。

创新创业教育应该突出深化高等学校创新创业教育改革,其基本思路和措施是更侧重于营造创新创业生态系统,促进大学与社会的融合,增强高校服务社会的能力。建立课堂教学、自主学习、结合实践、指导帮扶、文化引领融为一体的创新创业教育体系,在全球化的信息时代,高校需要更加开放,让企业家进校园,让大学生的创业更加面向校外乃至全球市场；需要把握时代提供的国家"一带一路"战略机遇,围绕"培养什么人,怎样培养人"深化改革,创新资源整合,为社会创造价值,促进社会进步。

李小鲁教授
中国职业技术教育学会副会长
广东省高等学校思想政治教育研究会会长
广东省职业技术教育学会会长
广东省教育厅正厅级巡视员

序 ……………………………………………………………………（1）

第一章 创新创业是学校的系统工程 ………………………（1）
 案　例 ………………………………………………………（1）
 导　语 ………………………………………………………（2）
 关键词 ………………………………………………………（3）
 一、创新创业的概念、内涵和特征 ………………………（3）
 二、创新创业的基本理念是成才教育 ……………………（4）
 三、创新创业是职业发展的最高阶段 ……………………（6）
 四、创新创业教育是学校的系统工程 ……………………（8）
 五、国家对大学生创新创业的政策支持 …………………（11）
 相关链接 ……………………………………………………（14）
 本章训练题目 ………………………………………………（15）

第二章 学校教育的核心是培养大学生创新创业精神 ……（16）
 案　例 ………………………………………………………（16）
 导　语 ………………………………………………………（17）
 关键词 ………………………………………………………（17）
 一、什么是创新创业精神？ ………………………………（17）
 二、为什么大学要进行创新创业教育？ …………………（19）
 三、学校培养大学生创新创业精神的基本路径 …………（22）
 相关链接 ……………………………………………………（26）
 深度阅读 ……………………………………………………（27）
 本章训练题目 ………………………………………………（27）

第三章 高职学生创新创业的筹划阶段 (28)
 案　例 (28)
 导　语 (29)
 关键词 (29)
 一、高职学生创业行为的主要特征 (29)
 二、高职学生创业应具备的基本条件 (31)
 三、高职学生创业的项目选择 (32)
 四、高职创业者如何组建创业团队 (34)
 五、撰写商业策划书 (36)
 相关链接 (40)
 深度阅读 (40)
 本章训练题目 (40)

第四章 开业初期的工作与管理 (41)
 导　语 (41)
 关键词 (41)
 一、筹集资金 (41)
 二、制定企业发展中长期规划 (44)
 三、预防企业发展过程中的危机 (45)
 四、扩大生意场上的人脉 (48)
 五、在企业内部建立管理制度 (49)
 六、员工的管理 (51)
 七、创业者的基本素质 (53)
 相关链接 (57)
 深度阅读 (57)
 本章训练题目 (57)

第五章 创业者必备的营销知识 (58)
 案　例 (58)
 导　语 (59)
 关键词 (59)
 一、市场购买行为分析 (59)
 二、市场调查 (62)

三、目标市场营销 …………………………………………………（64）
　四、产品策略 ………………………………………………………（69）
　五、定价策略 ………………………………………………………（70）
　六、渠道策略 ………………………………………………………（73）
　七、促销策略 ………………………………………………………（74）
　相关链接 ……………………………………………………………（76）
　深度阅读 ……………………………………………………………（76）
　本章训练题目 ………………………………………………………（77）

第六章　创新创业教育的基本内容 ……………………………………（78）
　案　例 ………………………………………………………………（78）
　导　语 ………………………………………………………………（79）
　关键词 ………………………………………………………………（79）
　一、基于专业基础的创新创业教育 ………………………………（79）
　二、基于兴趣爱好的创新创业教育 ………………………………（81）
　三、基于社会需求的创新创业教育 ………………………………（83）
　四、基于财务预算的创新创业教育 ………………………………（85）
　五、基于风险认知的创新创业教育 ………………………………（89）
　六、基于商业模式的创新创业教育 ………………………………（93）
　七、基于创业实践的创新创业教育 ………………………………（94）
　相关链接 ……………………………………………………………（95）
　深度阅读 ……………………………………………………………（95）
　本章训练题目 ………………………………………………………（102）

第七章　高职大学生择业的基本方法 …………………………………（103）
　案　例 ………………………………………………………………（103）
　导　语 ………………………………………………………………（104）
　关键词 ………………………………………………………………（104）
　一、根据自己的专业知识择业 ……………………………………（105）
　二、根据自己的学历文凭择业 ……………………………………（107）
　三、根据自己的兴趣特长择业 ……………………………………（108）
　四、根据自己的现实条件择业 ……………………………………（111）
　五、根据社会的需求择业 …………………………………………（116）

六、根据自己的家庭基础择业 ……………………………… (117)
　　相关链接 …………………………………………………… (119)
　　深度阅读 …………………………………………………… (119)
　　本章训练题目 ……………………………………………… (119)

第八章　高职大学生基本的工作能力 ……………………… (124)
　　案　例 ……………………………………………………… (124)
　　导　语 ……………………………………………………… (124)
　　关键词 ……………………………………………………… (124)
　　一、基本知识 ……………………………………………… (124)
　　二、基本技能 ……………………………………………… (127)
　　三、基本能力 ……………………………………………… (131)
　　四、基本经验 ……………………………………………… (134)
　　相关链接 …………………………………………………… (137)
　　深度阅读 …………………………………………………… (137)
　　本章训练题目 ……………………………………………… (137)

第九章　强化员工意识 ………………………………………… (138)
　　案　例 ……………………………………………………… (138)
　　导　语 ……………………………………………………… (139)
　　关键词 ……………………………………………………… (139)
　　一、具备员工的职业道德 ………………………………… (139)
　　二、培养敬业精神与坚定职业理想 ……………………… (141)
　　三、提升员工的职业素质 ………………………………… (143)
　　四、提升职场综合能力 …………………………………… (146)
　　五、树立职场风险意识 …………………………………… (147)
　　相关链接 …………………………………………………… (150)
　　深度阅读 …………………………………………………… (150)
　　本章训练题目 ……………………………………………… (157)

第十章　现代职场常识 ………………………………………… (158)
　　案　例 ……………………………………………………… (158)
　　导　语 ……………………………………………………… (159)

关键词 …………………………………………………… (159)
一、企业的社会作用 …………………………………… (159)
二、企业的运营 ………………………………………… (160)
三、员工在部门中的工作 ……………………………… (162)
四、设置工作目标 ……………………………………… (163)
五、部门内部的沟通 …………………………………… (166)
六、现代商业社会的基本规则 ………………………… (169)
相关链接 ………………………………………………… (171)
深度阅读 ………………………………………………… (171)
本章训练题目 …………………………………………… (171)

第十一章 做好进入职场的心理准备 …………………… (172)
案　例 …………………………………………………… (172)
导　语 …………………………………………………… (173)
关键词 …………………………………………………… (173)
一、迎接崭新的生活方式 ……………………………… (173)
二、企业追求的人才 …………………………………… (176)
三、优秀员工的典型特征 ……………………………… (178)
四、职场新人的角色和位置 …………………………… (180)
五、拓展人脉 …………………………………………… (183)
相关链接 ………………………………………………… (186)
深度阅读 ………………………………………………… (187)
本章训练题目 …………………………………………… (187)

第十二章 提高工作效率 …………………………………… (189)
案　例 …………………………………………………… (189)
导　语 …………………………………………………… (190)
关键词 …………………………………………………… (190)
一、制订工作计划 ……………………………………… (190)
二、确定工作轻重缓急 ………………………………… (193)
三、日常工作的程序化 ………………………………… (196)
四、提高时间的使用效率 ……………………………… (198)

五、养成良好的职业习惯 …………………………………………（200）
　六、在平凡的工作中去创新 ………………………………………（202）
　相关链接 ……………………………………………………………（203）
　深度阅读 ……………………………………………………………（203）
　本章训练题目 ………………………………………………………（204）

第十三章　毕业生求职的方法与技巧 …………………………（205）
　案　例 ………………………………………………………………（205）
　导　语 ………………………………………………………………（206）
　关键词 ………………………………………………………………（206）
　一、自荐求职的方法与技巧 ………………………………………（206）
　二、电话求职的方法与技巧 ………………………………………（209）
　三、举荐求职的方法与技巧 ………………………………………（211）
　四、中介求职的方法与技巧 ………………………………………（214）
　五、广告求职的方法与技巧 ………………………………………（217）
　六、网络求职的方法与技巧 ………………………………………（220）
　七、毕业生求职过程中的法律防护 ………………………………（222）
　相关链接 ……………………………………………………………（225）
　深度阅读 ……………………………………………………………（225）
　本章训练题目 ………………………………………………………（225）

第十四章　面试训练与技巧 ……………………………………（227）
　案　例 ………………………………………………………………（227）
　导　语 ………………………………………………………………（227）
　关键词 ………………………………………………………………（227）
　一、面试前的准备 …………………………………………………（228）
　二、面试中的应对 …………………………………………………（231）
　三、面试后的跟进 …………………………………………………（241）
　相关链接 ……………………………………………………………（242）
　深度阅读 ……………………………………………………………（242）
　本章训练题目 ………………………………………………………（243）

后记 …………………………………………………………………（244）

第一章　创新创业是学校的系统工程

案例

磁性剪纸的发明

提起磁性剪纸的发明过程，90后大学生王子月笑着说："纯属偶然。"山西各地的剪纸文化源远流长。在王子月的童年记忆里，逢年过节，很多老人都会用一把剪刀、几张彩纸，瞬间剪出五彩斑斓的窗花。看到大人们两三分钟就能剪出一个个栩栩如生的形象，小子月感觉太神奇了。因为镂空的剪纸比较脆，稍不注意就会撕烂，涂上糨糊之后就更加易碎，一次帮亲戚装扮婚车时，王子月感觉这么漂亮的剪纸用起来却很不方便。正因为这些问题，人们越来越难见到很多起源于民间的剪纸艺术了。在机关工作的父母业余喜欢搞一些小发明，家庭的熏陶使王子月也乐此不疲。于是，她就和父亲商量，能不能找到一个既不破坏剪纸的艺术效果，又易于收藏使用的好办法。父女二人很快投入到发明中。经过反复选择试验，王子月终于找到了一种特殊的磁性材料来代替传统的剪纸材料。使用这样的材料剪出的艺术剪纸很容易就可以吸附、粘贴在铁质的物品上，用水及清洁剂喷在背面，还可以轻易地将它们粘在玻璃等光滑物品上，且不会破坏剪纸。磁性剪纸解决了长期以来传统剪纸容易掉色、变色及收藏不方便的问题。磁性剪纸发明之后，王子月很快申请了国家专利——磁性剪纸的专利技术。由磁性剪纸延伸，王子月又取得了磁贴画和着色磁性剪纸两项专利。磁贴画主要针对学龄前儿童，让孩子们拆分、拼贴，增强他们的动手能力。专利的取得让王子月很有成就感，她开始琢磨如何让这一专利产品走向市场。为此，她和父母做了很多前期的摸索。王子月的爸爸王龙还专门跑到全国小商品集散地义乌寻找商机。2007年10月，王子月和父亲的磁性剪纸专利从海内外报名的近 3 000 项专利中脱颖而出，进入中央电视台"我爱发明"大赛的决赛现场，经过中国资产评估协会、中国发明协会等有关部门专家学者的严格评审，磁性剪纸项目因为其市场大、社会效益好及其良好的不可替代性等方面的优势，最终夺得了央视"我爱发明"大赛的首个最高奖——新金点子奖。这次得奖，再次鼓舞了王子月和父母将这项发明推向市场的信心。2008 年，王子月惊喜地接到山西省文化厅的通知：因磁性剪纸将中国的传统剪纸文化与现代的科技元素巧妙地融合在一起，符合北京奥运会"科技奥运"的理念，故选其代表山西在北京奥林匹克公园中国故事山西祥云小屋展示。奥运会期间，王子月和母亲一起来到北京给世界各地的运动员和游客展示磁性剪纸艺术。她们设计的获奥运金牌的各国优秀运动员的磁性剪纸肖像，特别是菲尔普斯、梅西、杨威、廖辉、郭晶晶、张娟娟等偶像级的人物肖像剪纸成了抢手货。

王子月和父母的出色表现获得了奥组委和国家文化部的表彰。

导 语

在杭州师范大学的创业园里，1990 年出生的晋城女孩王子月，热情地向记者介绍起她的磁性剪纸。"磁性剪纸是个创意产业，任何东西都可以用剪纸表现出来，它提倡的是自己动手、自己创新，并在动手中获得巨大的乐趣。操作简单，任何人都可以轻松学会。而且成本低廉，便于使用和收藏，可以用于家居装饰、礼品赠送、广告促销……无论是作为节庆用品、旅游纪念品，还是艺术藏品等等，都有很大的市场前景。"磁性剪纸使用的是环保材料，可以循环利用再生产。只要有铁的地方都能直接吸上去，灵巧便携。因为不容易剪断、撕破，它比普通剪纸上手快，能让人们在十分钟内就体验到剪纸的乐趣。

据统计，在 2016 年大学生创业英雄的公司中，有的公司已经上市或正在股改，37 家公司注册资产上千万元，创业领域覆盖大农业、环保、制造、3D 技术、"互联网＋"等诸多领域，并拥有几百项国内外领先的自主知识产权。更令人敬佩的是，在这些创业英雄中，90 后占了绝大多数。他们的创新创业成果，他们的创新创业故事，他们作为榜样的社会影响力，启发、鼓舞、影响了更多的大学生积极投身"双创"活动，并形成一批可复制、可推广的创业经验、创业模式，使个体的力量凝聚成群体的力量，营造了更加良好的创新创业氛围，汇聚起经济社会发展的强大新动力。

关键词

创新创业的概念；创新创业的特征

一、创新创业的概念、内涵和特征

（一）创新创业的概念和内涵

创新创业是指基于技术创新、产品创新、品牌创新、服务创新、商业模式创新、管理创新、组织创新、市场创新、渠道创新等方面的某一点或几点创新而进行的创业活动。创新是创新创业的特质，创业是创新创业的目标。

创新创业是基于创新基础上的创业活动，既不同于单纯的创新，也不同于单纯的创业。创新强调的是开拓性与原创性，而创业强调的是通过实际行动获取利益的行为。

因此，在创新创业这一概念中，创新是创业的基础和前提，创业是创新的体现和延伸。

创新创业的内涵与传统创业的根本区别在于创业活动中是否有创新因素。这里的创新不仅指的是技术方面的创新，还包含管理创新、知识创新、流程创新、营销创新等方面。总之，只要能够给资源带来新价值的活动就是创新。在某一方面或者某几个方面进行创新并进而创业的活动，就是创新创业。没有在任何方面进行创新的创业就属于传统创业。

（二）创新创业的特征

不同于传统创业，创新创业有以下三个显著特征：

1. 高风险

创新创业是建立在创新基础上的创业，但是由于人们现有认知、行为习惯等方面的影响，阻碍对创新的接受，使得创新创业会面临比传统创业更高的风险。正如彼得·德鲁克所言："真正重大的创新，每成功一个，就有 99 个失败，有 99 个闻所未闻。"

2. 高回报

创新创业是通过对已有技术、产品和服务的更优化组合，对现有资源的更优化配置，能够给客户带来更大、更多的新价值，从而开创所在创业领域的"蓝海",获取更多的竞争优势,也获取更大的回报。

3. 促进上升

创新创业是在创新基础上的创业活动,创新是创业的基础和前提,同时创业又是创新成果的载体和呈现,并在创业活动过程中不断优化资源配置、总结提炼,以实现创新的更新与升级。创新带动创业,创业促进创新。

二、创新创业的基本理念是成才教育

新世纪是一个创新的世纪,未来社会迫切需要的是具有创新创业能力的人才。大学生作为高等教育的主体,作为社会向前发展的原动力,必须与知识经济时代的发展要求相适应,具有较强的创新创业能力。

当前的高职毕业生的就业形势已经清晰明了地展现在了我们的面前,那么我们接下来要做些什么,或者借助什么来提高我们的能力、增加我们的就业筹码呢?如果说必要的文凭、证书对我们的就业极为重要的话,那么比此更加重要的、能让我们快速发展的东西就非创新、创业莫属。

创新,是一种能力的培养。每个人都对发明有所了解,发明是在无前人引导的情况下为了生活的需求而做出一些东西,一般人难以做到。而创新却不是这样,它不需要我们整天抱着头地空想,去做出一些连科学家都难以做出的东西,它只需要我们站在前人的肩膀上,将一些已有的东西做一些改动,来适应我们的需求。

创业,是就业的最高形式。它是创业者通过发现和识别商业机会,成立活动组织,利用各种资源,以创造价值的过程。但并不是所有人都适合创业,创业的路上需要我们能够担当更多的责任和风险,就像马云所说:"今天很残酷,明天很残酷,后天很美好,但大多数人死在明天晚上,看不到初升的太阳。"但是追逐梦想是幸福人生的起点,为了理想去奋斗,就需要认识创业、准备好创业的素质,提前进行创业的演练。

根据调查显示,我国大学生的创新、创业意识和能力比较缺乏。大学生缺乏创新意识和创新能力主要体现在以下方面:

1. 不能正确地认识创业。不少大学生把创业看得很神圣,认为只有高科技、高资本才能完成创业;有的把创业看得一文不值,认为是找不到工作或工作失败后迫不得已而做的一件事;有的把创业同各种素质锻炼混为一谈,缺乏目的性和计划性。

2. 缺乏自我认知。对市场和自我缺乏理性的分析和判断,盲目追赶创业的潮流,成为大学生的又一个时髦。有的大学生把创业作为攀比、竞争的手段,而不考虑自己是否适合创业,或是否具备了创业的成熟条件。

3. 有一部分同学在创业方面的选择上,缺少对市场的深入调查与分析,一味追求热门行业。面对如此严峻的就业压力,为了更快地进入社会,并使自己尽快地强大起来,大学生就很有必要提高自己的创新、创业能力。

随着网络的盛行、西方思想的传入、大学生身边诱惑的增多和现在中国社会所面临的种种压力等问题的日益呈现,当代大学生的思想和行为也出现了很大的分离,譬如各种心理问题和道德修养缺陷等,这些无疑都给当代大学生创新能力的提高设置了障碍。

提高当代大学生的创新、创业能力已成为一种趋势。它必定会使我国的就业形势发生巨大的改变,并对我国的长期发展起到举足轻重的作用。另外,从中国大学生创新、创业水平现状考虑,它也是势在必行的重要举措,即培养大学生的创新、创业意识和提高其创新能力极具必要性和可行性。

1. 有利于缓解大学生就业压力。大学生的创业能力对解决大学生就业难这一问题很有帮助。创业能力是一个人在创业实践活动中的自我生存、自我发展的能力。一个创业能力很强的大学毕业生不但不会受到社会的就业压力的影响,相反还能通过自主创业来增加就业岗位和竞争筹码,以缓解社会的就业压力。

2. 有利于大学生自我价值的实现。大学毕业生通过自主创业,可以将自己的兴趣与职业相融合,使自己能够在所喜欢的领域大显身手,充分展现自己的才华,并达到自己所预期的目标。这样不仅可以解决当今社会就业难的问题,还可以得到自我价值的实现。

3. 有利于大学生自身素质的提高。伴随着我国高校的扩招,大学生素质一直呈现降低的趋势,并且这一直是一个非常棘手的问题。若想改变这一现状,大学生创业无疑是最经济、最有效的办法之一。通过创业与创业实践,大学生可以清除内心的障碍,增强自己的心理承受能力,并努力将不可能变为可能。在创业活动中,还可以拓展自己的人脉,努力培养自己的各种素质。也只有这样,大学生创业才能成功,进入社会才不会成为问题。

4. 有利于培养大学生的创新精神。创新是一个民族的灵魂,是一个国家长久不衰的重要因素。如果缺少了创新,任何一个团体甚至一个国家就会停滞不前。青年大学生作为中国最具活力的群体,如果失去了创造的冲动和欲望,那么中华民族最终将失去发展的不竭动力。大学生的创业活动,有利于培养他们勇于开拓创新的精神,把就业压力转化为创业动力,培养出越来越多的各行各业的创业者。美国前总统里根曾说:一个国家最珍贵的精神遗产就是创新,这是国家强大与繁荣的根源。中国的未来在于大学生,中华民族的精神永恒则在于大学生旺盛的创造力与创新追求。

三、创新创业是职业发展的最高阶段

最终,创新和创业是每个职业发展的最高级形态,在积累中实现创新创业。鼓励在校大学生创业,从总体上有利于大学生的长远发展,缓解就业压力。

提高大学生创新意识和能力的途径如下:(1)要主动营造活跃的创新氛围。环境一直是关乎学习和工作效果的重要因素,拥有良好的环境将会起到事半功倍的作用。而创新氛围的营造能为创新行为提供环境支持,积极热烈的创新场景可以使大学生本身产生创新的意识和灵感。一方面,在大学里我们应该积极主动地配合营建自己的创新团体;另一方面,我们要积极利用好大学里的各种软硬件方面的环境资源,如图书馆、实验室等,这些场所通常是培育和激发创新灵感的绝佳环境;同时,大学生不应该仅仅拘泥于大学校园,还应该主动走出校门,参加社会调研,让理论和实践相结合,在社会实践中发现问题、思考问题、解决问题,并在实际活动中及时反馈,形成最后的成果。(2)要培养科学的学习习惯和思考习惯。朱清时院士在总结创新能力提高的技巧时称:出色的科学家之所以能源源不断地有新成就,在于他们有从不枯竭的兴趣,并不断地培养自己的直觉,最后聚精会神地去研究它。由此看来,我们需要拥有极其浓厚的兴趣,并在学习和思考的时候能够全身心地投入。这就要求我们,要摒弃社会中的各种诱惑,努力地挖掘自己真正的兴趣,并把自己的兴趣融入思考当中;另外,要善于运用逆向思维来考虑问题,不断地培养自己的直觉,并把思维的灵感及时保存,成为研究的新发现。(3)持续积累,夯实基础知识。可以肯定,良好的基础知识是一切创新成果诞生的良好开端。没有扎实的基础知识,是不可能做出成功的创新成果的。李开复认为,在大学期间,同学们一定要学好基础知识,其中包括数学、英语、计算机和互联网的使用,以及本专业要求的基础课程(如商学院的财务、经济等课程)。其原因是创新成果大多来源于基础知识的深层次组合,另外,如果没有打下良好的基础,大学生们也很难真正理解高深的应用技术。因此,打好基础知识的根基,对于研究、创新起着至关重要的作用。但是,我们切不可因为基础知识的学习就一味埋头苦钻基础而放弃了对基础知识的延伸和新知识的发现,否则就陷入了片面论的泥潭。所以我们要在学习专业课的同时提高自己的动手和实战能力!

提高大学生创业意识和创业能力的途径如下:(1)先就业再择业。应届大学毕业生最大的劣势是无工作经验,所以我们急需积累和学习一定经验之后再谋高就。如果没有就业的经验,那么创业就很难成功。就业可以增加自己的接触面,也可以积累工作经验。(2)积极主动,敢于竞争。主动积极地就业,相信自己的自主创业能力,不能被动"等、靠、要"消极地就业。在创业和就业过程中要敢于竞争,面对失败,总结经验,逐渐成熟。(3)将自己的兴趣融于创业中。敢于选择自己喜欢的岗位,在自己喜欢、了解比较多的行业创业,因为兴趣是最好的老师,而且在大学中除了学知识,更多的是增强自己的能力。(4)多关注些财经类新闻,了解一些创业成功者的经验,以及吸取他们在创业中失败的教训,尽量避免自己今后在创业中遇到同样的问题。(5)树立正确的创业意识。包括市场意识、竞争意识、个性意识、创新精神和创业品质等。创业意识可能因为偶然刺激而产生,也可能是逐渐积累而引发的慎重决策。(6)通过各种渠道积极参加实践活动,培养自己的创业能力是关键。实践环节能使大学生在校期间积累创业经验,它是培养创业能力的有效途径。大学生可以在参加活动中了解社会、了解市场,并锻炼自己的能力。所以大学生在校期间要积极参与创业实践活动,如大学生创业大赛、创业计划书大赛等。其次,大学生还可通过参与社团活动、兼职打工、社会调查等活动来接触社会,了解社会。

创业能力是需要我们一步一步来提升的,一夜暴富基本上是不可能的,我们要给自己确定一个明确的定位,一步步地提高自己的创业能力。创业者素质的培养是有一定规律的,其成长也是有过程的。而从实践中汲取经验和教训,是创业者成长的捷径,中国有句俗话:"一年学成个庄稼汉,三年学成个生意人",说的就是这个道理。只要我们有信心,并积极行动起来努力提高自己创新、创业的能力,我们就有理由相信,不远的将来,在社会创业的舞台上,会真正涌现出一批批的大学生创业英雄,会流传一个个大学生创业的传奇故事。

四、创新创业教育是学校的系统工程

1. 学校多个部门协同共管、协同育人

大学生创新创业教育是以教学为主导、学生为主体,各相关部门密切配合的一项系统工程。创新创业教育改革是新形势下创新高职教育人才培养模式、提升办学水平的突破口。

创新创业教育的内容包括学生的基本素质和能力培养、综合能力和素质的培养、专业创新能力和素质的培养、企业经营管理知识的学习、企业经营管理能力的培养、创新训练和实践、创业实训和实践。从这一系列的内容可以看出,创新创业教育在实施过程中不是一个系、一个部门可以独立完成的,比如:思政课部和公共课部需要负责学生基本素质和能力培养的教学和实训;学生处、团委要负责学生综合能力与素质的培养;专业教学系要负责学生专业创新能力和素质的培养、创新训练和实践、创业实训和实践;经管类教学系要负责学生企业经营管理知识的学习和企业经营管理能力的培养;创新创业中心负责全校创新创业工作的指导和创业基地的建设与管理;教务处负责全校的创新创业课程体系建设和教学改革;科研处负责全校的科研和科技创新工作;基资处负责创新创业基地的建设和物资供应;财务处负责各项资金的落实;后勤处为创新创业学生提供后勤服务保障等等。因此,创新创业教育工作需要学校多个部门协同共管。

要让创新创业教育工作落到实处,学校应成立"大学生创新创业教育改革"工作领导小组。同时要求各教学系部要成立大学生创新创业工作小组,实行一把手负责制,明确系分管领导和工作干事,负责具体工作的组织和落实。各系要召开创新创业教育工作专题会议,认真组织学习中央、省有关文件精神和学院方案,制定系部创新创业教育改革具体实施方案,全面启动与实施创新创业教育改革,营造浓厚的创新创业氛围。

2. 引领、支持、约束、规范各专业教育

培养创新创业人才是党的十八大的重要部署,《国务院办公厅关于深化高等学校创新创业教育改革的实施意见》(国办发〔2015〕36号)给高职院校的教学改革和办学方向提出了新的要求。职业教育要适应新形势、新常态,职业教育要从过去的"应知、应会",提升到"应知、应会、能创新、能创业"的高度。要用创新创业教育改革引领专业教育的教研、教改。

(1) 规范专业教育的人才培养方案

一是把学生的职业生涯规划融入专业基础课的教学。让学生知道本专业学什么、怎么学,应掌握哪些知识,具备哪些技能;让学生了解专业的行业动态、发展趋势;让学生学会制定基于本专业的职业生涯规划。

二是把创新教育融入专业主干课程中理论课的教学。职业教育要简化理论课、强化实践技能课、突出创新创业课,通过创新创业课让学生了解本专业的新技术、新工艺,启发学生的新思维。

三是把创新创业实践融入专业主干课程中实践课的教学。制定完善的专业创新创业实践教学计划,以项目教学为手段,让学生了解实施创新创业项目的全过程,培养学生创新创业的专业素质,提升学生创新创业的实践能力。

(2) 建立教师创新创业教育考核机制

把专业创新创业教育的成果作为教师评级和职称评定的重要内容之一,鼓励教师从事应用型科学研究和专利技术发明;鼓励教师带领学生进行科技创新训练和指导学生创业实践,学校对实施项目给予指导教师人、财、物的支持。做到以教师科研带动学生创新,以教师社会服务引导学生创业。

3. 培养大学生创新创业思维

大学生接受创新创业教育是为培养大学生的创新创业意识、创新创业技能、创业人格,而创业意识、创业技能、创业人格这三者无不包含着创新能力的培养。创业能力的首要表现就是创新能力,没有创新能力,创业能力将无从谈起;成功创业需要科学的创新创业思维来引导。

(1) 改进教师传统的教学理念,树立培养创业创新型人才的观念

在进行创新创业教育的过程中,教师有非常重要的职责,起着启蒙、引导、塑造的作用,这就是教师在创新创业教育中的关键所在。在高校的创新创业教育过程中,应该通过改变教师的教育理念,先让教师树立起创新创业教育观,转变狭窄的知识教育和单项的就业教育观,提高以综合素质与能力为主的创新型的创业教育意识,使教师成为高等学校开展创新创业教育的最好的引导者,从而让教师积极地探索符合创业教育人才培养理念的教学方法。高校应该通过各种途径让教师不断地完善自身的知识,利用寒暑假,通过到企业锻炼,理论与

实际结合,更新自己的思维和教学水平,树立课内外一体化的教育观。创新创业教育必须以课堂上的理论教育为支撑,课外的实践环节为延伸,建立起"课内外一体化"的教学方法和教学理念,并将这种教学理念通过教师灌输给在校大学生,进而充分调动学生创新的积极性,提高学生实践能力。

(2) 训练学生的创新思维就是要打破常规的思维定式,包括发散思维、逆向思维和系统思维等。学生缺乏创新能力的一个重要原因在于从小学到大学都是侧重于理论思维、分析思维、逻辑思维,很少进行发散思维、逆向思维和系统思维的训练。首先,发散思维是不受过去知识的束缚和已有经验的影响,对同一问题探求不同答案的思维方法和思维过程,从不同的角度去思考问题,能举一反三、触类旁通,不易受思维定式的影响。其次,逆向思维法就是打破人们传统思考问题的方式,从结论倒推条件,也就是倒立地去思考问题,这样的思维有助于大学生在创业的过程中,通过分析成功创业者的创业过程,从中得出创业成功所必需的条件和方法,借鉴他们的经验并结合自己的实际去开创属于自己的创业之路。再者,系统思维不同于创造性思维或形象思维等本能思维形态,它是以系统论为思维基本模式的思维形态,简单地说就是把复杂的事情简单化,通过抓住事物的整体线条,从具体到抽象,把多个复杂的事物整体化,给我们带来整体观。这就要求学校或指导教师在创业教育的过程中有意识地去培养学生的系统思维,通过课堂灌输或者实践活动力求学生对所进行的活动中的优缺点进行总结并提出可行性建议,而这样对提高学生的创新能力是大有裨益的。

(3) 建立产学研相结合的教育基地和创新创业基地,让学生在实践活动中充分发挥主观能动性,进而迸发出智慧的火花,创业教育中校企结合,建立创业园或者创业实践基地,让大学生充分参与社会实践活动并进行经济行为,是将专业知识运用到具体的现实中的重要途径,有助于培养学生的综合能力与素质,包括思想品德、创新意识、实践能力、和谐的团队意识等,有助于增强大学生的社会责任感,形成良好的思想品德和道德修养,树立运用知识和技能解决问题的创新意识,以及团结协作、共同奋斗的团队合作意识,而这些正是当代大学生所缺乏的。因此,高校、社会、政府应该形成三维立体结构,共同为大学生的创业教育提供良好的实践环境,具体表现在高校必须打破传统的课堂授课模式,采用灵活的方式,如积极鼓励学生一边学习、一边到与所学专业相关的企业或者工厂去实践,参与经营管理,这种教学模式不应该仅仅局限在毕业前的一个学期,应该长期地贯穿于整个大学学习期间;企业应该积极地与高校合作,建立长期的实习基地和创新基地,引导大学生进入公司,大胆放开让大学生参与经营管理,大学生在实践的过程中获得相关的经验,同时也为公司的管理经营模式带来创新,注入新的活力;政府应该通过政策扶持,对大胆引进大学生的企业或者工厂给予政策扶持,比如通过财政补贴或者减免税收等方式鼓励企业或者工厂积极地参与高校的创业教育。因此,通过建立产学研相结合的教育基地和创新创业基地,有助于大学生充分发挥他们的智力和专业知识,大胆地创新,认真地去研究,进而达到训练创新思维的目的。

(4)高校通过举办创新创业讲座和创新创业大赛,激发和提升大学生创业意识和创新精神,其中一个很重要的教学方式就是开办各种创新创业讲座。通过邀请成功的创业者或者企业家,到高校开办创业讲座,一方面,对大学生在创业上进行引导和帮助,完善和丰富大学生创新创业所必需的知识、能力、技巧和经验;另一方面,可以激发大学生对创新创业的兴趣,增强学生自主创业的信心和勇气,激发他们大胆尝试的热情,激励更多大学生在具备创业条件时,创新就业方式,在激烈的就业竞争中脱颖而出,成为成功的创业者。创业教育中一个重要的环节就是举办各类创业比赛和创新设计比赛,旨在鼓励和支持大学生积极探索和创新,在校期间形成良好的创新思维。创业大赛有助于创新创业设计、建立大学与市场的联系、落实创业资金,寓教育于实践,发展和传播现代创业教育理念,对于大学生来说,有助于实现商业实战、人际关系的沟通与建立、培养创新创业精神、提高创业技能等目标。创新创业设计大赛是一个利用创造、创新修改商业计划的过程,能使学生在此过程中得到启迪,进而培养他们的创业意识和创新思维。

五、国家对大学生创新创业的政策支持

国家为了鼓励大学生创业也提出了相关的政策,支持大学生创业。2012年教育部颁发的《关于大力推进高等学校创新创业教育和大学生自主创业工作的意见》中,提出了全国各个大学中应该将创业教育放到一个高度上,并且注重学生的创业能力的培养。教育部提出的《教育部高等教育司2014年工作要点》中要求面向全体学生开设大学生网络课堂,迅速将高新技术创业进行推广,不断地进行探索与改革。国务院下发的《关于进一步做好普通高等学校毕业生就业工作的通知》中强调,要求各大院校积极响应号召,不断地开设有关创新创业教育的课程,引导、鼓励更多的人慢慢地投身到这个领域之中来。组建管理部门以及相关的研发机构,不断地设计新的创业课程,进行新的创业思路的探索。党的十八大明确提出,"要完善支持自主创业、自谋职业的政策,使更多的劳动者成为创业者"。

国务院办公厅发布了《关于促进创业带动就业工作的指导意见》并且针对创业者提高创业能力的要求,提出了提高创业培训的强度,不断地健全创业培训系统。与此同时,李克强在2014年视察学校的时候提出:鼓励大学生创业——敢为人先,跌倒重新再来。

根据国家和地方政府的有关规定,很多地区还制定了应届大学毕业生创业可享受免费风险评估、免费政策培训、无偿贷款担保及部分税费减免等优惠政策,具体包括:

1. 高校毕业生自主创业可以享受的创业服务

一是享受培训补贴。各地人力资源社会保障部门开办了创业培训班,离校未就业的高校毕业生可向当地人力资源社会保障部门申请参加创业培训,系统学习创办企业的知识、完善创业计划、提高企业盈利能力、降低风险,以提高创业能力,促进创业成功。如"GYB"(产生你的企业想法)、"SYB"(创办你的企业)、"IYB"(改善你的企业)。根据其获得创业培训合格证书或就业、创业情况,按规定给予培训补贴。

二是免费创业服务。有创业意愿的高校毕业生,可免费获得公共就业和人才服务机构提供的创业指导服务,包括政策咨询、信息服务、项目开发、风险评估、开业指导、融资服务、跟踪扶持等"一条龙"创业服务。各地在充分发挥各类创业孵化基地作用的基础上,因地制宜建设一批大学生创业孵化基地,并给予相关政策扶持。对基地内大学生创业企业要提供培训和指导服务,落实扶持政策,努力提高创业成功率,延长企业存活期。

三是政府人事行政部门所属的人才中介服务机构,免费为自主创业毕业生保管人事档案(包括代办社保、职称、档案工资等有关手续)2年;提供免费查询人才、劳动力供求信息,免费发布招聘广告等服务;适当减免参加人才集市或人才劳务交流活动的费用;为创办企业的员工提供一次培训、测评优惠服务。

2. 国家鼓励大学生创业的资金扶持政策

各国有商业银行、股份制银行、城市商业银行和有条件的城市信用社要为自主创业的毕业生提供小额贷款,并简化程序,提供开户和结算便利。各地区、各有关部门根据中央精神进一步改进和完善了"小额担保贷款＋信用社区建设＋创业培训"联动工作机制。发挥小额担保贷款政策促进就业的积极作用,对符合条件的高校毕业生自主创业的,可在创业地按规定申请小额担保贷款;从事微利项目的,可享受不超过10万元贷款额度的财政贴息扶持。对合伙经营和组织起来就业的,可根据实际需要适当提高贷款额度。有条件的地区要加大财政投入,并积极引入风险投资资金,探索财政资金、风险投资等与大学生创业赛事的对接模式,规范发展民间融资,多渠道加大创业资金投入。要进一步完善和落实行政事业性收费减免等优惠政策,按照法律法规的规定,适当放宽市场准入条件,鼓励高校毕业生创业。

3. 高校毕业生自主创业的税收优惠政策

《国务院关于进一步做好普通高等学校毕业生就业工作的通知》(国发［2011］16号)、《国务院办公厅转发人力资源社会保障等部门关于促进以创业带动就业工作指导意见的通知》(国办［2008］111号)等文件规定,高校毕业生自主创业的税收优惠是:持《就业失业登记证》(注明"自主创业税收政策",或附《高校毕业生自主创业证》)的高校毕业生在毕业年度内(指毕业所在自然年,即1月1日至12月31日)从事个体经营的,3年内按每户每年8 000元为限额依次扣减其当年实际应缴纳的营业税、城市维护建设税、教育费附加和个人所得税。对高校毕业生创办的小型微利企业,按国家规定享受相关税收支持政策。

4. 高校毕业生自主创业的免收费政策

《国务院关于进一步做好普通高等学校毕业生就业工作的通知》(国发［2011］16号)、《国务院办公厅转发人力资源社会保障等部门关于促进以创业带动就业工作指导意见的通知》(国办［2008］111号)等文件规定,高校毕业生自主创业的,免收有关行政事业性费用:毕业2年以内的普通高校毕业生从事个体经营(除国家限制的行业外)的,自其在工商部门首次注册登记之日起3年内,免收管理类、登记类和证照类等有关行政事业性费用。

大学毕业生新办咨询业、信息业、技术服务业的企业或经营单位,经税务部门批准,免征企业所得税2年;新办从事交通运输、邮电通信的企业或经营单位,经税务部门批准,第 1 年免征企业所得税,第 2 年减半征收企业所得税;新办从事公用事业、商业、物资业、对外贸易业、旅游业、物流业、仓储业、居民服务业、饮食业、教育文化事业、卫生事业的企业或经营单位,经税务部门批准,免征企业所得税 1 年。

5. 高校毕业生自主创业的工商注册优惠政策

大学毕业生在毕业后 2 年内自主创业,到创业实体所在地的工商部门办理营业执照,注册资金(本)在 50 万元以下的,允许分期到位,首期到位资金不低于注册资本的 10%(出资额不低于 3 万元),1 年内实缴注册资本追加到 50%以上,余款可在 3 年内分期到位。

相关链接

鼓励、支持大学生创新创业文件总汇

1. 国务院文件

国务院办公厅关于支持农民工等人员返乡创业的意见

国务院办公厅关于深化高等学校创新创业教育改革的实施意见

国务院办公厅关于发展众创空间推进大众创新创业的指导意见

国务院关于加快构建大众创业万众创新支撑平台的指导意见

国务院关于大力推进大众创业万众创新若干政策措施的意见

国务院关于进一步做好新形势下就业创业工作的意见

2. 发改委文件

关于促进东北老工业基地创新创业发展打造竞争新优势的实施意见

3. 人社部文件

关于协助组织参加科技特派员农村科技创新创业大赛的通知

关于举办中国农业科技创新创业大赛的通知

4. 科技部文件

关于促进东北老工业基地创新创业发展打造竞争新优势的实施意见

5. 财政部文件

关于支持和促进重点群体创业就业有关税收政策具体实施问题的补充通知

关于支持和促进重点群体创业就业税收政策有关问题的补充通知

关于进一步扩大小型微利企业所得税优惠政策范围的通知
(相关链接 http://www.ncss.org.cn/tbch/glzcdxscxcywjhb/)

本章训练题目

1. 什么是创新创业?
2. 创新创业的特征是什么?
3. 创新创业的基本理念是什么?

第二章　学校教育的核心是培养大学生创新创业精神

案例

浙江理工大学王学集(PHPWind 创始人)同学创新创业故事

这位出生于1982年的大学生和2位大学同学一起创业,在2004年大三时就正式发布"流星留言本"项目,开始赚钱。2005年创办 PHPWind 公司,公司于2008年5月被阿里巴巴集团收购。

王学集的高考成绩并不理想,因为喜欢玩游戏,又非常喜欢倒腾硬件上的东西,所以就报了信息与计算科学这个专业。后来他才知道这是应用数学的一个别名,心里还是有点小失望。但他冷静下来想想还是要做些自己喜欢的事情,所以自学C语言、JAVA技术。边学边玩游戏,搞BBS、留言本……在偶然得知PHP是一种语言后,他去图书馆借了本书,花了半小时就看懂了。当时他想写一个"留言本"的程序,由于那时候PHP在中国不怎么普及,只能自己瞎折腾。大二下半年他自己创作的留言本已经有很多人在广泛使用了,叫"流星留言本"。每次学到新的技术,他就拿到网上让别人试用,"先实践再理论,这是我的风格!"

2004年下半年王学集考研,他英语差3分没考上,因此他想试试自己开公司。公司注册后,有很多国外网站来买PHPWind的产品,一个月能赚几万元。2006年下半年开始到2007年,公司发展到20多个人了,一年时间内搬了3次家,他这个老板既要做行政,又要给员工做培训,还要想公司怎么发展、怎么赚钱,有人闹情绪还要去安抚,CEO身兼数职,虽然起早摸黑事无巨细,但是很开心。王学集初期20人的创业团队中,有80%的员工都是其校友和同班同学,在拿到了天使投资后,他们却表现出了年轻团队少有的低调与成熟:在公司发展的前两个阶段,公司的办公场地都是选择在大学城附近的民居,一是节省了大量的运营成本,二是给公司员工提供了一个安心工作的环境。"我一直很赞同马云的观点,只有与自己的客户一起成长,并协助其创造价值,自己的价值才能体现并且长久。"王学集说。

2008年5月,PHPWind被收购,总价格理论值为5 000万元左右,而套现比例则会按照未来的业绩实现情况支付,王学集作为PHPWind创始人和CEO,在此次收购中现金收入总计约为1 000万元。

从王学集同学的创新创业故事中,我们可以看出一些很有意思的现象:

1. 成功与学历、籍贯,甚至媒体曝光度都没有太大的关联,更与炒作无关。
2. 由个人网站起家,然后过渡到公司运作,最后被全盘收购或控股投资。这是一条经典的路线图,可以在短时间内积累大量财富。
3. 从创业到成功,其中最重要的是:专注而务实。
4. 互联网中技术领域的创新是主流。
5. 最后一点,请千万记住:每一个成功者都不是偶然的。

导语

改革开放30多年来,华为、联想、海尔、阿里巴巴、腾讯、百度等一批优秀的创新创业企业相继诞生,陈春先、任正非、柳传志、张瑞敏、马云、马化腾、李彦宏等一批优秀企业家书写了一部又一部创新创业传奇。

如今,中国经济进入增速换挡、结构调整、方式转换和动力转换新常态,创新创业又一次成为激发亿万群众智慧和创造力的重大改革举措,汇聚起经济发展的强大新动能。因而创新创业精神也成为了一种必不可少的时代精神。

关键词

创新精神;创业

一、什么是创新创业精神?

要解释什么是创新创业精神,首先要弄清楚什么是创新、什么是创业。

1. 创新

创新是以新思维、新发明和新描述为特征的一种概念化过程。起源于拉丁语，它原意有三层含义，第一，更新；第二，创造新的东西；第三，改变。创新是用充满想象力的方法来解决问题。

今天，我们正生活在机遇和挑战并存的时代。一方面是在过去几百年来的产业革命的基础上，新的科学技术特别是以纳米技术、生物技术、信息技术、认知科学这四大科技聚合引领新的工业革命的到来，给我们带来新的发展机遇；另一方面则是整个世界充满着不确定性、挑战乃至危机。科学的本质在于揭示未知世界的规律，技术的本质在于发明改造客观世界的新手段。它们的共同特点是通过新的发现，达到新的认识，创造新生事物并实现其价值——这正是创新的最重要功能。创新不但决定性地影响着科学技术的发明创造，也决定性地影响着科学技术的发明成果及时地转化为现实的社会生产力，并最终促进社会经济的迅速发展。创新是经济增长和国家繁荣最重要的基础条件。

2. 创业

创业是指社会上的个人或群体，为了改变现状、造福后人，依靠自己的力量创造财富或开拓新局面的艰苦奋斗过程。这是一种特殊的社会实践活动。创业是人类基本的生存方式，是一切财富的源泉，是促进国家昌盛、社会繁荣、人民富有的必然手段。人类的历史就是创业的历史，社会文明与物质文明无不是创业者劳动和智慧的结晶。创业是不拘泥于当前条件限制，将不同的资源加以组合利用，追求机会、创造价值的过程。

被誉为"现代管理学之父"的德鲁克用两个简单的例子来更详细地阐明创业：一对夫妇在美国郊区开了一家熟食店或者墨西哥餐厅，他们的确要冒一点风险。不过，他们是企业家吗？他们所做的事情以前被重复了许多次。他们预测在其居住的区域内，在外就餐的人数会日益增加，而这就是他们要冒的风险。然而，他们既没有创造出一种全新的产品，也没有创造出新的消费需求。从这个角度来看，即使他们开办的是新企业，他们也不能称为企业家。但是，麦当劳所表现出来的却是"创业精神"。麦当劳(McDonald)是全球最大的连锁快餐企业之一，是由麦当劳兄弟和 Ray Kroc 在 20 世纪 50 年代的美国开创的、以出售汉堡为主的连锁经营的快餐店。毫无疑问，麦当劳并没有发明出什么有意义的新东西，早在好多年以前，美国任何一家高档餐厅就开始生产麦当劳日后制造的最终产品。然而，麦当劳的创始人通过运用管理观念和管理技术，将"产品"

标准化,设计科学的制作过程及操作工具,并且从工作流程的分析出发,合理设定所需要的员工,制订培训标准。这样,麦当劳不但大幅度地提高了资源的产出和效益,而且还创立了全新的市场氛围和新顾客的群体,这就是创业精神。

3. 创新创业精神

概括来讲创新创业精神是指不拘泥于当前条件限制,将不同的资源加以组合利用,用一种充满想象力的方法来解决问题和发现更多可能性的创造精神。

创新创业并非仅指开办属于自己的企业或从事某种冒险性的行为,它要求的是知识、想象力、洞察力、创造力、实践能力及对未知事物的探索热情、对不确定性环境的适应等一系列能力的综合运用。可以说,创新创业是一种自我实现与自我超越的行为。

创新精神是一种勇于抛弃旧思想旧事物、创立新思想新事物的精神。例如,不满足已有的认识(掌握的事实、建立的理论、总结的方法),不断追求新知;不满足现有的生活生产方式、方法、工具、材料、物品,根据实际需要或新的情况,不断进行改革和革新;不墨守成规(规则、方法、理论、说法、习惯),敢于打破原有框框,探索新的规律、新的方法;不迷信书本、权威,敢于根据事实和自己的思考,同时善于对权威质疑;不盲目效仿别人的想法、说法、做法。

关于创新创业精神,包括三个重要的主题:

(1) 机会主题。创新创业精神是追求环境的趋势和变化,而且往往是尚未被人们注意的趋势和变化,要把握住一切机会。

(2) 创新主题。创新创业精神包含了自我创造、变革、革新、转换和引入新方法,即新产品、新服务或者是做生意的新方式。

(3) 增长主题。创业者追求增长,他们不满足于停留在小规模或现有的规模上,创业者希望他的企业能够尽可能地增长,员工能够拼命工作。因为他们在不断寻找新趋势和机会,不断地创新,不断地推出新产品和新的经营方式。

二、为什么大学要进行创新创业教育?

随着科技持续的进步,一场潜在的"革命"也在发生着。英特尔、HP、诺基亚等互联网时代的巨头纷纷衰落,而代表着移动互联网文明的企业,诸如Facebook、苹果、Air-Bnb等创业公司纷纷颠覆原有行业,成为世界商业领域一个又一个的奇迹,不由得让我们意识到时代的变化。过去十多年来,创新创业已然成为我国社会各界广泛关注的话题。培养大学生创新创业精神十分必要。

1. 创新创业是尽社会责任的需要

我国 2015 年 5 月 13 日发布的《国务院办公厅关于深化高等学校创新、创业教育改革的实施意见》(国办发[2015]36)指出:"2015 年起全面深化高校创新、创业教育改革。2017 年取得重要进展,形成科学先进、广泛认同、具有中国特色的创新、创业教育理念,形成一批可复制、可推广的制度成果,普及创新、创业教育,实施新一轮大学生创业引领计划预期目标。到 2020 年建立健全课堂教学、自主学习、结合实践、指导帮扶、文化引领融为一体的高校创新、创业教育体系,人才培养质量显著提升,学生的创新精神、创业意识和创新、创业能力明显增强,投身创业实践的学生显著增加。"

李克强总理说,中国人民智慧勤劳,有着追求美好生活的不竭动力,政府就是要创造环境,让人民群众创业创新的热情持久不衰。曾经高不可攀的创新创业门槛在不断降低,网络连接、开放、共享的精髓在互联网时代演绎得淋漓尽致,人人因此都能参与创业创新。从此开始,创新创业的史册所记载的不再只是少数几个天才精英,每个人都能书写创新史。我们处在一个伟大的时代,这个时代让我们每个人的潜能都能前所未有地激发出来。

美国《未来学家》在 1995 年 10 月号文章中提到:竞争优势的秘密是创新,这在现在比历史上的任何时候都更是如此。创造力对于创新是必要的,公司文化应该提倡创造力,然后将其转变成创新,而这种创新将导致竞争的成功。创新创业是社会发展进步的需要,是这个时代的责任,也是一种民族精神的延续,因此创新创业教育更是高校对这个时代应负的责任。

2. 创新创业是时代环境的需要

中国作家金马在《21 世纪罗曼司》中说,"在创新尚属于人类个体或群体中的个别杰出表现时,人们循规蹈矩的生存姿态尚可为时代所容,那么,在创新将成为人类赖以进行生存竞争的不可或缺的素质时,依然采用一种循规蹈矩的生存姿态,则无异于一种自我溃败。"我国高校进入大发展时期,招生人数逐年增加,毕业人数增长也非常快。2007 年毕业生的总数是 495 万人,2018 年大概达到 800 万人左右。在国家 GDP 增长 8%~10% 左右的时候,每年新增就业岗位大概 900 多万个,毕业生占到新增就业岗位的一半多。现有的企业和机构,能够提供的新的就业岗位十分有限,尤其是技术进步使一些企业的岗位在减少。在这种情况下,出现了一定程度的就业难问题。如果大学生没有创新创业精神,那么他的事业发展、生存空间就会大为缩小。创新创业也是人生阶段的需求,大学生 19 岁到 24 岁的时候正是思想最活跃、精力最充沛的时期,完全能够不断地去探索、实践,丰富自己的人生体验。因此,培养他们创新创业的精神对其将来发展尤为重要。

创新创业精神作为一种积极的思想观念和精神状态,对个人的进步和社会的发展具有十分重要的推动作用。在大学生培养教育过程中,注重创新思维的训练和创业精神的培育,引导大学生自主创业,是人才培养和增加新的就业途径的新趋势。联合国教科文组织在主题为"21 世纪的高等教育:展望与行动"的世界高等教育大会宣言中提出:"高等教育应主要关心培养创业技能与主动精神;毕业生将不再仅仅是求职者,而首先要成为就业岗位的创造者。"《国家中长期教育改革和发展规划纲要(2010—2020 年)》及《教育部关于全面提高高等教育质量的若干意见》,提出了推动高等学校创业教育科学化、制度化、规范化建设,切实加强普通高等学校创业教育工作的要求。近几年来,我国各级教育主管部门及越来越多的高校都在大力推进创业教育和创业实践,并得到了从中央到地方相关政府部门一系列优惠政策的支持。世界发展的潮流和中国宏观经济形势的变化对我国探索和发展创新创业教育提出了迫切的要求。创新创业教育是一种新的教育理念,在高等学校中开展创新创业教育是知识经济时代培养学生创新精神和创业能力的需要,是社会和经济结构调整时期人才需求变化的需要。

3. 创新创业是国家民族发展的需要

创业是人类基本的生存方式,是一切财富的源泉,是促进国家昌盛、社会繁荣、人民富有的必然手段。人类的历史就是创业的历史,社会文明与物质文明,无不是创业者劳动和智慧的结晶。诸葛亮在《前出师表》中所讲"先帝创业未半,而中道崩殂",指的是创帝王之业;这种观点后世也有沿用,比如我们可以说,毛泽东领导中国人民进行新民主主义革命,建立了中华人民共和国,是在创立社会主义中国大业。在互联网经济大潮下,马化腾的腾讯公司、马云的阿里巴巴公司都成为世界上伟大的互联网企业,并创为经典。

在新时代背景下,我们面临着更大的挑战:首先是技术性失业,人作为最重要的生产要素将会被取代,就如同牛马曾经是农业社会最重要的生产要素,后来被拖拉机取代了一样;其次是结构性失业,由于经济、产业结构变化以及生产形式、规模的变化,促使劳动力结构进行相应调整而导致的失业;还有周期性失业,市场经济国家由于经济的周期性萎缩而导致的失业。高等学校加强大学生创新创业教育,让广大毕业生在人生发展中能更好地应对挑战。

社会发展的趋势日益表明,世界范围的经济竞争和综合国力竞争,实际上是科学技术和民族素质的竞争,而科学技术的发达与民族素质的提高,其核心在于创新。江泽民同志多次指出,创新是一个民族的灵魂,是国家兴旺发达的不竭动力。没有创新,就没有民族的进步,就没有国家的发达。完全可以说,一个民族的进步与国家发达的历史,就是一个创新的过程。从计划经济到市场经济,从"一国一制"到"一国两制",从经济特区到沿海开放城市,从"两弹一星"的发射成功到杂交水稻的培育与种植推广等,无不是创新之花结出的硕果。"崇尚科学的民族,才是最有希望的民族",因此,振兴我们伟大的中华民族,就必须树立和弘扬科学精神。什么是科学精神呢?江泽民同志说:"科学精神的内涵很丰富,最基本的要求是求真务实,开拓创新。"只有开拓创新,我们的民族才最有希望。创新决定着我们民族的出路和我们国家的前途。不创新则落后,落后则挨打。创新是一个民族进步的灵魂,是国家兴旺发达的不竭动力。

2015年李克强总理提出"推动大众创业、万众创新",在中关村与创业者一起喝咖啡。我们在看到国家关注创业的同时,也更应感受到创业与国家政治稳定的联系。创业活动的蓬勃开展必然带动经济发展,经济发展才能使人民安居乐业,才能实现习近平总书记提出的实现中华民族伟大复兴的中国梦。

三、学校培养大学生创新创业精神的基本路径

(一)探索培养大学生创新创业精神的路径,首先要确立创新创业教育理念

1. 明确创新创业教育目标

尽管全社会已经意识到了创新创业的重要性,但是我们长期以来依旧缺乏对创新创业教育的正确认识。人们通常会狭隘地将创新创业教育理解为"创办自己的企业或事业",范围也仅仅局限于自主创业。其实,高校创业教育并非教育每个大学生都当创业者,而是注重创新创业精神的熏陶,满足学生对创业理论和创业技能的学习要求,以适应知识经济时代对人才的需求。对于高校中的

创新创业教育来讲,它必须体现的是对当今世界经济社会发展趋势的认识、人类行为复杂性的认知、区域文化差异性的理解。因此,创新创业并非仅指开办属于自己的企业或从事某种冒险性的行为,它要求的是知识、想象力、洞察力、创造力、实践能力及对未知事物的探索热情、对不确定性环境的适应等一系列能力的综合运用。联合国教科文组织提出了创业教育的内涵:"培养具有开创性的个人,它对于拿薪水的人同样重要,因为用人机构或个人除了要求受雇者在事业上有所成就外,正在越来越重视受雇者的首创、冒险精神,创业和独立工作能力以及技术、社交和管理技能。"2012年,欧洲各国从创业能力、创业意向、个人就业能力、对经济社会的影响四个角度对创业教育进行了一次大范围调查。结果表明,与没有接受过创业教育的被调查者相比,接受过此类教育的学生有较好的创业态度及意向,完成学业后更容易找到称心的工作,走上工作岗位之后有更强的创新能力。因此,创新创业教育不但要帮助学生就业和创业,提升学生的岗位竞争力和岗位胜任力,引导他们树立"用创业的心态去工作"的理念;更重要的还要培养学生的事业心和创新能力,使之适应不断变革的外部环境,甚至懂得创造新的生活方式,以更好的心态面对生活、面对工作。

2. 明确创新创业教育的对象

目前,在大学创新创业教育实践中,一些高校的做法是针对少数具有创业意愿或被认为是有创业优势的学生进行创业培训,或者是只针对某一些专业例如理工专业的学生进行创新创业教育。然而这种做法本身就缺乏教育的平等性,不能实现创业教育的真正意义。在任何领域、任何学科,都不能让优胜劣汰的评价标准来左右我们的创新教育,每个学生的性格特点都不一样,每位学生都有其特有的天赋,有些学生的天赋外露一些,而有些学生的天赋内隐一些,而人本身就有一种创新的天性。陶行知先生说过:"处处是创造之地,天天是创造之时,人人是创造之人。"我们应该根据学生的个性天赋培养学生在不同领域的创新,应当努力发现学生拥有的天赋,激发与引导学生在其擅长领域、擅长学科取得创新学习的优异成果,创设自由、平等、生动而丰富的创新创业教育环境,使得每一个学生的创新潜能都能最大限度地发挥出来。

(二)探索培养大学生创新创业精神的基本路径

1. 构建科学的课程体系

大学生的创新创业教育应该贯穿于人才培养的全过程。首先,构建科学的、具有创新理念的专业课程体系是必需的,让系统的课程体系作为创新创业教育的支柱,如果一个专业的课程设置陈旧过时、内容不能与时俱进,其创新教育的培养必定受到很大影响。其次是开设相应的创新创业课程,最后可以采用其他方式作为辅助,例如创新创业大赛、创业论坛、创业工作坊、创客讲座、创业咨询等。

以成都职业技术学院的课程建构为例:成都职业技术学院面向全体学生开展"普及式、分层次"的创业教育,构建了一套比较科学的创新创业课程体系。课程设为普及式创业通识教育、分层次的创新创业教育两个模块。其中,分层次的创新创业教育包括与专业紧密结合的行业创新创业教育、创业基本技能教育、创业专题研讨、创业实践教育、创业实战训练等内容。创业学院面向大一全体学生开设与各专业相结合的创业通识教育;面向有创业意愿和创业项目的大二学生开展结合其专业基础的专业化创业技能教育;面向符合YBC标准的大三学生开展创业实战训练,使学生"带着项目入学,带着企业毕业"。可以看出,这是金字塔式的培养模式,全体大学生在校期间通过创业教育的一系列教学与课程活动,培养了最基本的创新精神和创业意识,这是创新创业精神教育的塔基,这种从塔基做起的教育课程构建模式稳定而科学。传统的只针对少数具有创业意愿或被认为是有创业优势的学生进行专门的培养方式,相当于从塔尖做起,难以稳定发展。

2. 通过职业指导帮助大学生树立正确的创业理想

培养大学生创新创业精神的第一要务是要帮助学生树立正确的理想,尤其是创业理想。在创业教育工作中,理想培育对于大学生创业者具有很好的激励功能。通过理想培育,可以将大学生不自觉、不系统的创业理想上升为自觉、明晰和稳定的信念。创业教育者在创新创业教育工作中,应当把对大学生进行创业者理想教育作为首要工作,使学生成为自觉的创业者,并具有切合实际的、科学的创业理想。

2004年,考夫曼基金会创业协会高级副总裁罗布(Rob)在《由做中学的创业教育》一文中坦言,青少年从创业课程中学到的不仅是知识与技能,更重要的是一种品质与精神,要懂得回报家庭、社会和国家。而回报社会、回报祖国,是一个人实现自我的最高境界。只有当大学生不仅热爱团体、也热爱国家,既关心自己团体的前途、更关注民族命运的时候,才可能投身公益创业、社会创业或在商业创业成功后热心公益、回馈社会,个人和团体的理想才能逐步融入社会理想。当学生有了正确的创新创业理想,他们才能较容易地建立明确的创业愿景,而愿景是动力的源泉,他们会围绕愿景不懈努力,克服来自社会和个人的种种诱惑,实现自我激励。也只有这样的理想教育,才能有效地克服团体的狭隘和短视,才能让学生以一种"我参与、我奉献、我快乐"的精神积极地投入创新创业中,使理想成为激发大学生自觉创业的动力。

帮助大学生树立创业理想,可以将创新创业教育的元素与"大学生职业指导"这样的公共必修课紧密结合,使大学生在制订学习生涯发展规划的同时也了解创新创业的基本理念和意义,认识创新创业的责任。只要不懈努力、方法得当,就能帮助当代大学生树立正确的理想,学生的主观能动性就会被挖掘出来,被自觉理想所支配的大学生就能激励自己,而且历久不衰、愈挫愈奋。

3. 创业教育与专业教育之间互相融合

创新创业教育除了独立开设相关的创新创业课程外,还应把各门学科专业特点融入创新创业教育之中,更好地帮助大学生基于自身的专业知识背景去寻找创业的途径和机会。例如,可以面向专业学生开设创业类课程或者在专业课程中融入创新创业元素。比如在艺术与设计类、机电工程类专业中开设创业财务、企业管理、市场营销等课程,使学生既具备专业知识,又掌握必要的商业技能。我们甚至可以学习国外的一些高校,将原有课程结合创业知识来开发,如美国北德州大学音乐学院就把创业教育课程与本专业课程进行融合,开设了"音乐创业与营销"课程、"音乐创业导引",讲授关于音乐类企业的创新、管理和营销等内容。在教学过程中既能潜移默化地培养学生的创新创业精神,又能够满足少数具有强烈创业意愿和创业能力的学生的需求,这样可以有效地改善学生的知识结构,帮助他们在未来的工作或者可能的创业过程中拥有更大的优势。

4. 通过创新创业大赛营造创新创业氛围

近年来,为了响应国家的号召,各地尤其是各高校,都定期举办以创新创业为主题的大赛,这些大赛营造了鼓励创业、大众创业的良好氛围,很好地培育了创新创业文化,并为创业学生搭建了一个很好的交流平台。通过参与这样的大赛,促使学生与团队成员参与其中,把自己的团队当作一个小型企业来经营,这样能深度了解一个创业型企业的真实情况,能使学生全面地学习创业者应具备的知识和技能,增强对市场经济规律的把握,提高创业本领,增强创业的勇气、信心和能力,明确创业方向,带动更多的学生投身于创业实践。这样的活动在校内形成了良好的学习氛围,让大众创业、万众创新蔚然成风,让创新创业精神在大学生中传播、发芽。

5. 通过专业实训增加创新创业机会

我们都知道,创业者的创业经验越丰富,对他学习、接受创业理论就越有利。一个没有创业经验的人,尽管他也可以从书本上学到创业理论,但不能真正理解这些理论,更不可能切实运用这些理论。就好像要想学会游泳,不亲自下水去试试,就是学一千次理论知识也是无济于事的。但是对大学生来讲,即使我们开设的创新创业课程涉及方方面面,学生的创新精神和创新意愿都被激发出来,可是由于资金、经验等条件的限制决定了他们很难一下子获得真正的创业机会,就算他们参加创业大赛,那都只是模拟的形式,无法真正体验创新创业中遇到的困难以及从创新创业中获得成果的那种成就感和激励感。因此,专业实训是最好的体验方式、最好的积累经验的途径。高校比较有效的做法是建设产学合作的大学生专业创业实训基地、大学生创业孵化基地,或依托学校的专业平台,利用企业的资金和设备,根据学生的专业背景、创业教育进度和创业技能的掌握程度,有序安排学生到相关的企业工作环节进行运营实践。学生可以在这种工作实践过程中通过观察、反馈、冲突、差异、协调、合作、模仿了解、熟悉、学会创业。观察细致,善于模仿,对于创业者来说是最节约成本的学习方式。比如某知名企业的运作过程,某位成功企业家的经营理念,我们可以在甄别后选用对我们有益的部分进行模仿。但是,模仿不是我们的目的,我们的目的是模仿之后的提高,是青出于蓝而胜于蓝。模仿能让我们熟能生巧,只有不断地学习、借鉴,才会熟能生巧,只有在熟练的基础上,我们才能谈得上有意义、有成效的创新。或许,天赋是无法训练的,但训练可以激发潜能,我们能做到的是给学生提供训练的机会,并提供足够的空间和时间,使学生能够从自身获得的经验中对自己的专业和知识进行反思,激发他们创新创业的潜能。

相关链接

1. 十大年轻大学生创业成功案例 http://news.vlongbiz.com/carve/2015-02-05/1423113650d2211232.html

2. 国务院关于大力推进大众创业万众创新若干政策措施的意见 http://www.gov.cn/zhengce/content/2015-06/16/content_9855.htm

3. 教育部办公厅关于印发《普通本科学校创业教育教学基本要求(试行)》

的通知 http://www.moe.edu.cn/srcsite/A08/s5672/201208/t20120801_140455.html

4. 教育部关于大力推进高等学校创新创业教育和大学生自主创业工作的意见 http://www.moe.edu.cn/srcsite/A08/s5672/201005/t20100513_120174.html

深度阅读

1. 乔布斯一生传奇创业故事 http://www.gkstk.com/article/wk-78500000514875.html

2. 教育部关于公布首届中国"互联网＋"大学生创新创业大赛获奖名单的通知 http://www.moe.edu.cn/srcsite/A08/s5672/201512/t20151218_225415.html

3. 高校创新创业教育 http://www.ncss.org.cn/tbch/cxcyjyzt/

本章训练题目

1. 创新人才需具备的人文素质有（　　）。
   A. 卓越的实践能力
   B. 多学科的综合知识结构
   C. 健全的人格和先进的精神素质
   D. 掌握处理问题的诸多具体方法

2. 正确的创业心态是（　　）。
   A. 认清自己是否适合创业
   B. 对自身进行冷静理性的评估
   C. 对心态、性格、志趣、能力等方面要有超强的准备和训练
   D. 倾家荡产也要创业

3. 创新思维的主要形式有哪些？

第三章　高职学生创新创业的筹划阶段

案例

在校期间进行创业就获利百万,目前公司市值估值上亿,其团队运作的微信界面访客量已突破 5 亿……这些标签都属于满欣网络科技有限公司 CEO 刘欣。更令人称奇的是,刘欣生于 1991 年,从苏州工业园区服务外包职业学院毕业还不满 2 年,互联网创业界称他为"低调的'90 后'大神"。

2010 年,刘欣在老家南通读高三时就开始互联网创业。那时他正准备艺考,但在网络上没有找到一个界面好看的美术高考网站,于是他决定自己来做。完全依靠自己的兴趣和创意,自学完成了第一个网站设计和运营,网站成功运转后以 5 000 元出售,他掘得了第一桶金。入读苏州工业园区服务外包职业学院后,他仍保持着对网站运营的极大兴趣,自己运营着大大小小数十个网站。在 2011 年之前,刘欣是没有办公地点的,就是一台电脑,因为学校还要上课,每天只有夜里偷偷工作。起初刘欣并没有团队,就是一个人单打独斗。寝室就是刘欣的办公地点,舍友们都在打游戏,刘欣每天在做比他们玩的网络游戏更有意思的事情——建站游戏,他们有等级排名,刘欣有谷歌 PR、百度权重衡量其网站的等级。在大学创业单打独斗的刘欣很快就因业务的飞速发展而显得捉襟见肘,团队建设迫在眉睫。在学习和生活中刘欣不断地物色"志同道合"的同学并相对明确地对他们进行工作分工,大二的时候,团队已经有好几个人,随着业务的发展和学校的支持,刘欣在创业园有了他的第一间办公室。网页热潮渐衰时,他抓住了移动互联网的契机,与团队成员一起"玩转"微博、微信。大学期间,刘欣团队的主要盈利模式是售卖他们打造的网站、经营电商。大二时,他便买了汽车,临近毕业时,他和伙伴们靠创业所得都买上了房子。

2014 年,毕业后的刘欣没有停止创业的脚步,他和同学一起去了北京,他们的团队通过百度贴吧、QQ群等方式,用落地的技巧低成本引流,吸引粉丝,同时开发搜索工具,每天从大量的公众号提取最受欢迎的文章,或模仿,或转载,保证粉丝的留存率。2015年,刘欣在中关村成立满欣网络科技有限公司,同年又在上海设立了分公司。提到满欣公司,人们可能并不熟悉,但提到"摇一摇新年签""关注看答案"等微信朋友圈应用,想必大家都不陌生。刘欣的团队被誉为"微信公众号之王",创造了数个社交网络服务经典案例、微信最新界面的传播神话。如今,刘欣意识到微信公众号的流量红利期已经结束,内容变得越来越重要。2016年,他把精力主要放在原创新媒体报道上,面向细分、专业的客户群,提供优质信息服务。目前刘欣团队运营着40多个微信公众号,粉丝总数达数百万,一直处于盈利状态,其中发展得最好的一个公众号每天推送的头条阅读量在10万以上。(摘:中国创业网 http://www.cg01.cn/)

导语

创业不是一件任性的事情,更不是追求所谓的情怀就够了。创业是一项复合性很强的工作,它要求创业者能够结合专业特长、兴趣爱好以及市场特点等要素,根据市场前景和社会需求充分发挥自身的创意并将其转化为实体产品,直接面向社会、面向市场,创造出可观的经济效益。在高职学生创新创业的筹划阶段,创业行为有何特征?创业活动较强地依赖创业者及其团队的个人能力,那么,高职学生创业者应具备什么样的个人条件与能力?什么样的创业项目更加适合高职创业者呢?高职学生又如何组建创业团队?有了创业想法并做了充足的准备,接下来就是如何写好商业计划书以便完善和整理创业思路,从而有效指导创业过程。

关键词

选择创业的项目;组建创业团队;撰写商业计划书

一、高职学生创业行为的主要特征

对于高职学生而言,创业是一件既让人兴奋也让人恐惧的事情,因为部分高职学生在创业的路上找对了方向,不断走向成功,但大部分高职学生创业之路刚刚启程就已经迷失方向,最终以失败告终。对高职学生而言,创业比就业对个人能力的要求更高,创业者要依据自身特点并努力培养自身的创业综合素质,才有可能真正踏上创业之路。"知己知彼,百战不殆",高职学生只有在深刻认识自身优缺点的基础上,才能够做到扬长避短,实现对创业活动的精准定位。高职学生的创业特点如下:

(一) 专业技能及市场感性认知能力较强

与普通本科教育相比,高职教育更加强调与市场的贴合度,因此在高职教育中更加注重对学生的实用性教育及技能实践。高职学生必须参加顶岗实习,在教学中引进行业标准、国际标准,学生毕业实行"双证"、"多证"制,高职学生在毕业之前完成岗位前的职业训练。这便使高职教育保持与市场、企业的密切联系。在这种模式下,高职学生具有较强的专业技能和市场感知能力,这一技能为创业奠定了基础。

(二) 拥有较强的活力

刚刚步入社会的高职学生年轻、有活力,敢于拼搏;对于创业成功与否没有太重的心理负担,具有较强的社会适应能力;自信心较强,对自己认准的事物会有激情去体验。因此,高职学生在创业上更加富有激情。

(三) 创意优势较为明显

高职教育强调以能力为中心,注重专业技能、社会实践和职业素质等能力的培养,学生除了专业知识的学习外,更多的是综合素质的培养。高职院校在人才培养中鼓励培育学生创新意识及创新能力,有助于增强学生的领悟力,提升学生自主学习知识的能力,其外在表现为高职学生更善于接受新事物,思维活跃,创意新颖,能将所具有的专业综合素质内化为能力,外化为创造性思维。创意能力影响着创业实践,是促使创业实践活动顺利进行的首要条件,因此高职学生的创意优势相对明显。

(四) 缺乏对创业知识的系统化掌握,眼高手低,心理承受能力差,可持续发展能力不足

创业对人才的综合素质要求较高,知识的结构和系统化程度决定了创业活动能否步入正轨。对于高职学生而言,由于受自身经验和阅历的影响,加之个人综合素质有待提升,因此缺乏对创业知识系统化的掌握。高职学生创业往往

看不起蝇头小利,往往大谈"第一桶金",不谈赚"第一分钱",容易出现眼高手低的现象。高职学生普遍存在心理不成熟,承受压力的能力差,遇到挫折容易放弃,往往在听到创业艰难且成功率极低时,还没尝试就轻易放弃。高职学生相对于本科及以上学历的学生,自我学习、自我教育、自我管理的能力仍有不足,这也会导致高职学生在创业过程中出现可持续发展能力不足的情况。

二、高职学生创业应具备的基本条件

在高职学生的创业之路上虽各有风景,但同是成功的创业者,每个学生表现的能力和个性各不相同,似乎很难找到他们的共性。从网络、书籍或者期刊上我们看到很多高职学生创业成功的案例,由于每个人观察视角的差异,对高职学生创业者所应具备的基本条件的提法也各不相同。

我们认为高职学生创业者应具备以下几项重要的基本条件。

(一) 良好的创业心理素质

良好的心理素质对于高职学生创业者来说发挥着举足轻重的作用,为其创业成功奠定了良好的基石。在高职学生创业过程中,良好的创业心理素质既可以指学生自身已经内化的创业心理素养,也可以指以群体形式创业的良好心理素养。良好的创业心理素质可以为高职学生创业成功进行催化,并促使高职学生面对创业困难和挑战时能够冷静理智地处理,也可以使他们以更加平和的心态面对创业的成功和喜悦。

高职学生在学历背景、发展平台等方面与本科院校学生,尤其是985、211院校的学生相比有较大差距,这导致高职学生在创业初始阶段缺乏足够的信心。高职学生创业初期,由于与社会接触少,造成其创业过程中缺乏足够的经验和魄力,虽具有创业激情,但也缺乏足够的耐心和顽强的意志力。高职学生的社会经验和人生阅历不足,也会造成他们在面对创业过程中的各种不确定性状况时不能很好地解决问题。因此,在高职学生创业活动中,要积极鼓励高职学生参加各种综合素质的培养和激励活动,通过合理的方式释放创业给学生所带来的心理压力,从而有效地帮助学生提升创业的自信心。同时也要鼓励学生不断提升自身魅力,建立良好的人际关系,团结志同道合的人加盟创业团队,才能使创业之路走得更远,事业做得更大。

(二) 良好的综合能力

作为高职创业者,每天都在经历着来自市场的风险压力和不确定性,只有具备良好的综合能力,才能帮助创业者在严酷的创业竞争中一步步走向成功。

首先,高职创业者需要具备不断学习的能力,持续不断地获取新知识,同时将它转化为可应用的能力。

其次,高职创业者需要具备管理协调能力。高职学生在创业过程中需要团结志同道合的合伙人共同参与,良好的协调能力能够获取更多的资源支持。在创业过程中只有具备出色的管理协调能力,才能有效提高创业实践活动的效率以及创业成功的概率。

再次,高职创业者需要具备分析决策能力。只有通过深刻的科学分析,才能制定出正确的创业方案。因此,高职创业者需要努力提升分析问题的能力,通常可基于以下三个角度进行切入:一要决策基于调查。平时多进行市场调查,在对市场信息进行有效分析的基础上进行决策。二要做好多种准备,对可能出现的结果进行分析,同时准备好应对的措施。三要向同行学习,集思广益,多方面提升自身的综合分析与决策能力。

最后,高职创业者需要具备一定的创新能力,创新能力是创业者的生命源泉。创新不仅仅是从无到有地创造某种产品和服务,更多的情况是在已有的产品或者服务上进行改良,以便更加适应市场需求。技术、管理和营销上的创新更能体现高职创业者的创新能力。从某种角度来看,创新能力其实就是不断对问题进行反思和追问的能力。所以,高职创业者要不断培养自己对问题的反思和追问的能力,进而提升自己的创新能力,为创业的成功奠定良好的基础。

三、高职学生创业的项目选择

一提起创业,很多高职学生立刻会想到开家网店或者注册一家公司,但实际上创业除了开公司、网店之外还有很多的选择形式。总结起来,适合高职学生起步的创业模式中比较有代表性的有以下四种。

(一) 创意小店

高职院校培养的是高技能专业性人才,高职学生在校期间更多的是学习专业知识和实操专业技能,尤其在专业技能方面具有独特的优势。因此,学生可以利用本身的专业技能承接小型项目,这种创业模式按照项目进行运转,运作成本和风险相对较小,但他们很难承接大项目。

(二) 电子商务

高职学生生活在信息爆炸的时代,接触网络的时间长,使用和利用网络解决问题的能力强。因此,高职学生利用网络平台开展创业具有较好的优势,如创业成本较低、可以突破时间和空间的限制、具有开放型和全球性、互动性强等优势。但是电商创业也有一定的缺点,如没有独立法人资质、交易安全性得不到足够的保障、受信用消费影响、电商管理机制不够健全规范等。所以,高职学生选择电商创业仍需要谨慎。

(三) 加盟代理

高职学生选择加盟代理的形式进行创业的优点是:拥有加盟代理品牌标准化管理的指导的同时,拥有较低廉的进货成本,投资风险明显降低。加盟连锁体系可利用其品牌吸引力增加客流量,更快、更有效地积累经营管理经验,增加日后经营成功的可能性。

加盟代理的缺点是一次性投入较高。定期负担促销推广费用,但不一定产生效果。加盟店与总部之间沟通不畅时易造成支持不到位,加盟店所销售的商品可能有地域性差异存在,导致产品销售受限,存在经营风险。加盟总部的要求、监督及限制,可能会阻碍加盟店独特性经营风格的形成。

(四) 提供智力或个性化服务

随着社会经济的发展,服务业在我们的生活中已占有越来越重要的地位。高职学生创业,可以发挥自己的专业特长并有效结合自身的兴趣爱好,以兴趣为驱动力,以专业特长为有力保障,积极开展智力和个性化服务。

其优点是:可根据订单来进行生产,可以以需待产,加快资金周转,缩短再生产周期;服务在产生之前已经销售到消费者,强化了顾客与企业之间的沟通;个性化服务可以使生产者与顾客之间建立起学习型、良好的合作伙伴关系,会提高顾客的忠诚度,创造固定顾客。

其缺点是:在条件尚不完全具备的创业初期,可能增加生产或者交易成本,成本上升,从而影响总体经济效益;个性化服务受客户个人信息保护的影响较大;每一位顾客被视为个性化服务的细分市场,使营销网络受到严峻的考验,企业经营风险增加。

四、高职创业者如何组建创业团队

(一) 如何选择合伙人？怎样组建团队？

高职学生在创业的起步阶段需要全身心的投入，并及时解决产品技术、市场推广、客户服务与维护、企业管理等方方面面的问题，但是高职学生接触社会和自身能力有限，不可能面面俱到，即使你有超常的个人能力和心理素养，能够独立解决绝大部分的问题，但创业者的时间和精力也会受到各种挑战。所以就需要引入工作同伴，并且是能够以创业思维全身心投入的工作伙伴，也就是创业者要寻找的合伙人。

我们常说"找不到合伙人组建团队的创业者不是好创业者"。因为找不到合伙人意味着：在寻求投资人投资时，他们会认为你不适合创业；没有认清自己，更不知道自己需要什么样的合伙人；创业者不善交际，没有可供选择的合伙人；为人苛刻，没有人愿意和你合作。因此，几乎所有高职创业的学生在进行创业初期都在为未找到合适的合伙人组建团队而苦恼过，有时候甚至感觉比找自己的男女朋友还要难。如果你已经准备创业并付诸实践，才发现需要寻找合伙人组建创业团队的话，可能为时已晚。

那么，对于高职创业学生来说，怎样选择合适的合伙人？采用什么方式才能找到高职创业学生的合伙人，进而组建团队呢？我们建议可以从以下角度寻找切入点：

1. 在日常生活、工作、学习中寻找"熟人"

一个好的合伙人自愿全身心投入并愿意承担责任。在日常的生活和学习中，高职创业者可以观察并留意"谁的点子最多？"。当学习中分配任务并以小组的形式完成后，谁感谢团队成员和伙伴？当生活中遇到困难或者团队合作出问题的时候，谁自愿最先站出来承担责任？谁做事情时，团队成员都放心？在对日常生活和学习中的各种表现尽收眼底之后，那么高职创业者选择什么样的成员组织团队就有了答案。

2. 以创业点子吸引团队成员

当高职创业者拥有一个好的创业点子，那么不要犹豫！请尽快地将创业点子尽量完美地展示给你认为对这个点子改进和完善起着重要作用的人,将这些对你创业点子认可,并愿意以创新思维全身心投入此项工作中的人吸引进你的创业团队。

3. 通过网络渠道寻找合伙人

高职创业者相对社会创业人员来说,他们的交往圈子以及人际关系都是比较欠缺的,利用现有的人脉网络寻找到合适的创业者困难重重。但是随着网络技术的发展和进步,网络已经成为众多高职创业者寻找合伙人的一个重要的交流平台。有创业冲动的高职创业者可以利用网络开放平台、移动互联网等网络渠道、线下活动去扩大自己的交际圈,比如利用一些线上找合伙人的平台、科技社区、线下业界活动等,找到适合团队的合伙人。

高职学生在寻找合伙人时需要注意的一点是,在整个团队中合伙人的个人工作能力和经历背景最好能够互补,相互之间能够以创业的思维进行合作,而不是计较工资、风险、工作强度等的"打工者"。

在寻找合伙人的过程中还可能存在这样的问题,合伙人并不是在你需要的时候就一定出现。当暂时找不到合适的合伙人或者找到了合伙人但是不适合组建创业团队的时候,我们应该怎么办呢?

1. 暂时找不到合适的合伙人

高职创业者如果在创业初期由于种种原因暂时找不到"理想的合伙人"来组建创业团队的话,不妨采用以项目为导向的"项目临时性组织",经过项目的不断相互磨合后再认真审视"临时性组织"的去留问题。如果合作好的话可以继续合作,直到经过多次合作之后项目出现了持续性的盈利模式和方向,就可以考虑组建一个创业团队了。

2. 有合伙人但不适合组建创业团队

当"临时性组织"经过一个项目合作之后发现创业成员相互之间存在太多差异,从价值观到个人综合能力方面都有太多不协调因素存在的话,无论项目是否成功,都要在项目结束后尽快解散。

总之,高职创业者选择创业这条路就意味着必须快速提升在管理能力、协调、领导等各方面的综合素养,否则个人能力无法和创业团队的成长和运营匹配,创业之路也就无法走得更远。

(二)创业股权分配及权益分配

日常生活中有句俗话"亲兄弟、明算账",但是在真正的高职创业者进行创业的时候,绝大多数的创业失败都是因合伙时没有明确股份及权益分配而埋下的"定时炸弹"导致死亡。

在中国现有的契约精神不是很完善和发达的今天,人和人之间的合作更多的是基于彼此的信任和熟人之间的介绍而进行,因而在创业过程中都会因投入的资金、精力和技术等内容不同导致回报分配缺乏约定,最终"分道扬镳"。因此我们建议高职创业者在正式创业合伙之前,一定要进行一次开诚布公的谈话,将以下问题进行约定:

1. 出钱规则

合伙人各自出多少钱?分别占有多少比例的股权?

2. 出力规则

合伙人在工作中进行怎样的分工?谁来负责安排和监督工作?当出现分歧的时候谁说了算?

3. 分钱规则

当创业不断走向正轨并不断有盈利出现的时候,赚到的钱怎样合理分配?多少用于企业的发展?多少用于个人分配?

4. 退出规则

如果高职创业者在创业过程中有合伙人提出退出,采用什么样的方式退出比较合适?怎样对退出进行比较合理的约定?

此外,高职创业者选择创办企业形式的创业时,在股权的设计时需要注意以下事项:创业初期,如果是两人或者两个以上的股东一起成立有限责任公司,要尽量避免持股比例平分,保持一个股东对公司有绝对的控制权,也就是一人的持股比例必须超过2/3。创始人要想拥有对绝大多数事项的最后决定权,就必须拥有50%以上的股份。

五、撰写商业策划书

很多有创业想法的高职学生常常会有这样的疑问:"学校门口的早餐店,没有看到老板写什么商业策划书,照样经营得很好。我们学生创业不需要融资,为什么就非要去写商业策划书呢?创业要求更多的实践,而非纸上谈兵!"你对以上的言论有什么样的看法?历来对商业策划书是否要撰写都会有不同的看法,有人认为它作用不大,有人却认为非常重要。

(一)商业策划书对高职学生的重要性

对于一个即将创业的高职学生,即使开一家很小的杂货店,恐怕都需要写一份商业策划书,因为相对于社会创业人员来说,我们对商业模式、市场调研、风险评估等都没有太多的思路和经验,必须通过商业策划书来整理和完善思路。因此,商业策划书对高职创业学生非常重要。

1. 商业策划书是理清创业思路的必要形式

高职学生可以通过撰写商业策划书来理顺创业项目的业务发展逻辑顺序,以便在正式创业时对面临的风险和挑战以及创业项目的商业模式有更加合理和清晰的认知。同时有利于在创业项目和投资人见面之前发现问题并进行完善。

2. 商业策划书是发现创业项目漏洞和潜在风险的最低成本的试错方式,能增加成功概率

高职学生由于缺乏社会阅历,通过撰写商业策划书可以让创业者在大脑中进行一次创业沙盘路演,虽然未完全模拟现实,但却可以发现创业项目的商业模式中的漏洞并及早解决。因此,撰写商业策划书是高职学生发现项目潜在风险和漏洞的最低成本的试错方式。

3. 商业策划书是创业项目发展的路标和纲领性文件

商业策划书是团队成员共同完成的,也是所有成员共同认同并确认的,当创业项目开启,商业策划书就成为项目的发展路标和纲领性文件,指引创业团队不断向前。

4. 商业策划书是吸引投资人目光并打动投资人的最有效方式之一

对于高职学生创业,想通过完美的语言表达以及缜密的逻辑思维来有效描述自己的创业项目进而打动投资人几乎不可能。作为投资人,更希望通过商业策划书对你的项目进行评估、推广、融资等。因此,一份好的商业策划书将成为吸引投资人目光并打动投资人的最有效方式之一。

(二)如何写出简洁清晰、重点突出、一目了然的商业策划书

大部分有创业想法的高职学生都不是很清楚好的商业策划书应该有的技巧和要点,有一些学生有很好的创业点子,但到最后都被一份"糟糕"的商业策划书给毁了!那么,好的商业策划书应该有什么样的思考框架呢?高职创业者

只要能用"一句话"来回答以下问题,那么整个创业项目的商业模式将会逐渐清晰。

我是谁?

创业的灵感或动机是什么?

满足了什么样的刚需?

市场的潜力如何?

还有谁提供类似的刚需?

你的优势是什么?

你如何保持住你的优势?

通过何种方式让客户知道你的产品或服务?

某一周期内能赚多少钱?

如果有投资者看重项目,计划分多少股份,换多少投资,准备怎么做?

投资人将得到什么样的回报?

合伙人怎样退出?

如果创业者能够简洁清晰地用一句话回答以上问题,说明你对创业项目已经有较为明确的认识,依据这样的思考框架对商业策划书进行完善,一份好的商业策划书框架将逐步成型。以下大纲对一些项目不一定能够全部适用,写作的重点和顺序也可以根据创业项目的特点进行调整,因此,只做参考!

(三) 商业策划书参考大纲

第一部分:项目概述(让投资者快速了解项目,此部分需言简意赅,重点突出)

一、公司或者团队基本情况

二、项目的特色及卖点介绍

三、与竞争对手相比存在的优势

四、是否拥有专利、版权等,是否通过标准和行业认证

第二部分:公司概况

一、公司基本信息

二、股东及控股构成

三、主要业务描述

四、团队成员和财务状况

五、场地资源与设施设备

第三部分：行业及市场分析

一、行业分析

二、市场分析

三、竞争分析

四、SWOT 分析

五、项目市场前景和未来 3～5 年的销售收入分析

第四部分：产品或项目概述

一、产品概述（包括产品功能、优势、产品现有的技术资源、未来发展方向等）

二、产品研发模式及构架

三、产品生产制造过程及工艺流程

四、产品营销计划

五、经营管理计划

第五部分：市场推广

一、细分目标客户

二、销售成本构成及定价方式

三、营销策略

四、对市场人员的激励和约束机制

五、对竞争对手的反应及对策

第六部分：财务预测与融资计划

一、历史财务状况

二、财务预测

三、投资分析

四、盈亏平衡点分析

五、融资计划

第七部分：项目风险与机遇

一、项目风险分析

二、项目机遇

第八部分:管理团队概述

一、管理团队成员介绍

二、管理团队整体描述

第九部分:关键进度表

详细列明项目实施计划和进度,注明起始和结束时间、计划目标以及各项资金的投入及产出。

相关链接

中华人民共和国教育部网站http://www.moe.gov.cn/
新职业网http://www.ncss.org.cn/
全国大学生创业服务网http://cy.ncss.org.cn/
大学生创业网http://www.studentboss.com/
应届毕业生创业网http://chuangye.yjbys.com/

深度阅读

孙陶然.创业36条军规.北京:中信出版社,2015.

拉里·基利.创业十型.余锋译.北京:机械工业出版社,2014.

《教育部关于做好2017届全国普通高等学校毕业生就业创业工作的通知》(教学[2016]11号)

《国务院办公厅关于深化高等学校创新创业教育改革的实施意见》(国办发[2015]36号)

本章训练题目

1. 高职学生创业行为有哪些主要特征?
2. 高职学生创业应具备哪些基本的条件?
3. 高职学生应该选择什么样的项目进行创业?
4. 高职学生如何组建自己的创业团队?

第四章　开业初期的工作与管理

导语

经过前期的筹划阶段和准备阶段，企业正式进入了开业初期。在开业初期，创业者需要筹集资金，为企业维持正常运转提供前提条件；制定中长期规划，为企业未来的发展做出合理的规划；预防企业发展过程中的危机；扩大生意场上的人脉；在企业内部建立管理制度；加强员工的管理；提高创业者的个人素质。

关键词

筹集资金；制订企业计划

一、筹集资金

创业是一个系统工程，财务活动的起点就是筹集资金的活动。资金是企业运行的血液，筹集资金是企业通过各种途径或渠道，运用相应的手段获取资金的行为。这样，筹资既是企业"造血"理财的主要功能，又是企业维持正常运转的前提条件。但是，在筹集资金之前，必须对创业启动资金做出预测。

（一）创业启动资金的预测

启动资金是指开办企业必须购买的物资和必要的其他开支的总费用。任何创业都需要成本，最基本的开支是必不可少的。

1. 启动资金的类型

（1）固定资产投资。固定资产投资是指为企业购买的价值较高、使用寿命长的设备或物品。有些学生创业用很少的投资就能启动，如零售业、服务业等；而有些学生创业却需要大量的投资才能启动，如生产制造业等。因此，大学生创业者应根据企业的法律形态和自身情况以最少的资金投入获得最大的固定资金利用率,让企业少担风险。

(2) 流动资金。流动资金是指企业维持日常运转所需要支出的资金。

2. 固定资产投资预测

固定资产投资是企业开业时必需的投资,而且固定资产成本的回收期较长,有的甚至需要长达数年后才能收回这笔钱。但是作为创业者,必须在创业之初对此项支出做出合理预算,才能保证企业顺利开业。这项投资一般包括场地、建筑物和设备。

(1) 场地和建筑物。一是租用办公室或生产厂房;二是购买现成的办公室或生产厂房;三是自己建造需要的办公室或生产厂房。

(2) 设备。设备是指企业需要的机器、工具、办公家具等,甚至还有车辆等交通工具。

3. 流动资金预测

企业进行生产运营,需要有原材料、员工、充足的货币资金做保证,使企业能正常进行生产运营。因此,流动资金需求量也是创业者必须考虑的。创业之初,企业所需流动资金支出一般包括以下部分。

(1) 原材料和库存商品。无论是生产企业、服务业,还是商业企业,必须有足够的库存保证生产和运营的顺利进行。预计的库存越多,所需要的采购资金也越大。因此,要将库存降低到最低限度,以保证流动资金的流动性。

(2) 人工费。人工费是指企业以货币形式支付给员工的劳动报酬。此项支出也是流动资金中重要的支出。

(3) 日常工作支出。企业为了维持正常的运营,除了有相关的场地、原材料、库存商品和员工支出外,还发生相关的办公支出。包括电话费、水电费、网络费、招待费等,这些费用应包括在日常工作支出中。

(4) 广告费用。一个新的企业,为了让外界了解你的企业以及产品,创业初期都需要进行相关的宣传,以此树立企业形象。这就相应地有广告宣传和广告支出,产生广告费用。

(5) 场地租赁费。如果企业的经营场地或设备是租赁来的,在企业开办之初还应支付相应的租赁费。租金一般是按季或年预付,因而会占用更多的流动资金。

(6) 其他费用。企业的日常经营需要大量的流动资金,除以上所列之外,企业还可能发生许多其他支出,如差旅费、设备维护费、车辆使用费等,这些都会占用一定量的流动资金。

（二）筹资的途径

从目前大学生创业的情况来看，其融资渠道较为单一，主要依靠银行等金融机构来实现。其实创业者融资的渠道还有很多，创业者也可以从其中获得资金。

1. 依靠家人的积蓄

依靠家人多年的积蓄是大学生创办企业筹资的主要来源，也是企业创办的原动力，没有家人的支持，创业难以顺利进行。因此，在创业初期，要发挥家人的力量帮助自己创业。其优点是，借来的资金可长期使用，不需要还本付息。但是如果大学生创业失败，承担的风险就较大，因而精神压力大。

2. 从亲朋好友处借钱

从亲朋好友处借钱创业也是寻找本钱的常见做法。其优点是，从亲朋好友处借钱创业靠的是人际关系，具有方便、快捷及灵活性的特点。但是，一旦企业经营失败，亲朋好友就会因收不回自己的钱而伤了感情。因此，讲信用在企业的创办和经营过程中显得十分重要。

3. 从供应商处赊购

赊购是指购买商品时不支付现金，供应商先赊账，以后一次或者分为几次还款。这是一种商业信用的形式，有利于推销商品，而且贷款的利息早已经打入货价，是一种自然融资。但在企业成立之初，从供应商处赊货很难，因为供应商对企业的经营及未来状况不了解。

4. 银行贷款

银行贷款是指银行根据国家政策以一定的利率将资金贷放给资金需要者，并约定期限归还的一种经济行为。从中央到地方，均有支持大学生创业的相关政策。政策规定，对于符合条件的大学生自主创业的，可在创业地按规定申请创业担保贷款，贷款额度为10万元。银行贷款是大学生创业筹集资金最常用和最基本的途径之一。

5. 寻找天使投资

天使投资是权益资本投资的一种形式，是指具有一定净财富的个人或者机构，对具有巨大发展潜力的初创企业进行早期的直接投资。天使投资之所以被称为"天使"，是因为他们通常投资于非常年轻的公司以帮助这些公司迅速启动，这些投资人在公司产品和业务成型之前就把资金投入进来。当然，天使并不是很好找的。

二、制定企业发展中长期规划

(一) 影响中长期规划的因素

通过自己的努力,创业者的企业基本稳定下来,业务也慢慢走上正轨。这时,创业者就要考虑对自己的企业做一个三年左右的中期计划。当然,这个计划一开始不会很完善,但可以逐步将它完善。

制定这个计划的过程,实际上就是对未来发展规划的过程。它不仅能激励自己,而且对企业的员工也是一种激励。在制定这个计划的过程中,会发现自身存在的问题,因此,这也是一个随时自我校正航线的过程。为了实现这个目标,还需要在一些方面提前做些准备和安排,做到未雨绸缪。

对自己的中长期计划,最好用具体的指标表示,如纯利、销售收入、员工人数、店铺数等,并且定量化,列成表。为了实现这个目标,自己要坚持什么经营方针,企业及企业各部门要解决什么问题,能一目了然,并根据这些指标做相应的安排和部署。每过三个月或半年就对照这个计划进行检查,发现在计划执行过程中有什么问题,就随时加以调整,使自己的计划越来越具可操作性和指导性。

(二) 制定企业中长期发展规划的方法

对于一个初创企业来说,编制好企业中长期发展规划,有利于明确公司的发展方向、发展思路和发展路径,促进公司持续、健康、稳定地发展。同时,通过规划编制,促使创业者思考公司的长远发展,从而避免急功近利。一个好的规划,一般应包括企业概况、环境分析、对标分析、制定发展战略、战略保障(发展改革举措)等章节和内容。

1. 企业概况。简要描述企业的基本情况,以及取得的成绩等,为规划工作做好铺垫。

2. 环境分析。环境分析即SWOT(机遇、挑战、优势、劣势)分析,对企业发展所面临的外部、内部环境进行分析。通过外部环境分析,找出企业面临的机遇和挑战;通过内部环境分析,找出企业自身的优势和劣势。在环境分析过程中,要注意结合企业自身实际,切忌大而全,要有针对性地分析。

3. 对标分析。通过内部、外部环境分析,综合 SWOT 分析,对企业生产经营、管理方面的优势和劣势,综合比较,找出标杆企业,进行对标分析。在标杆企业选取过程中,选择产业结构尽量相似、规模相当、优势比较明显的企业作为标杆,这样可比性才明显。

4. 制定发展战略。通过环境分析和对标分析,已经了解了企业的机遇、挑战、优势、劣势,并找出了发展的方向。在此基础上,确定企业的发展规划,包括企业发展的工作原则、规划布局、发展目标等。

5. 战略保障。制定实现规划目标的措施,包括战略管控(战略制定、规划执行、协同控制)、风险防控(决策风险、经营风险、法律风险、安全风险、环保风险)、党建创新、企业改革(完善治理结构、深化产权制度改革、三项制度改革)、塑造企业文化等方面的综合措施,保证规划能够落地实施。

三、预防企业发展过程中的危机

对于企业来说,危机管理是一项十分重要的内容。危机处理得当与否甚至关系到一个企业的生死存亡。如何预防企业发展过程中的危机,是创业初期每一个创业者所面临的共同问题。

(一)影响企业成长的因素

由于经验不足,每个企业在创业初期的管理中都会出现一些混乱,以及经营上出现失策等情况,这是企业成长过程中出现的正常情况。但是,如果不及时进行纠正,这些问题往往就会给企业的发展带来麻烦甚至隐患。事实上,任何危机的发生事先都会有征兆,只要创业者平时多观察,这些问题是可以发现的,完全可以防患于未然。在开业初期,如果出现下面这些情况,创业者就要提高警惕,并采取相关措施应对。

1. 产品质量出现问题

企业产品质量存在问题,固然有不少是由于技术水平不高造成的,但更为普遍的则是缺乏有效的管理所造成的。许多企业在创业初期经营一段时间之后,接到的订单越来越多,为了快速完成订单,创业者在此时往往会忽视对生产的产品质量管理。忽视了产品的质量,就会影响企业产品在顾客中的忠诚度。因此,尽管开张不久,为了长远的发展,必须根据企业的实际情况接受客户的订单。

2. 客户单位人员更换

客户单位换人,特别是更换了领导人,必须尽快与客户单位更换后的人员进行沟通与了解。客户单位与创业者企业的相关人员更换,过去两个企业之间的一些交易,特别是一些口头承诺,就可能会随之发生改变。于是,创业者必须重新开始与客户单位的新人建立信用关系。因此,客户单位更换人员后,要尽快与新人进行沟通,建立起友好的关系。

3. 合同诈骗

合同诈骗是经济领域中的一种突出犯罪形式,使企业直接遭受损失。对自己不了解的新客户一定要慎重对待。如果确实要与新客户签订合同,那么,在合同签订前,一要摸清客户情况,要设法通过多种渠道查清对方主体资格、注册资金、信誉状况、履约能力及其身份证件等情况。尤其不要轻信广告宣传和特殊身份,必要时要上门考察或去相关部门核实身份。二要审查合同条款,订立合同时,对合同条款要反复推敲,防止出现歧义条文,最好请律师帮助审查。三要核实文件资料,对对方提供的有关文件、资料,特别是存款、汇款凭证,要通过工商、金融等部门认真核对与查实。四要尽量设定担保,签订借贷、买卖、货物运输等合同时,尽量采取保证、抵押、质押、留置、定金等方式设定担保,特别是对首次合作的客户,此种做法可有效降低风险。五要及时报案,发现可能受骗时,要及时向公安机关报案。如果拿不准是合同诈骗还是经济纠纷,也可以直接向人民法院起诉,同时申请财产保全。

4. 供货商或大客户倒闭

供货商或大客户倒闭,对创业者的经营肯定会产生影响。另外,如果同行歇业甚至倒闭的企业越来越多,在这个时候就要多收集信息,冷静分析,找出原因。如果创业者从事的业务确实属于夕阳产业,基本上没有什么发展前途了,那么要提前做好转业改行的准备。

5. 破坏潜规则

每一个行业或多或少都有本行业独特的规则。有些是明规则,有些则是潜规则。在创业者进入一个新的行业之前,要尽可能地熟悉这个行业的各种规则,特别是其中的潜规则。如果你不了解或不愿遵守甚至破坏这种潜规则,你就很容易被同行淘汰出局。

（二）预防企业成长的危机

经过激动人心的创业初始阶段,创业者开始步入企业发展的第二阶段——成长。这是一个充满诱惑的阶段:客户需求增加,订单不断,你恨不能夜以继日地扩大生产能力,加速满足供货,尽量占据更多的市场份额;此外愿与你合作的人多起来、新项目建议也多起来,似乎商机超载。

然而,这也是一个充满陷阱的阶段:你发现人人都过于繁忙,企业内部组织建设已经无暇顾及;日益扩张的销售渠道难以控制和管理;产品质量开始出现新问题;更糟糕的是,大量的新订单使库存膨胀,资金周转不过来,竟然使你不得不放弃新的订单,公司开始出现财务危机。许多企业就这样轻而易举地被业务的快速成长拖垮甚至被迫破产。

那么,企业如何预防这些危机呢？一是建立可量化的预警指标。每个企业应当有几个或一套"关键值"用以测量其运作健康状况。如果你的企业今天还是"无关键值"状态,你应当发动管理层乃至企业的一些重要员工一起把"关键值"定义出来,并赋予具体的量值。二是非量化指标。有些"非量化"的指标也能起到危机的预警作用,比如全新的竞争对手的出现、企业员工士气低落等,以及整体规划上的失误、企业内部组织能力弱化、政策环境的变化、消费市场的突发性事件、经济衰退等。通过认清这些预警指标,可有效预防企业潜在的成长危机。

（三）企业突发性危机的处理

1. 保持信心

企业在经营过程中,遭遇挫折和失败是常事。所以,在面对失败时,不能一蹶不振。在失败之后,首先要查明失败的原因,冷静分析,找到对策,并尽快修复好相应的人际关系。因为生意上的失败,肯定也会对自己的人际关系带来一些负面的效应。人脉是经营企业的重要财产,所以要尽快修复被伤害的人际关系,不要推脱自己的责任,诚心诚意地请对方谅解。

失败之后,不要胆小多疑,逃避工作,让别人看不起;失败是正常的,对自己要有信心。接受教训,继续前进。既然自己已缴纳了昂贵的学费,那就要让自己更加成熟因而更加自信。

2. 办理保险

企业开业后,创业者就是企业的支柱。天有不测之风云,人有旦夕之祸福,生意正做得红红火火,可说不定哪天个人出现什么意外,企业第二天就得关门。

那时,不仅是创业者,还有创业者家人和员工一样会遭受打击。在这种情况下,如果对自己的财产和生命都做了保险的话,那他们可以将自己的家人、员工和合作伙伴的损失降到最小。所以,创业者有责任给自己做好保险。

四、扩大生意场上的人脉

对于创业者来说,人脉就是一切,就是财源。随着我国经济的发展,创业的人越来越多,那么人脉也是一种信任,跟认识的人合作比跟陌生人合作要强,跟老朋友合作比跟浅交的朋友合作要强,有时信任的力量可以让甲方放弃比你厉害、比你优秀的合作对象来跟你合作,这就是人脉的威力。

(一) 人脉的分类

一般来说,人脉分三个层次,第一个层次的人脉是能给你的企业提供直接帮助的那部分人;第二个层次的人脉是能成为你学习楷模的那部分人,他们能在精神上给予你鼓励和安慰;第三个层次的人脉指仅仅是在生意上能与你互相照顾的那部分人。

拓展人际关系,不是一朝一夕,而是一生都得经营的事情。人脉在人的一生中的重要性大家应该都清楚,人来到这个社会,需要在社会上生存,就必须要和人打交道,就肯定会和人发生某种联系,这种联系逐渐地形成你的人脉圈。怎样才能有效地扩展人脉,如何让你的人脉圈越来越大、越来越牢固呢?

(二) 扩大人脉的方法和步骤

1. 制定切实可行的目标,坚持不懈。建立人脉关系网最基本的原则是:不要与人失去联络,不要等到自己有麻烦需要别人帮助的时候才想到别人。要经常打电话、发邮件,借助网络聊天工具与认识的朋友进行沟通,甚至要定期找机会见见面,加深印象,深入交流。这里建议制定目标,列一个清单,每周要给5至10个人打电话,要和哪些人见面,并坚持执行。在维系旧情谊的同时,要注意扩展自己的"人脉圈",认识更多的新朋友,让新朋友变成老朋友,普通朋友变成好朋友,形成良性循环。

2. 抓住扩展人脉的机会。在街上、饭店、餐厅、机场、汽车站、酒吧、舞会、亲友聚会等场合,处处都有一些有用的资讯,说不定对你的工作有价值,或给你带来一个很好的机会。不妨与人说上一些话,哪怕只有几分钟也可以,不仅可以学到东西,而且也锻炼了自己的胆量,在不断地摸索中,更好地去跟陌生人交流。出差、旅游、培训等是扩展人脉的好机会,一定要抓住。

3. 借助一些工具扩展人脉。现在是信息化时代、网络化时代,可以借助一些网络工具来扩展人脉,如QQ、微信、微博等,它们都为发掘人脉提供了很好的功能,通过这些手段,可以找到以前失去联系的同学、同事等,通过自己的朋友再认识朋友的朋友,这些都是很好的方法。

4. 随时记录人脉的进展。要像记日记一样,记录人际交往的有关资料,包括姓名、地址、电话号码、重要日子及对方的专长、爱好、你的看法及日后的联系方法,以便在交流的时候可以更顺畅。可以随时更新你的人脉圈,对人脉进行分类管理,如亲人、朋友、同事、同学等类别,通过这些把人脉圈清晰地表现出来。

5. 扩展人脉不能急于求成。扩展人脉时,不能盲目行事,急于求成,这样只会使人离你越来越远,真正好的人脉需要一段很长时间的努力才能建立,要精心去呵护,用真诚、宽容的心让他们接纳你、了解你,真正让他们把你当成很好的朋友。

6. 扩展人脉要有选择性。有些人为了扩展人脉,认为只要认识的人多就好了,不管对谁都称兄道弟的,然而到真正需要别人帮助的时候,人家都离你而去,这种人脉圈是不可靠的,圈虽然建立起来,但实际上是断的,不能作为关系的纽带。所以,要懂得选择,不能三教九流都把他当成真正的朋友,和他们交朋友固然没有错,能增长你的社会经验,但是要注意你的初衷,你的想法是什么,并把握好度和投入的时间。

五、在企业内部建立管理制度

(一) 建立企业内部管理制度的必要性

大学生创立的企业,与民营企业、家族企业有一定的相似度,几个志同道合的同学,凭借掌握的专业知识,靠着国家和地方政府给予的优惠条件、风险投资企业给予的资金帮助,即可成立企业。在企业成立之初,股东即组建企业的同学会把全部精力放在企业的经营上,大家不会计较个人得失,不会计较付出与回报,没有利益分配的矛盾。同时由于业务较为简单,不健全的内部管理也不会影响企业的经营活动,所以看起来企业运行非常正常、有序。

随着企业经营规模的扩大,涉及领域的拓展,业务复杂程度的加剧,企业需要真正参与市场的竞争、按照市场规则运行时,就要求企业建立起内部管理制度,这样才能确保业务发生的全过程均在有效的管理下完成,能保证企业的发展方向,保证企业经营目标的实现。可见,大学生创业要想成功,要想尽快地发展壮大,就需要在企业成立之初建立与企业相适应的内部管理制度,使其成为企业发展的基本保证。在国家、地方政府、成功企业家、大学生自己的共同努力下,在健全的制度保障下,创业者一定能够不负众望,发挥才智,实现梦想。

(二) 建立有效的内部管理制度

1. 健全管理法律法规和公司制度

企业内部管理,在很大程度上取决于规章制度的监管,而监管力度的大小与国家颁布的相关法律法规和公司制定的制度有关。所以,国家法律规定在各行业财务管理中需明确各项权利和职责,对违法行为进行严格惩罚,同时,不断完善各项规章制度,加快各项管理的有效实施,创业者需要明确各岗位的工作职责和要求,保证工作和管理的顺利实施。

2. 组织机构管理

组织机构的管理包括组织机构的设置、分工的科学性、部门岗位责任制、人员素质的管理。在设置内部机构时,创业者既要考虑工作的需要,也应兼顾内部管理的需要,使机构设置既精炼又合理。因此,对企业内部组织结构和职责分工要有整体规划。

3. 预算管理

预算管理是内部管理的重要组成部分,其内容可以涵盖企业经营活动的全过程,包括筹资、采购、生产、销售、投资等诸多方面。所以创业者进行预算管理,是为达到企业既定目标而编制的经营、资本、财务等的年度收支总体计划。

4. 风险防范管理

在市场经济中,企业不可避免地会遇到各种风险,因此为防范风险,创业者应建立风险评估机制。企业常用的风险评估内容有筹资风险评估、投资风险评估、信用风险评估。

5. 财产保全管理

企业的各种财产物资只有经过授权,才可以被接触或处理,以保证资产的安全。

　　企业内部管理制度是企业管理的基础，只有严格按照制度办事，做到一视同仁，奖惩明确，考核到位，善始善终，才能使内控走向制度化、规范化的轨道。企业内部管理制度本身又是一种监督制度，不但要对企业经营进行监督与管理，还需对内部管理部门本身实施再监督，只有这样才能使内控真正发挥作用。对于严格执行内部管理制度的，给予精神鼓励和物质奖励；对于违规违章的，坚决给予处分和处罚，并与职务升降、薪金相联系。只有做到压力与动力相结合，才能最终实现内部管理的目的，把经营风险降到最低，才能促进整个企业健康、持续、快速发展。

六、员工的管理

　　初创企业的人员一般配置少，都十分紧凑、身兼要职，所以不能忽视每一个人对企业的影响力。创业者不能把做企业想象得过于简单，更不能忽视人员管理。每个企业都离不开员工在其中发挥的作用，创业者与员工决定了企业的方方面面，人安定，则企业安定，人复杂，则企业复杂。

（一）重视员工队伍或团队的组建

　　大学生创业初期在管理员工方面由于人员较少，容易按照团队的原则组织，团队内部的协调和沟通也比大型企业更加便利和灵活。通过共同愿景的建立、团队内部知识和信息的交流与学习、凝聚力的培育，可以塑造创业阶段企业独特的优势。

（二）将人力资源管理制度化

　　由于人力资源战略的作用周期相对漫长，紧迫程度不如其他职能战略，管理者往往有片面忽视的倾向，或者在人力资源战略的制订和执行中随意性很大。可以通过制度化将人力资源的吸收、开发和使用过程形成惯例和条例，包括员工的聘用制度、培训制度、奖惩制度、沟通制度等。

（三）建立以人为本的企业文化

　　营造员工参与的组织氛围，鼓励创新精神、容忍失误。鼓励员工具有主人公责任感是创业阶段企业吸引和挽留人才的重要手段。创业阶段的企业营造全员参与的组织氛围有特定优势。

(四) 多种奖惩方式的结合

创业阶段企业应该在奖惩制度化的基础上,将不同奖惩方式配合使用。除了一般的薪酬激励外,最需要的是侧重于精神激励和企业文化的作用,加强双向沟通。管理者和员工的固定化谈心制度、员工建议制度、非正式化的沟通、灵活的工作空间、权利的授予都是卓有成效的经营方式。员工持股、智力入股等多样化股权方式有利于企业增强对人才的吸引力。

(五) 开拓多元化培训的方式和渠道

企业往往有个误区,认为培训就是送出去深造,或者传授书本知识。其实对创业阶段的企业来说,可以开拓多种培训渠道,其中工作实践是最直接和有效的方式,也可通过合作的方式进行人力资源利用和开发。尽管创业阶段的企业在人力资源投入上不可能与成熟企业相比,但培训的观念、培训的形式和方法却是可以多样的。

(六) 克服家族式管理的倾向

任意干预企业事务、任人唯亲、赏罚无序都是家族式管理的常见现象,是导致企业创业陷阱和创业失败的重要原因。克服这种倾向,一是要建立客观的管理制度来代替主观意志的指挥,二是要建立开放型的企业文化,三是进行权利和责任的合理分配。

(七) 管理好员工的情绪

对于企业或个人来说,创业初期都是最艰苦的时期,会遇到各种各样的麻烦,因企业实力弱、经营者经验不足,这些麻烦不能很好地处理,就会使企业员工产生不好的情绪。一方面是企业高管人员产生了烦躁情绪,把个人情绪带到了工作中,对待员工态度不耐烦,在处理企业事务时我行我素,这样就会使员工产生抵触情绪,留不住好员工。创业者一定不能在企业中闹情绪,更不能把情绪带到工作中去,不能用个人意志管理企业,不能用个人情绪处理问题,更不能用个人态度决定企业事务。另一方面是企业内部员工会因陌生环境紧张、不习惯或因工作上遇到困难或因同事间出现矛盾,而产生不良情绪或反应。若员工自己没好好调整,管理人员也不注意化解矛盾,诸如此类的情绪就会扩大,甚至有可能蔓延至整个企业。

所以,企业管理人员应该关心员工,不要只管自己抓生产、抓质量、抓业务而忽视了内部人员的情感变化。对员工的关心,可以从细节入手,比如员工生日时聚会一下,有空的时候组织一些活动,逢年过节给员工发放一些超市购物卡、大米等……人是有感情的嘛!

七、创业者的基本素质

创业是极具挑战性的社会活动,是对创业者自身智慧、能力、气魄、胆识的全方位考验。一个人要想获得创业的成功,必须具备基本的创业素质。

创业基本素质包括创业意识、创业心理品质、创业精神、竞争意识、创业能力。

(一)强烈的创业意识

要想取得创业的成功,创业者必须具备自我实现、追求成功的强烈的创业意识。强烈的创业意识,可以帮助创业者克服创业道路上的各种艰难险阻,将创业目标作为自己的人生奋斗目标。创业的成功是思想上长期准备的结果,事业的成功总是属于有思想准备的人,也属于有创业意识的人。

(二)良好的创业心理品质

创业之路,是充满艰险与曲折的,自主创业就等于是一个人去面对变化莫测的激烈竞争以及随时出现的需要迅速正确解决的问题和矛盾,这需要创业者具有非常强的心理调控能力,能够持续保持一种积极、沉稳的心态,即有良好的创业心理品质。它是对创业者在创业实践过程中的心理和行为起调节作用的个性心理特征,它与人固有的气质、性格有密切的关系,主要体现在人的独立性、敢为性、坚韧性、克制性、适应性、合作性等方面,它反映了创业者的意志和情感。创业的成功在很大程度上取决于创业者的创业心理品质。正因为创业之路不会一帆风顺,所以,如果不具备良好的心理素质、坚忍的意志,一遇挫折就垂头丧气、一蹶不振,那么,在创业的道路上是走不远的。只有具有处变不惊的良好心理素质和愈挫愈强的顽强意志,才能在创业的道路上自强不息、竞争进取、顽强拼搏,才能从小到大、从无到有,做出属于自己的一番事业。

(三)自信、自强、自主、自立的创业精神

自信就是对自己充满信心。要成为一名成功的创业者,必须坚持信仰如

一,拥有使命感和责任感;信念坚定,顽强拼搏,直到成功。信念是生命的力量,是创立事业之本,信念是创业的原动力。要相信自己有能力、有条件去开创自己未来的事业,相信自己能够主宰自己的命运,成为创业的成功者。自强就是在自信的基础上,不贪图眼前的利益,不依恋平淡的生活,敢于实践,不断增长自己各方面的能力与才干,勇于使自己成为生活与事业的强者。自主就是具有独立的人格,具有独立性思维能力,不受传统和世俗偏见的束缚,不受舆论和环境的影响,能自己选择自己的道路,善于设计和规划自己的未来,并采取相应的行动。自主还要有远见、有敢为人先的胆略和实事求是的科学态度,能把握自己的航向,直至到达成功的彼岸。自立就是凭自己的头脑和双手,靠自己的勤奋工作,取得合理回报,以满足个人的基本生活、工作需要。

(四)竞争意识

竞争是市场经济最重要的特征之一,是企业赖以生存和发展的基础,也是一个人立足于社会不可缺乏的一种精神。随着我国市场经济的发展,竞争愈来愈激烈。从小规模的分散竞争,发展到大集团集中竞争;从国内竞争发展到国际竞争;从单纯产品竞争,发展到综合实力的竞争。因此,创业者如果缺乏竞争意识,实际上就等于放弃了自己的生存权利。创业者只有敢于竞争,善于竞争,才能取得成功。创业者创业之初面临的是一个充满压力的市场,如果创业者缺乏竞争的心理准备,甚至害怕竞争,就只能是一事无成。

(五)全面的创业能力素质

创业能力是一种特殊的能力,这种特殊能力往往影响创业活动的效率和创业的成功。创业能力包括决策能力、经营管理能力、专业技术能力、交往协调能力与创新能力。

1. 决策能力。决策能力是创业者根据主客观条件,因地制宜,正确地确定创业的发展方向、目标、战略以及具体选择实施方案的能力。决策是一个人综合能力的表现,一个创业者首先要成为一个决策者。创业者的决策能力通常包括分析能力、判断能力和创新能力。大学生要创业,首先要从众多的创业目标以及方向中进行分析与比较,选择最适合发挥自己特长与优势的创业方向和途径、方法。在创业的过程中,能从错综复杂的现象中发现事物的本质,找出存在的真正问题,分析原因,从而正确处理问题,这就要求创业者具有良好的分析能力。所谓判断能力,就是能从客观事物的发展变化中找出因果关系,并善于从中把握事物的发展方向,分析是判断的前提,判断是分析的目的,良好的决策能力是良好的分析能力加果断的判断能力。创业实际上就是一个充满创新的事业,所以创业者必须具备创新能力,有创新思维、无思维定式,不墨守成规,能根据客观情况的变化,及时提出新目标、新方案,不断开拓新局面,创出新路子,可以说,不断创新是创业者不断前进的关键环节。

2. 经营管理能力。经营管理能力是指对人员、资金的管理能力。它涉及人员的选择、使用、组合和优化,也涉及资金聚集、核算、分配、使用、流动。经营管理能力是一种较高层次的综合能力,是运筹性能力。经营管理能力的形成要从学会经营、学会管理、学会用人、学会理财几个方面去努力。

(1) 学会经营。创业者一旦确定了创业目标,就要组织实施,为了在激烈的市场竞争中取得优势,必须学会经营。

(2) 学会管理。要学会质量管理,要始终坚持质量第一的原则。质量不仅是生产物质产品的生命,也是从事服务业和其他工作的生命,创业者必须严格树立牢固的质量观。要学会效益管理,要始终坚持效益最佳原则,效益最佳是创业的终极目标。可以说,无效益的管理是失败的管理,无效益的创业是失败的创业。做到效益最佳要求在创业活动中对于人、物、资金、场地、时间的使用,都要选择最佳方案进行运作。做到人员和资金不闲、设备和场地不空、原料和材料不浪费,使创业活动有条不紊地运转。学会管理还要敢于负责,创业者要对本企业、员工、消费者、顾客以及对整个社会都抱有高度的责任感。

(3) 学会用人。市场经济的竞争是人才的竞争,谁拥有人才,谁就拥有市场、拥有顾客。一个企业没有优秀的管理人才、技术人才,这个企业就不会有好的经济效益和社会效益,一个创业者不吸纳德才兼备、志同道合的人共创事业,创业就难以成功。因此,必须学会用人。要善于吸纳比自己强或有某种专长的人共同创业。

(4) 学会理财。学会理财首先要学会开源节流。开源就是培植财源,在创业过程中除了抓好主要项目创收外,还要注意广辟资金来源。节流就是节省不必要的开支,树立节约每一滴水、每一度电的思想。其次,要学会管理资金。一是要把握好资金的预决算,做到心中有数;二是要把握好资金的进出和周转,每笔资金的来源和支出都要记账,做到有账可查;三是把握好资金投入的论证,每投入一笔资金都要进行可行性论证,有利可图才投入,大利大投入,小利小投入,保证使用好每一笔资金。总之,创业者心中时刻装有一把算盘,每做一件事、每用一笔钱,都要掂量一下是否有利于事业的发展,有没有效益,会不会使资金增值,这样,才能理好财。

(5) 要讲诚信。就创业者个人而言,诚信乃立身之本,"言而无信,不知其可也"。创业者在创业过程中,如不讲信誉,就无法开创出自己的事业;失去信誉,就会寸步难行。诚信,一是要言出即从,二是要讲质量,三是要以诚信动人。

3. 专业技术能力。专业技术能力是创业者掌握和运用专业知识进行专业生产的能力。专业技术能力的形成具有很强的实践性。许多专业知识和专业技巧要在实践中摸索,逐步提高、发展、完善。创业者要重视创业过程中专业技术方面的知识和经验的积累以及职业技能的训练,对于书本上介绍过的知识和经验在加深理解的基础上予以提高、拓宽;对于书本上没有介绍过的知识和经验要探索,在探索的过程中要详细记录、认真分析,进行总结、归纳,上升为理论,形成自己的经验特色,积累起来。只有这样,专业技术能力才会不断提高。

4. 交往协调能力。交往协调能力是指能够妥善地处理与公众(政府部门、新闻媒体、客户等)之间的关系,以及能够协调下属各部门成员之间关系的能力。创业者应该做到妥善地处理与外界的关系,尤其要争取政府部门、工商以及税务部门的支持与理解,同时要善于团结一切可以团结的人,团结一切可以团结的力量,求同存异、共同协调地发展,做到不失原则、灵活有度,善于巧妙地将原则性和灵活性结合起来。总之,创业者只有搞好内外团结,处理好人际关系,才能建立一个有利于自己创业的和谐环境,为成功创业打好基础。

协调交往能力在书本上是学不到的,它实际上是一种社会实践能力,需要在实践活动中学习,不断积累、总结经验。这种能力的形成,依靠以下几方面的努力:一是要敢于与不熟悉的人和事打交道,敢于冒险和接受挑战,敢于承担责任和压力,对自己的决定和想法要充满信心、充满希望。二是养成观察与思考的习惯。社会上存在着许多复杂的人和事,在复杂的人和事面前要多观察、多思考,观察的过程实质上是调查的过程,是获取信息的过程,是掌握第一手材料的过程,观察得越仔细,掌握的信息就越准确。观察是为思考做准备,观察之后必须进行思考,做到三思而后行。三是处理好各种关系。可以说,社会活动是靠各种关系来维持的,处理好关系要善于应酬。应酬是职业上的"道具",是处事待人接物的表现。心理学家称:应酬的最高境界是在毫无强迫的气氛里,把诚意传达给别人,使别人受到感应,并产生共识,自愿接受自己的观点。搞好应酬要做到宽以待人、严于律己,尽量做到既了解对方的立场又让对方了解自己的立场。协调交往能力并不是天生的,也不会在学校里就形成了,而是走向社会后慢慢积累社会经验、逐步学习社会知识而形成的。

5. 创新能力。创新是知识经济的主旋律,是企业化解外界风险和取得竞争优势的有效途径,创新能力是创业能力与素质的重要组成部分。它包括两方面的含义:一是大脑活动的能力,即创造性思维、创造性想象、独立性思维和捕捉灵感的能力;二是创新实践的能力,即人在创新活动中完成创新任务的具体工作的能力。创新能力是一种综合能力,与人们的知识、技能、经验、心态等有着密切的关系。具有广博的知识、扎实的专业基础知识、熟练的专业技能、丰富的实践经验、良好的心态的人容易形成创新能力,它取决于创新意识、智力、创造性思维和创造性想象等。

在上述五个方面的基本素质中,每一项基本素质均有其独特的地位与功能,任何一个要素都会影响其他要素的形成和发展,影响其他要素的功能和作用的发挥,乃至影响创业的成功。因此一个未来的创业者,不仅要注意在环境和教育的双重影响下培养自己的创业素质,而且要重视其整体结构的优化,在创业实践中不断提高自己的创业素质。

相关链接

新职业网http://www.ncss.org.cn/
大学生创业网http://www.studentboss.com/
应届毕业生创业网http://chuangye.yjbys.com/

深度阅读

1. 企业贷款相关规定,查各银行官网。
2. 企业成立的工商注册手续,查当地工商局官网。
3. 《国际市场营销——理论·实务·案例·实训》,刘苍劲主编,高等教育出版社 2015 年版。

本章训练题目

1. 企业如何进行工商注册?条件是什么?
2. 企业如何制订管理计划?
3. 企业如何进行员工的管理?

第五章　创业者必备的营销知识

案例

俞敏洪：新东方的销售，都是这样干的

一旦开始创业，你该怎么做？比如你的公司开了，产品也造出来了，下一步怎么办？如果产品造出来没人买的话，公司就白开了，有无数公司都是开起来最后却关门了，其根本原因之一就是他们不懂如何推销自己的产品，如何推销自己的公司品牌。因此，我们要做的是把公司"卖"出去，一个是卖公司的产品，另一个更重要的是随着产品的销售，卖出公司的品牌，就是说让大众认可你公司的品牌，让大家都知道这个产品是从你的公司卖出来的。

这就涉及营销，营销分两部分：实的营销和虚的营销。所谓实的营销，俞敏洪说，比如我们做新东方，营销的是新东方的课程，告诉学生为什么要来上这个课，上完能有什么收获。但是无数培训机构一直以来也在营销课程，却始终只是小机构，而新东方能做大，为什么？很简单，因为我们营销了品牌。

新东方开始有内涵，到最后人们不是因为听到新东方有什么课程而来上课，而仅仅是听到"新东方"三个字就来上课，这个时候品牌营销就算是成功了。这就是虚的营销。在中国做企业，品牌营销往往还跟个人营销结合在一起，就是说你个人的形象有时候能代表企业形象，所以往往要把个人的道德、行为和企业的道德、行为结合起来。比如很多人讲到新东方的时候会说，新东方就是俞敏洪，俞敏洪就是新东方；讲到联想的时候会说，联想就是柳传志，柳传志就是联想。

因此，在中国，个人品牌的成长在很大程度上就是企业品牌的成长，而企业品牌的成长倒过来也带动个人品牌的成长，这两个加起来形成你公司强有力的虚的营销。加上你的产品本身也能被老百姓接受，这样产品才会有价值。

举个例子，一家生产鞋的公司，没有任何名气，尽管鞋的质量跟著名品牌鞋的质量不相上下，但品牌鞋卖1 000元钱，它的鞋也许只能卖100元钱，这中间差的900元钱是怎么来的呢？是品牌营销，你没品牌，所以价格提不高。

所以，一家公司要成功，品牌营销有时候甚至比产品营销还重要，品牌营销的价值是无限的。这就是为什么我们中国造的包只能卖1 000元人民币，同样材质的包印上LV的标志之后就能卖10万元人民币，背后都是品牌价值在起作用。所以，利用营销能力把产品推销出去，把品牌推销出去，把自己推销出去，变成了企业发展的一个重要手段，也是创业者必须具备的能力。

（资料来源：http://mt.sohu.com/20161221/n476470049.shtml）

导语

在"大众创业，万众创新"的今天，这是创业者最好的时代！如何创业才能成功？创业者应该掌握必备的营销知识。创业之初面对"干什么""怎么干"的问题，如果善用营销理念作指导，通过市场购买行为分析及市场调查与预测，确定目标市场营销，应用产品策略、定价策略、渠道策略和促销组合策略，把产品和公司推销出去，你就会发现，创业过程中很多问题就能迎刃而解。

关键词

创业者；营销理念；营销知识

一、市场购买行为分析

企业要在市场竞争中适应市场、驾驭市场，必须掌握消费者购买行为特征，有效开展营销活动，以满足顾客的需要而获取利润。为了更好地为消费者服务，需要创业者对市场购买行为进行分析。

消费者购买行为是指消费者为满足其个人或家庭生活需要而发生的购买商品的决策过程。对消费者购买行为进行分析，是创业者营销决策的基础，与企业市场的营销活动密不可分。例如苹果果粉,这些人愿意购买一切最新的苹果产品和配件。那么,苹果公司是如何做到这一点的?它赋予了苹果产品怎样的魔力,才能让用户对它们如此痴迷?答案是体验,有分析家指出,苹果公司迷恋于研究苹果用户的体验,对用户需求有着足够的偏执。因为,消费者购买行为与需求息息相关。

(一)影响消费者购买行为的主要因素

客户想要什么?例如,消费者购买房子,其目的不仅仅是为了居住,还为了安全感和归属感。人们买一辆车不仅仅是为了代步,还可以获得一种身份和地位的象征。人们买一套家具也不仅仅是为了使用,还为了获得温馨的生活。

消费者购买行为取决于需求和欲望,而人们的要求、欲望、消费习惯以至购买行为又是在社会文化因素、个人因素、心理因素等许多因素的影响下形成的,影响消费者购买行为的主要因素,如图5-1所示。其中,在社会因素中,比较有趣的是"意见领袖"这样一种现象。比如,青少年崇拜迈克尔·乔丹和科比·布莱恩特,所以这些球星脚上穿的篮球鞋总能激起孩子们的竞购热情。

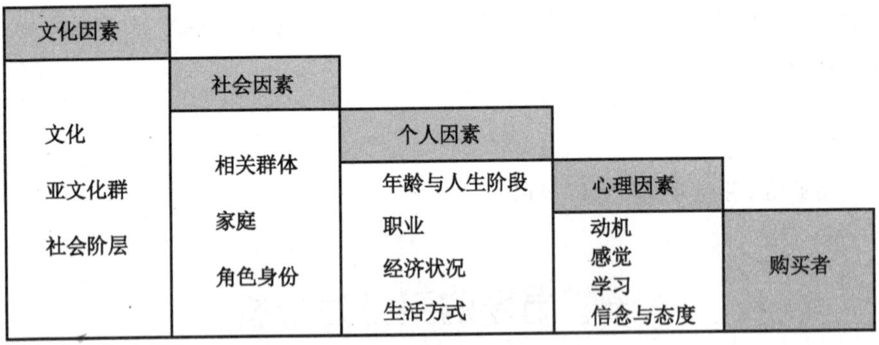

文化因素	社会因素	个人因素	心理因素	
文化 亚文化群 社会阶层	相关群体 家庭 角色身份	年龄与人生阶段 职业 经济状况 生活方式	动机 感觉 学习 信念与态度	购买者

图5-1 影响消费者购买行为的主要因素

(二)研究消费者购买行为的主要内容

1. 人类需求层次

马斯洛的人类需求五层次理论指出,人都潜藏着这五种不同层次的需要,但在不同的时期表现出来的各种需要的迫切程度是不同的。他把需求分成生理需求、安全需求、社会需求、尊重需求和自我实现需求五类,依次由较低层次到较高层次,如图 5-2 所示。

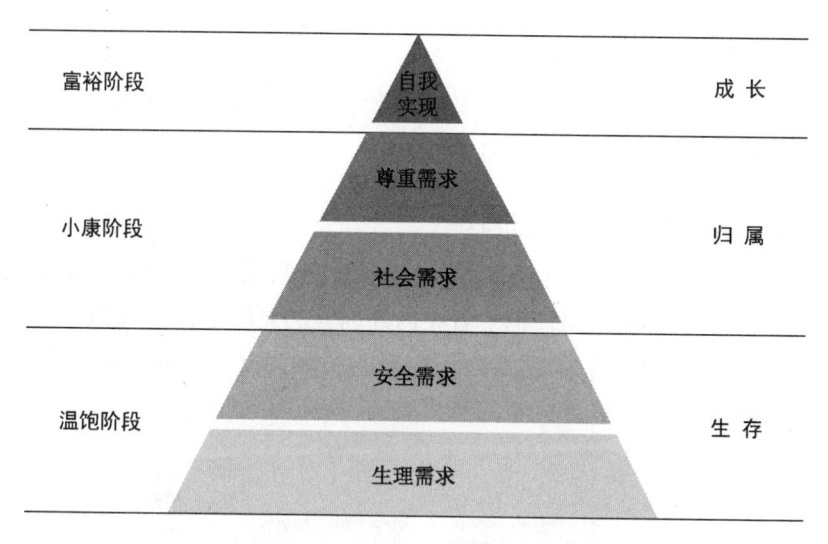

图 5-2　马斯洛的人类需求层次

（金字塔从上至下：自我实现、尊重需求、社会需求、安全需求、生理需求；左侧对应：富裕阶段、小康阶段、温饱阶段；右侧对应：成长、归属、生存）

对于购买者来说,需求是产生购买动机、实施购买行为的直接原因。

2. 消费者购买行为研究

对于消费者购买行为的研究,就是要弄清楚人们是如何利用自己现有的资源,如时间、精力及金钱等用于有关消费购买的决策。这些决策包括以下几个方面:

（1）何人购买:顾客主要是哪几种类型的人?

（2）为何购买:消费者的购买动机是什么?

（3）何处购买:决定商品销售通路的选择。

（4）何时购买:决定了市场促销活动展开的时机。

（5）如何购买:消费者购买行为的规律和特点会对企业的营销活动产生重要影响。

案例

泰国首都曼谷有家酒吧的主人,在门口放着一个巨型酒桶,外面写着醒目的大字"不准偷看"。过往行人十分好奇,偏偏非要看个究竟不可。只要把头探进桶里,便可闻到一种清醇芳香的酒味,还可以看到桶底"本店美酒与众不同,请享用！"字样，不少大叫上当的人，却在一笑之后顿觉酒瘾大发，于是进店试饮几杯。

启示

需求是由刺激引起的，该酒吧恰当地使用了与众不同的刺激，利用了消费者好奇的消费心理，从而取得成功。

（三）消费者购买决策过程

消费者的购买行为是由刺激引起的，这种刺激来自消费者身体内部的生理、心理因素和外部的环境。消费者在内外因素的刺激下，产生动机，做出购买商品的决策，实施购买行为，购买后还会对购买的商品及其相关渠道和厂家做出评价，这样就完成了一次完整的购买决策过程，如图5-3所示。

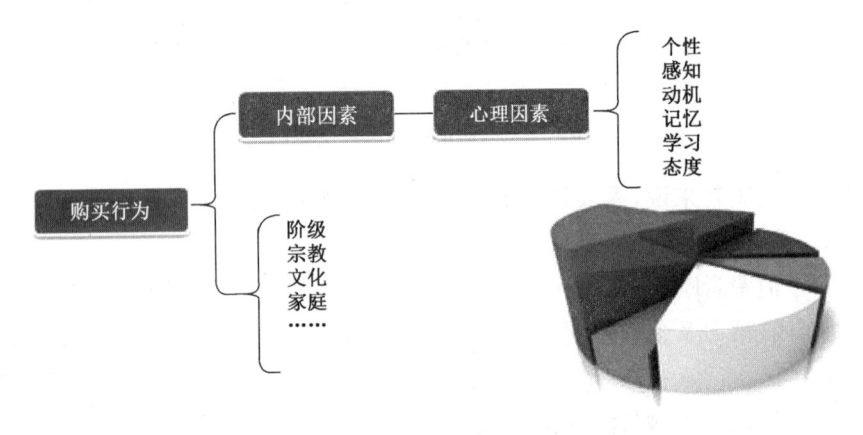

图5-3　顾客购买决策的一般模式

二、市场调查

市场调查是企业生存和发展的重要手段，它时刻服务于我们的生活、学习和工作。

（一）市场调查的认知

市场调查，也叫市场调研，就是运用科学的方法，有目的、有计划、有系统地搜集、整理、分析市场情况,对市场状况进行反映或描述,提出解决问题的建议,以便了解营销环境,发现市场机会和问题,作为市场预测和营销决策的依据。

市场调查的时机选择,包括以下几种情形:在公司创立之初;在公司发展过程中;新产品上市阶段;在营销推进的过程中,需要进行重大活动的决策前;公司业务出现严重的问题而缺乏有效解决方案时;公司营销部门进行年终总结并需要制定下一年度营销规划时。

(二) 市场调查的步骤

市场调查是制订营销计划的基础。一般可以采用两种方式:一是委托专业市场调查公司来做,二是自己来做。通常组织实施一项市场调查的基本步骤如下:(1)明确调查目标,确定调查问题;(2)设计调查方案,拟订调查计划;(3)调查资料的收集与整理;(4)调查资料的分析;(5)根据调查资料提出调查结论。

首先明确市场调查的目标,按照企业的不同需要,市场调查的目标有所不同。在进行市场调查时,重点调查市场需求状况、市场竞争状况、消费者购买行为和营销要素情况;如果是在经营中遇到了问题,这时应针对存在的问题和产生的原因进行市场调查。

(三) 市场调查的内容

1. 宏观环境调查

宏观环境调查,指的是对影响企业生产经营活动的外部因素所进行的调查。它是从宏观上调查和把握企业运营的外部影响因素及产品的销售条件等。对企业而言,宏观环境调查包括政治、经济、社会文化、技术、法律和竞争等,这些内容基本上属于不可控制的因素,对企业的生产和经营都产生巨大的影响。因此,创业者必须对企业主要的环境因素及其发展趋势进行深入细致的调查研究。

2. 微观环境调查

企业的一切活动都是围绕消费者进行的,消费者是市场经营活动的裁判员,产品的好坏由消费者说了算。消费者的这种权力间接表现为他们的购买力的构成和投向。

企业通过问卷、访谈、座谈、讨论、观察、写实等调查形式和手段,对目标消费者(包括个体和组织)进行全面研究,挖掘出消费者的潜在需求,帮助企业预估市场规模的大小及产品潜在需求量,确定目标市场,确定地理区域的目标市场,考虑消费限制条件,计算每位顾客每年平均购买数量以及其他需要考虑的因素。

居民购买力实际上就是消费者购买力。下面重点介绍消费者购买力的构成和投向。

(1) 购买力的构成与投向

消费者购买力是指取得收入之后,购买产品或服务的能力。无论是生产性消费,还是生活性消费,其最终都构成社会购买力。社会购买力,通常包括居民购买力、社会集团购买力和生产资料购买力,其中居民购买力是社会购买力的重要内容,历来是市场需求调查的重点。例如,2014年元旦,上海一商场400斤黄金1小时内抢购一空,体现出居民购买力水平。

购买力投向是指在购买力总额既定的前提下,购买力的持有者将其购买力用于何处,购买力在不同商品类别、不同时间和不同地区都有一定的投放比例,对购买力投向及其变动的调查,体现在城乡居民和社会集团用货币向市场购买吃、穿、用、烧、住等各类生活消费品的分配比例及其内部的构成。它反映了市场上对各类商品的需求情况和各类商品间的相互比例关系。因此,它是安排市场、合理组织和分配商品货源、平衡市场供需的重要依据。

(2) 购买动机与行为

购买动机是在消费需求的基础上产生的,它是引发消费者购买行为的直接原因和动力。消费者的需求是多种多样的,其购买动机可分为生理性和心理性购买动机。前者是由人类生理本能引起的,后者是由人们的认知、感情和意志等心理活动引起的。调查消费者购买动机的目的就是要弄清楚购买动机产生的原因,以便帮助创业者采取相应的诱发措施。

三、目标市场营销

市场细分是目标市场营销活动过程的重要基础步骤,对企业正确制定营销战略意义重大。市场细分的概念是美国营销学家温德尔·史密斯在1956年最早提出的,此后,美国营销学家菲利浦·科特勒进一步发展和完善了温德尔·

史密斯的理论并最终形成了成熟的 STP 理论(市场细分、目标市场选择和定位),这是营销战略的核心内容。

目标市场营销是指企业识别各个不同的购买者群体,选择其中一个或几个作为目标市场,运用适当的市场营销组合,集中力量为目标市场服务,满足目标市场的需要。目标市场营销(STP 营销)由三个步骤组成:(1)市场细分;(2)目标市场选择;(3)市场定位。

(一) 市场细分

1. 市场细分的含义

市场细分就是依据消费者的需要和欲望、购买行为和习惯等差异,把某一种产品的市场整体划分为若干消费群的市场分类过程。因此,分属于同一个细分市场的消费群体,他们的需要和欲望极其类似。不同职业的消费者,由于知识水平、工作条件和生活方式等方面的不同,其消费需求存在很大的差异,如教师比较注重书籍、报刊等精神读物的需求,文艺工作者比较注重美容、服装等方面的需求。可见,需求是一切商业活动的本源。需求划分了市场,从而催生了生产商的定位行为。而商品定位源于市场细分,需求导致了市场的细分,市场细分来自需求细分。

2. 细分市场的方式

(1) 按生活方式细分市场。生活方式是人们对工作、消费、娱乐的特定习惯和模式,不同的生活方式会产生不同的需求偏好,如传统型、新潮型、节俭型和奢侈型等,体现出不同消费群体对同种商品在心理需求方面的差异性。目前,越来越多的企业选择按照生活方式来细分市场。如服装企业,按年龄细分市场,可分为童装、少年装、青年装、中年装、中老年装、老年装;按气候的不同,可分为春装、夏装、秋装、冬装。当企业生产的产品通用性比较强、消费者的偏好比较一致时,企业可以选择其中一个影响消费者需求最强的因素来进行细分。

(2) 按收入情况细分市场。很多公司将富有消者群体作为奢侈品和便利服务的目标人群。例如,在芝加哥的四季酒店,住儿童套房的顾客可以享受卖冰激凌的人的到访服务,孩子们可制作想要的任何一种口味的冰激凌。

(3) 按照需求因素细分市场。企业根据经营的特点,按照影响消费者需求的诸因素,由粗到细地细分市场。例如自行车市场,可按地理位置(城市、郊区、农村、山区)、性别(男、女)、年龄(儿童、青年、中年、中老年)、收入(高、中、低)、职业(工人、农民、学生、职员)、购买动机(求新、求美、求价廉物美、求结实耐用)等变量因素细分市场。

案例

日本尼西奇起初是一个生产雨衣、尿布、游泳帽、卫生带等多种橡胶制品的小厂,由于订货不足,面临破产。总经理多川博在一个偶然的机会,从一份人口普查中发现,日本每年出生250万名婴儿,如果每名婴儿用两条尿布,一年需要500万条,于是,他们决定放弃尿布以外的产品,实行尿布专业化生产。一炮打响后,又不断研制新材料、开发新品种,不仅垄断了日本尿布市场,还远销世界70多个国家和地区,成为闻名于世的"尿布大王"。

启示

日本尼西奇运用的市场细分、市场定位的营销策略,分属于同一市场的消费者,具有相似的需要和欲望。

(二) 目标市场选择

著名的市场营销学者麦卡锡提出了应当把消费者看作一个特定的群体,称为目标市场。在评估细分市场时,应结合企业自身目标和资源,充分考虑细分市场的规模、增长速度、吸引力。在进行市场细分和评估之后,企业就需要做出决定,选择哪些和选择多少细分市场,这就是目标市场选择。根据各个细分市场的独特性和公司自身的目标,共有三种目标市场策略可供选择。

1. 无差异市场营销

无差异市场营销是指企业不考虑市场的差异性,整个市场只提供一种产品。

优点:产品单一,容易保证质量,能大批量生产,降低生产和销售成本。

缺点:如果同类企业也采用这种策略,必然要形成激烈的竞争。

美国可口可乐公司从1886年成立以来,一直采用无差别市场策略,生产一种口味、一种配方、一种包装的产品,满足世界156个国家和地区的需要,称作"世界性的清凉饮料",资产达74亿美元。由于百事可乐等饮料的竞争,1985年4月,可口可乐公司宣布要改变配方的决定,不料在美国市场掀起轩然大波,许多电话打到公司,对公司改变可口可乐的配方表示不满和反对,可口可乐公司不得不继续大批量生产传统配方的可口可乐。可见,采用无差别市场策略,产品在内在质量和外在形态上必须有独特风格,才能得到多数消费者的认可,从而保持相对的稳定性。

2. 差异性市场营销

差异性市场营销是指企业选择几个目标市场为目标,同时为每一个目标市场制订不同的营销计划和办法。

优点:能满足不同消费者的不同要求,有利于扩大销售、占领市场、提高企业声誉。

缺点:会增加各种费用,如增加产品改良成本、制造成本、管理费用、储存费用。

3. 集中性市场营销

集中性市场营销是指企业将一切市场营销努力集中于一个或少数几个有利的细分市场。这种战略特别适合于企业资源有限的情况。

优点:目标市场集中,能集中优势力量,有利于产品适销对路,降低成本,提高企业和产品的知名度。

缺点:目标市场狭小,经营风险较大。一旦市场需求突然发生变化,或出现更强的竞争对手,企业就可能陷入困境。该策略适用于实力弱、资源少的小型企业。

因此,许多中小企业为了分散风险,仍应选择一定数量的细分市场作为自己的目标市场。

三种目标市场策略各有利弊。选择目标市场时,必须考虑企业面临的各种因素和条件,如企业规模和原料的供应、产品类似性、市场类似性、产品生命周期、竞争的目标市场等。

案 例

美国米勒公司营销案

在20世纪60年代末,米勒啤酒公司在美国啤酒业排名第八,市场份额仅为8%,与百威、蓝带等知名品牌相距甚远。为了改变这种现状,米勒公司决定采取积极进攻的市场战略。他们首先进行了市场调查。通过调查发现,若按使用率对啤酒市场进行细分,啤酒饮用者可细分为轻度饮用者和重度饮用者,而前者人数虽多,但饮用量却只有后者的 1/8。

他们还发现,重度饮用者有着以下特征:多是蓝领阶层,每天看电视 3 个小时以上,爱好体育运动。米勒公司决定把目标市场定在重度使用者身上,并果断决定对米勒的"海雷夫"牌啤酒进行重新定位,重新定位从广告开始。他们首先在电视台特约了一个"米勒天地"的栏目,广告主题变成了"你有多少时间,我们就有多少啤酒",以吸引那些"啤酒坛子"。广告画面中突显的尽是些激动人心的场面:船员们神情专注地在迷雾中驾驶轮船、年轻人骑着摩托冲下陡坡、钻井工人奋力止住井喷等。

结果,"海雷夫"的重新定位战略取得了很大的成功。到了 1978 年,这个牌子的啤酒年销售量达 2 000 万箱,仅次于 AB 公司的百威啤酒,在美国名列第二。

启示

米勒啤酒公司通过市场调研,运用差异性市场营销策略,把目标市场定在重度使用者身上,并在产品定位方面取得成功。

(三) 市场定位

市场定位是 20 世纪 70 年代由美国学者阿尔·赖斯提出的一个重要的营销学概念。市场定位是指企业针对潜在顾客的心理进行营销设计,创立产品、品牌或企业在目标顾客心目中的某种形象或某种个性特征,保留其深刻的印象和独特的位置,从而取得竞争优势。定位涉及向顾客灌输一种品牌的特殊利益以及该产品与其他产品的区别,使顾客明显感觉和认识到这种差别,从而在顾客心目中占有特殊的位置。

事实上,市场定位与产品差异化虽然关系密切,但有着本质的区别。市场定位是通过为自己的产品创立鲜明的个性,从而塑造出独特的市场形象来实现的。一项产品是多个因素的综合反映,包括性能、构造、成分、包装、形状、质量等,市场定位就是要强化或放大某些产品因素,从而形成与众不同的独特形象。产品差异化乃是实现市场定位的手段,但并不是市场定位的全部内容。市场定位不仅强调产品差异,而且要通过产品差异建立独特的市场形象,赢得顾客的认同。

四、产品策略

菲利普·科特勒认为,以现代观念对产品进行界定,产品是指为留意、获取、使用或消费以满足某种欲望和需要而提供给市场的一切东西。

一般而言,产品有三个层次,分别是核心产品、有形产品、外延产品。产品最基本的层次是核心利益,即向消费者提供的产品基本效用和利益,也是消费者真正要购买的利益和服务。产品的外延也从其核心产品(基本功能)向一般产品(产品的基本形式)、期望产品(期望的产品属性和条件)、附加产品(附加利益和服务)和潜在产品(产品的未来发展)拓展。

产品策略是企业为了在激烈的市场竞争中获得优势,在生产、销售产品时所运用的一系列措施和手段,包括产品定位、产品组合策略、产品差异化策略、新产品开发策略、品牌策略以及产品的生命周期运用策略。

案例

到庙里推销梳子

有四个营销员接到任务,到庙里找和尚推销梳子。

第一个营销员空手而回,说到了庙里,和尚说没头发不需要梳子,所以一把都没卖掉。

第二个营销员回来了,销售了十多把。他介绍经验说,我告诉和尚,头皮要经常梳梳,不仅止痒,还可以活络血脉,有益健康。念经累了,梳梳头,头脑清醒。这样就卖掉一部分梳子。

第三个营销员回来,销了百十把。他说,我到庙里去,跟老和尚讲,你看这些香客多虔诚呀,在那里烧香磕头,磕了几个头起来头发就乱了,香灰也落在他们头上。你在每个庙堂的前面放一些梳子,他们磕完头、烧完香后可以梳梳头,会感到这个庙关心香客,下次还会再来。这一来就卖掉了百十把。

第四位营销员回来说,他销掉了好几千把,而且还有订货。他说,我到庙里跟老和尚说,庙里经常接受客人的捐赠,得有回报给人家,买梳子送给他们是最便宜的礼品。你在梳子上写上庙的名字,再写上三个字:"积善梳",说可以保佑对方,这些可以作为礼品储备在那里,谁来了就送,保证庙里香火更旺。这一下就销掉了好几千把梳子。

启示

如果不转变观念,要把梳子卖给和尚,简直是天方夜谭。第四个营销员正是转变了推销的方法,便从不可能的商机中,开发出了潜在的广阔市场。

五、定价策略

定价策略是市场营销组合中一个十分关键的组成部分。定价策略是指制定或调整价格的技巧。企业定价的目标是促进销售,获取利润。这要求企业既要考虑成本的补偿,又要考虑消费者对价格的接受能力,从而使定价策略具有买卖双方双向决策的特征。

最常见的定价策略包括:新产品定价、折扣定价、心理定价、差别定价、地区定价、组合定价。下面重点介绍新产品定价和折扣定价,以激活创业者对于商品定价的思路。

1. 新产品定价

新产品定价通常包括撇脂定价和渗透定价两种,它们的内涵及优缺点如表5-1所示。

表5-1　　　　　　　撇脂定价和渗透定价比较分析

新产品定价策略	内涵	条件	优缺点
撇脂定价	又称高价法,是指在产品生命周期的最初阶段,把产品的价格定得很高,以攫取最大利润	市场有足够的购买者,他们的需求缺乏弹性,即使把价格定得很高,市场需求也不会大量减少。高价使需求减少,但不致抵消高价所带来的利益。在高价情况下,仍然独家经营,别无竞争者。高价使人们产生这种产品是高档产品的印象	优点:企业能够在短时间内获得高额利润,并尽快收回投资。缺点:受高价厚利的吸引,导致竞争对手迅速进入市场,不能保持企业长期稳定的收益,不利于企业提高市场占有率

(续表)

新产品定价策略	内涵	条件	优缺点
渗透定价	渗透定价是指企业把其创新产品的价格定得相对较低,以吸引大量顾客,提高市场占有率	市场需求对价格极为敏感,低价会刺激市场需求迅速增长。企业的生产成本和经营费用会随着经验的增加而下降。低价不会引起实际和潜在的竞争	优点:低价可以刺激市场需求迅速增长,使新产品快速打开市场,提高市场占有率 缺点:企业要在较长时间内才能收回投资和获得收益,不利于树立品牌形象

案例

苹果 iPod 的撇脂定价

苹果 iPod 是近几年来最成功的消费类数码产品之一,一推出就获得成功。第一款 iPod 零售价高达 399 美元,即使对于美国人来说,也是属于高价位产品,但是有很多"苹果迷"既有钱又愿意花钱,所以还是纷纷购买。苹果的撇脂定价取得了成功。但是苹果认为还可以"撇到更多的脂",于是不到半年又推出了一款容量更大的 iPod,当然价格也更高,定价 499 美元,仍然卖得很好。苹果的撇脂定价大获成功。

启示

苹果的撇脂定价成功,取决于苹果产品的品质和上市速度,并始终能保持产品的差异化优势。

2. 折扣定价

折扣定价是指对基本价格做出一定的让步,直接或间间降低价格,以争取顾客,扩大销量。其中,直接折扣的形式有数量折扣、现金折扣、功能折扣、季节折扣,间接折扣的形式有回扣和津贴。

案 例

沃尔玛的"天天平价"策略

沃尔玛把减价作为一种长期的营销战略手段,依靠成本控制,优化商品结构,从进货渠道、分销方式、营销费用、行政开支等方面节省资金,通过降低商品价格吸引顾客、拉动销售,进而获得比高价销售更多的利润回报。

数量折扣定价策略:沃尔玛为鼓励顾客增加每次来卖场的购物量,以便于卖场组织大批量销售,规定了一次性购买商品所给予价格优惠的金额标准,当顾客达到其规定的标准,就能享有优惠政策。为了与顾客保持长期稳定的联系,沃尔玛也推出了一系列捆绑式的累计折扣优惠,当顾客在购买商品的一定时期内金额累积超过规定的,给予一定的价格优惠。通过这样的灵活多变的价格策略,吸引顾客、拉动销售。

促销商品定价策略:沃尔玛为招揽大批顾客,也利用消费者对敏感商品的关注度,采取暂时性的大幅度降价,甚至不惜把价格降至成本价格之下,其目的就是将此类敏感商品作为诱饵吸引顾客,增加购买其他商品的概率。所以,虽然作为诱饵的降价商品会给沃尔玛带来一定的利益损失,但是卖场因减价损失的利润早已从增加的销售额中得到了补偿。

超值服务策略:沃尔玛非常注重顾客购物前、购物过程中和购物后的服务,强调"超出顾客的期望"和"保证顾客的满意"超值服务策略。其超值服务具体体现在三个方面:日落原则、向顾客提供比满意更满意的服务、十步原则。通过与顾客接触的每一点向顾客传递着"关心顾客"的信息,使顾客在沃尔玛都能有一个愉快的购物经历,从而使顾客愿意再回沃尔玛购物,并成为忠诚顾客。

启 示

沃尔玛的"天天平价"策略在业界可圈可点,它体现优质的隐性服务,是其经营成功的基础。

六、渠道策略

20世纪60年代第一次提出"渠道策略"概念。渠道策略就是为使目标顾客能接近和得到其产品而进行各种活动的策略,以便更有效地将产品和服务提供给目标市场。渠道策略,同产品策略、价格策略、促销策略一样,也是企业开拓市场、实现销售及经营目标的重要手段,它有助于企业降低成本和提高竞争力。

案例

在日本,打火机原先一般在百货商店或是在附带买香烟的杂货店里卖。可是,日本九万公司在十几年前推出瓦斯打火机时,就把它交由钟表店销售。如今,日本的钟表店到处都是卖打火机的,这在以前是根本没有的现象。钟表店一向被认为是卖贵重物品的高级场所,在这里买打火机,人们一定视它为高级品。而在黯淡的杂货店、香烟店里,上面蒙着一层灰尘的打火机和在闪闪发光的钟表店里的打火机,这两者给人的印象当然是天壤之别。九万公司采取在钟表店里销售打火机的方式收到了惊人的效果,他们的打火机十分畅销。由于采取的是反传统的销售渠道,使他们的打火机出尽了风头,令人们产生了九万公司的打火机非常高级的印象,九万公司的打火机目前风行到全世界的角落。

启示

有好产品是远远不够的。企业必须建立、开发和设计有效的畅通的分销渠道,这是最复杂和最富有挑战性的问题。

(一) 渠道策略的类型

渠道不是一家企业、一种终端产品涉及的渠道,很可能是由成千上万甚至更多的企业组成的。分销渠道是企业组织营销的有效制度,其起点是生产者,终点是消费者或用户,中间环节则包括批发商、代理商、零售商和商业服务机构等。

1. 长渠道策略和短渠道策略

分销渠道的长度取决于商品在整个流通过程中的流通环节和中间层次的多少,经过的流通环节和中间层次越多,分销渠道越长;反之,分销渠道就越短。

长渠道是经过两个以上中间环节后到达消费者手中的渠道。短渠道是指商品直接到达消费者或只经过一道中间环节的渠道。

2. 宽渠道策略和窄渠道策略

分销渠道的宽度取决于分销渠道内每个层次上使用同种类型中间商数目的多少。在分销渠道内每个层次上,使用同种类型中间商数目越多,分销渠道就越宽,反之,分销渠道就比较短。

宽渠道是指生产中在某一环节选择两个以上的同类中间商销售商品。窄渠道是指生产中在特定市场上只选择一个中间商为自己推销产品。

(二) 中间商的选择

中间商是指生产者与用户之间,参与商品交易业务,促进买卖行为发生和实现的、具有法人资格的经济组织和个人。一般按照是否拥有商品的所有权分为经销商和代理商;若按其在流通过程中所起的不同作用,分为批发商和零售商。

七、促销策略

案例

20世纪60年代中期,西铁城钟表商为了开拓澳大利亚市场,提高西铁城手表的知名度,挖空心思想出了一条销售妙计:采用飞机空投方式,从高空中把手表扔下来,落到指定广场,谁捡到便送给谁。消息一经传开,马上引起轰动。成千上万名观众早早地拥到指定地点,好奇地看着一只只金光闪闪的手表从天而降。当人们拾起这些手表时,惊奇地发现,表针还在"滴答、滴答"地走动,手表竟然完好无损。人们无不为其质量叹服,于是,西铁城手表一时在澳大利亚名声大振,求购者络绎不绝。

启示

这个案例故事带我们走进促销。人们在为其质量之高而叹服的同时,产品的品质保证已经深深烙印在消费者心里,成为日后购买行为的驱动力。

促销策略是市场营销组合的基本策略之一。促销策略(促销组合)是指企

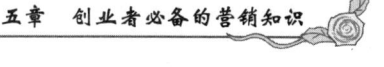

业通过人员推销、广告、公共关系和营业推广(销售促进)等各种促销方式,向消费者或用户传递产品信息,引起他们的注意和兴趣,激发他们的购买欲望和购买行为,以达到扩大销售的目的。

企业将合适的产品,在适当地点、以适当的价格出售的信息传递到目标市场,一般是通过两种方式:一种是人员推销,即推销员向顾客面对面地进行推销;另一种是非人员推销,即通过大众传播媒介在同一时间向大量消费者传递信息,主要包括广告、公共关系和营销推广等多种方式。这两种推销方式各有利弊,起着相互补充的作用。

根据促销手段的出发点与作用的不同,可分为两种促销策略。

(1)推式策略。也就是以直接方式,运用人员推销手段,把产品推向销售渠道,其作用过程为:企业的推销员把产品或劳务推荐给批发商,再由批发商推荐给零售商,最后由零售商推荐给最终消费者,该策略适用。

(2)拉引策略。也就是采取间接方式,通过广告和公共宣传等措施吸引最终消费者,使消费者对企业的产品或劳务产生兴趣,从而产生需求,主动去购买商品。其作用路线为:企业将消费者引向零售商,将零售商引向批发商,将批发商引向生产企业,这种策略适用。

两种策略如图5-4所示。

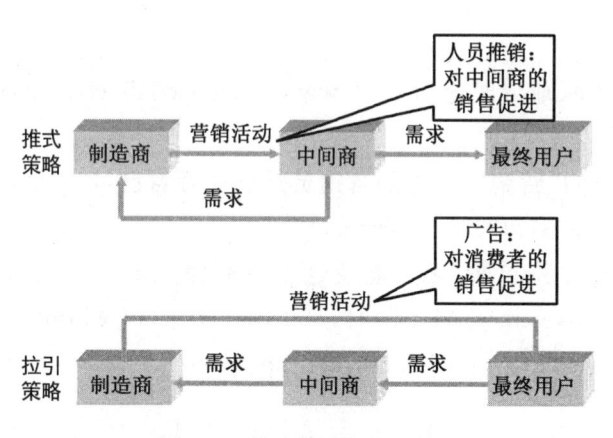

图5-4 推式策略与拉引策略

推式策略和拉引策略都包含了企业与消费者双方的能动作用。但前者的重心在推动,着重强调了企业的能动性,表明消费需求是可以通过企业的积极促销而被激发和创造的。而后者的重心在拉引,着重强调了消费者的能动性,表明消费需求是决定生产的基本原因。企业的促销活动,要结合具体情况采取"推"、"拉"组合的方式,既有所侧重,又相互配合。

案 例

令人感动的广告:"爱立信"沟通就是理解

张艺谋在1997年为爱立信拍了一条广告,一个年轻男孩从外地回到家里,对父亲说:出去与朋友一起开心。父亲默默地点了点头。当男孩走到楼下无意抬头,却见老爸正站在窗前默默地观望着他。男孩儿轻轻地走了回去,对父亲说:今天我陪你吃顿饭。这段广告有三句广告词,细细琢磨都能让人感动:"沟通就是爱""沟通就是理解""沟通就是关怀"。

启 示

这个广告将诱导心理策略和迎合心理策略巧妙地结合起来,通过画面打动观众,属于情感营销的一种方式。就是把消费者个人情感差异和需求作为企业品牌营销战略的核心,通过借助情感包装、情感促销、情感广告等策略来实现企业经营目标。

相关链接

1. 创业的原则与理念,http://www.yingxiao345.com/htmls/28049.html

2. 被误解的"营销":最好的营销员是创业者自己,http://www.chinaz.com/start/2015/0317/390507.shtml

3. 苹果教父乔布斯:无人能及这个时代伟大的营销者,http://www.qianzhan.com/investment/detail/317/140108—fa953acb.html

4. 产品策略,http://wiki.mbalib.com/wiki/

深度阅读

1. 创业者的第一堂营销课,http://www.hbrchina.org/2013-05-06/1134.html

2. 市场营销十大新理念,http://www.hbrc.com/news/view_706637.html

3. 新产品的定价策略有哪些——定价策略案例分析,http://www.xuex-ila.com/chuangye/guanli/zhanlue/399583.html

本章训练题目

1. 消费者的购买决策包括哪几个阶段?
2. 什么是市场细分?为什么要进行市场细分?

参考文献

[1] 郭小平,祝君红.创业营销[M].北京:清华大学出版社,2009
[2] 刘文秀.营销学原来这么有趣[M].北京:化学工业出版社,2016
[3] 刘国力,龙桂杰等.市场营销学[M].北京:清华大学出版社,2014

第六章　创新创业教育的基本内容

案例

许从龙是常州工程职业技术学院的一名学生,来自安徽省六安市的一个偏僻乡村。许从龙从小受父亲的影响比较大,他的父亲为了家庭的生计一直在外打拼:在海上压过船,在工地搬过砖、扛过沙袋,贴过财神要过饭,曾经3年都没有回过家。父亲的辛苦生活和在外的打拼经历让许从龙从小就坚定了要白手起家创业的梦想。

2015年夏天,经过高考的洗礼,许从龙被常州工程职业技术学院录取,有幸接触到了一款新闻阅读APP叫今日头条。在看今日头条的过程中他突然想到了一个问题,那就是今日头条里的文章都是从哪里来的。后来在百度上搜索才知道自媒体,而且还可以赚钱。所以他从2015年7月初正式开始接触自媒体,当时申请自媒体号的门槛可以说是非常高的,那时候他申请了10个账号,可笑的是10个申请全部失败。那段时间里,他在自媒体群里整天地潜水,听取群里大神分享注册自媒体号和运营头条号的经验,在本子里一个个地记下来,然后每天在公众号上写文章,不断地提高自己的写作能力,终于皇天不负有心人,历经了3个月,他终于在2015年10月份有了自己的第一个自媒体账号,也在11月底拿到了人生中的第一桶金:700块钱。截至今日,许从龙自豪地说,他在各种自媒体平台的文章单篇累计阅读量超过100万的不计其数,所发布的文章超过2 000篇,累计阅读超过4个亿。现在他已经是今日头条、凤凰新闻、一点资讯、网易新闻、腾讯新闻媒体、百度新闻等多个大型自媒体平台邀请的入驻作者。

因为接触了自媒体这个行业,许从龙慢慢地了解了无人机这个新兴行业,他从中看到了巨大的商机,于是在2015年10月27日创办了航拍之家。创办航拍之家,是许从龙对一个新的领域的开拓。在学院学工处老师的支持下,许从龙的航拍之家在2016年3月底拿到了营业执照,并组建了创业团队。"航拍之家"团队在组建不到半年的时间内就斩获了多项大学生创业奖项,其中包含江苏省大学生创新创业优秀项目、江苏省"互联网+"创新创业省级决赛二等奖、创青春速度中国杯江苏省创业大赛铜奖、中国创意大赛优秀创业项目,同时也入选常州市优秀大学生创新创业项目并被推荐为江苏省优秀创业项目。

天道酬勤,机会总是留给有准备的人。在航拍之家团队组建起来后,无人机网站的影响力不断增大,每天的搜索量已经破千,许从龙的目标是:成为无人机领域的汽车之家,打造无人机领域的第一无人机互动媒体平台。

导 语

创新是人类社会发展和进步的主题,而创业是检验创新价值的重要环节。良好的开端是成功的一半,许多富有激情的大学生常常苦于找不到合适的创业项目,主要原因是不掌握产生创业项目的方法和技巧。本章节将从结合专业基础、基于兴趣爱好、了解社会需求、基于财务预算、做好风险防范和商业模式创新等角度介绍产生创业项目的方法与技巧,科学合理地构思和评估,最终帮助创业者找到适合他们且具有市场前景的创业项目。

关键词

创新创业项目;专业和兴趣爱好;社会需求;财务预算与风险防范;商业模式创新

一、基于专业基础的创新创业教育

在福布斯每年公布的青年创业榜单上,中美两国30岁以下创业者表现出了不同的特点。在行业分布上,美国年轻人主要在互联网、生物制药、新能源、媒体、餐饮等多个领域自由发挥创意,而中国年轻创业者则扎堆互联网和传统电子商务。从年龄分布看,美国青年创业上榜者的平均年龄为26岁,中国青年创业上榜者的平均年龄则为28岁。在创业理念上,美国青年创业者更擅长从技术、产品、服务创新入手,寻找打破行业固有格局的着力点,而中国青年创业者更擅长从应用着手,寻找传统产业在网络平台上的新应用。我们认为年轻人是未来的企业领袖,如果不能把创业的着眼点落到以技术创新为基础的创业行为上,将来在国际竞争中中国就会处于劣势。

正是基于这个出发点,高职院校在开展创新创业教育、高职院校的学生在考虑创业项目时,应该在如何结合专业的层面上花更大的力气。我们可以从结合专业背景的产品或服务研发、专业所属行业的发展前沿、企业生产一线的工艺改进和技术难题攻克等方面来考虑进行创新创业活动,继而实现成功创业。

1. 结合专业开发产品或服务

施雁鹏是温州大学美术与设计学院服装设计与工程专业的一名学生,他与几名同学合伙开出了这个"原未"手工皮具工作室。因为他们所学习的专业方向是鞋靴制作,平时整天就和皮具打交道,而且学校开设了一门皮具设计课,作业就是做一个手工包。于是,五个90后一拍即合,成立了工作室,另外工作室除了推出"私人定制"服务外,还鼓励客户DIY,受到无数大学生的喜爱。如今,业绩好的时候,工作室月收入可达13 000元。

以上这个创业案例就是典型的结合专业开发产品和服务。创业专家曾经教导我们,创业最要紧的是从自己熟悉的领域开始,那么不管同学们在哪所高校,都有自己的专业,有的学习三年,有的甚至要学习四年、五年,所以要说熟悉的领域,那就非自己所学的专业莫属了。学习服装设计专业的可以从文化衫设计售卖入手,学习中医药专业的可以从养生服务开始,学习电子商务专业的可以从淘宝店家起步,学习工业分析专业的可以从仪器销售代理切入等。总之,从自己所学习的专业领域里开发产品和服务,并将之转化成商品,是高校学生开始创业旅程的最佳起点。

2. 关注企业生产一线的工艺改进和技术难题

高职院校的人才培养目标即是为区域经济社会发展提供生产、经营、管理一线的技术技能人才。也就是说高职院校输送的毕业生将来主要都是在企业一线从事最基础的生产、经营和管理工作。在一线的实际工作中蕴涵着众多创新创业的机会,因为每一道生产工序、每一条生产线都存在着可以改进的地方,只要我们细心观察、认真思考,灵活运用所学到的专业知识,就可以在成本改进、工艺革新、制度创新等方面做出成绩,最终实现技术创业的梦想。

毕业于常州轻工职业技术学院的邓建军进入江苏常州黑牡丹(集团)股份

有限公司担任维修技工。在工作中,邓建军总是时刻关注国际纺织机械的最新技术,从中获取各种技术信息来解决实际生产中遇到的问题。2002年8月,世界流行的新产品"竹节牛仔布"在该企业遇到生产告急,如不能如期交货,公司不仅丢掉400万美元的订单,外加违约金,还会将市场拱手让人。邓建军急了,他带着科研组奋战15个昼夜,自行设计安装了四台分经机,成本仅为进口设备的八分之一,保证了公司按时交货,客户满意之余,又续签了800余万美元的订单。现在邓建军已经成长为公司的技术总监,还荣获了全国劳动模范荣誉称号,被誉为"知识型职工"的楷模。

3. 在行业发展前沿寻找创业机会

古往今来,行业兴衰交替,任何行业都有其发展的规律,一般来说,任何行业的兴衰都有四个阶段,即高速发展、平稳发展、发展停滞和衰退。当一个行业处于高速发展的阶段时,初期进入的参与者并不多且经验不足,也没有太多的人造壁垒来阻止新人的加入。当前各高职院校开设的专业均贴近经济社会发展需求,都属于具有广泛发展前景的行业。这就为一部分有志于以自己所学专业为基础进行创新创业的学生提供了行业保障。对于高职院校的学生来说,虽然专业技能的学习被摆在了重要的位置,但更应该关注专业的前沿动态。因为任何一个专业的前沿总是特别活跃的,在活跃的状态下才能够产生大量的机会。

2012年一款桌面游戏——"三国杀"风靡全球,而这款游戏的创始人黄恺毕业于中国传媒大学"互动艺术"专业。在桌面游戏刚刚进入国内市场的时候,黄恺就开始尝试进行角色创作,后来利用富有浓郁中国色彩的三国时期的人物来进行设计。不到一年,黄恺就设计出了"三国杀"这款游戏并将纸牌放在淘宝网上售卖,取得了不错的业绩。清华大学计算机专业博士生杜彬正是看到了桌游的巨大商业潜力,两人合作成立了北京游卡桌游文化发展有限公司。如今"三国杀"的全球玩家已经超过1亿人次,手机平台下载用户超过3 000万,而自2010年起,"三国杀"每年的销量都在200万套以上。

二、基于兴趣爱好的创新创业教育

有句老话:兴趣是最好的老师。同样在创业的过程中,兴趣也常常扮演着老师的角色,为创业者指引成功的方向。现实生活中,有人喜欢服装搭配,于是毅然投身服装行业;有人喜欢烹饪,于是当上了大厨;有人酷爱美甲,最终经营起自己的美甲店;有人酷爱运动,于是当上了健身教练……他们是幸福的,是让人羡慕的,因为他们所干的事业就是他们的爱好。

把兴趣发展为事业,变"要我工作"为"我要工作",让源源不断的好奇心和探索精神,支撑自己在创业的道路上迎难而上,路才能越走越远。正如他们所说,兴趣能够保证创业的持续性,要有兴趣才能做成事业,否则只能是职业。兴趣和爱好是创业最大的发动机,是事业成功的助推器。

1. 兴趣爱好是创新创业的内生动力

首先兴趣爱好是一种无形的动力,当我们对某种事物感兴趣的时候,往往会激发出无穷的精力和丰富的创造性,自然主动去探索和学习,从而创造价值。生于1989年的唐国文是一名资深的骑行爱好者,从5岁开始骑自行车,小学6年共换了6辆赛车。2011年,偶然接触到一次专业的骑行活动后,他对骑行的热爱就一发不可收拾。从最初随队骑行到牵头组织11人骑行川藏线,再到后来开店卖山地车、成立骑行俱乐部,总共花了3年时间。他原本在一家投资公司上班,月收入5 000多元,当他提出辞职创业开店的想法时,父母一致反对。认为他成功的概率不高,放弃工作创业的决定是不明智的做法。可唐国文却果断拿出自己上班几年的积蓄准备大干一场。然而,和多数创业者一样,唐国文的创业过程并不是一帆风顺。他一步步走来也并不是顺利无阻,一切的坚持只源于对骑行的热爱。虽然现在自己的山地自行车俱乐部运行过程中依然有很多不顺利,但唐国文认为能够做自己喜欢的事,且可以和更多志同道合的朋友一起享受骑行的乐趣,他感到很快乐。

2. 自己熟悉的领域会有更多的机会

结合自身的兴趣爱好寻找创新创业的项目更具有针对性,对自身熟悉的领域会有独到的见解,更容易发现创新创业的机会。天津大学软件学院动画专业的李笑贤虽然从没受过专业训练,但因为爱好画画,每天练画几个小时,他在插画圈内已小有名气,笔名"墩小贤"。进入天大软件学院经过系统学习后,他选定了主攻方向——黑白画,一种黑白纯手绘作品,是将插画、漫画与装饰画相结合的一种新画种创作,繁琐细小的线条均为手绘。他的作品在一步步走向成熟,也越来越得到大家的喜爱。正是因为他创作的黑白画受到了很多朋友的喜爱且有人愿意出钱购买,所以李笑贤萌生了创业的想法。他现在和朋友合伙成立了工作室,主要是创作具有自己独立风格的黑白画,同时也承接产品设计和室内设计,订单源源不断。

3. 做自己喜欢的事可以实现个人价值和社会价值的统一

立足于个人兴趣爱好的创业更容易产生满足感,大学生应该做自己喜欢的事,不被市场喜好所左右,才能实现个人价值和社会价值的统一。毕业于江苏理工大学的高利强由于受父亲的影响,从小就喜欢鼓捣电机、研究水泵,大学时选择的专业也是机械工程,在学习了流体力学及流体机械制造等课程后,更加坚定了他从事流体机械行业的信心。毕业后高利强意外地得到了一份在该中心节水部门跑销售的工作。也正是在这个时期,他第一次认识到什么是滴灌产品和滴灌技术,并对相关技术研发进行了系统的学习。当他来到宁夏地区开展太阳能可移动滴灌系统技术项目推广时,当地干旱少雨、贫困落后的现状让他揪心,也让他看到了滴灌技术在干旱地区广阔的市场前景。之后的几年,高利强带领着团队连续攻克一系列技术难题,多项技术不仅填补了国内空白,还超越了以色列达到国际领先水平。现在他的公司由于掌握着滴灌设备和滴灌产品制造及生产技术,拥有专利及专有技术 50 余项,在农林业节水灌溉行业占有着重要的市场份额,为节水农业、节水型城市建设做出了重要贡献,实现了个人爱好和社会价值的统一。

三、基于社会需求的创新创业教育

企业以提供产品或服务来满足他人和社会的需要,并以解决这些问题来实现企业自身的生存和发展。在寻找创业项目时,创业者要多多去发现、思考消费者都有哪些需要,这些需要有可能是显性的,比如新建成的小区肯定需要蔬菜店、水果店、早点铺、超市,甚至还有洗车店等生活便利设施;而有些需要则是隐性的,需要创业者去发掘,比如随着生活水平的提高,情趣高雅的休闲娱乐场所就会成为市民需求的重要部分。

1. 把握市场热点,发现创业机会

世界产业发展的历史告诉我们,几乎每一个新兴产业的形成和发展,都是技术创新的结果。产业的变更或产品的替代,既满足了顾客需求,同时也带来了前所未有的创业机会。尤其我们国家的市场受政策影响很大,新政策出台往往引发新商机,如果创业者善于研究和利用政策,就能抓住商机、站在潮头。例

如，人们对健康概念愈来愈重视，不再是因为生病才有医疗需求，预防医学的观念已深植人心，这可从数年前曾风靡一时的灵芝、芦荟，到近期番茄产品的热卖中得到印证，甚至现在坊间增加了很多健身俱乐部、养生餐厅等，就连饮用水也因强调有益健康而大卖。而另外一个持续不衰的市场热点就是教育市场，随着双薪家庭的比例越来越高，望子成龙的心态，让父母在教育子女的投资上毫不吝啬，因此造就了儿童文教业市场的基础。而上班族则因为失业率攀升，惊觉到现在是人求事的时代，为增强竞争力积极培养第二专长，于是成人补教业同样商机浮现。

2. 通过市场调查寻找创业机会

市场是生产经营的前提，是企业生存和发展的空间，没有市场，创业就是一句空话。市场调查的目的在于发现可开发的市场空间、可选择的产品或服务，在市场调查过程中寻找机会，寻找项目。只有通过市场调查，才能搞清应该做什么，可以做什么。创业者一般可以从市场环境、供求状况、商品变动、消费者状况、竞争者等方面开展调查研究工作。例如，有一位高校的毕业生了解到有很多人希望能够吃到干净无污染的蔬菜，但超市中的有机蔬菜太贵，在郊区租地种菜又很难实施。基于这样的背景，"蔬菜吧"的创意就产生了——采用水培的方式，以灯光代替太阳光，在家中轻松种植蔬菜。这样的创意会不会得到消费者的认可，就需要创业者进行市场调研，通过调研发现"蔬菜吧"的市场接受度不错，而且特别是有孩子的家庭对产品的购买意愿更强烈。通过了解，原来有孩子的家庭不但对蔬菜的健康和安全要求更高，而且更想通过"蔬菜吧"来培养孩子的动手能力。所以，这位创业者就将有孩子的家庭定位为自己的核心用户，且在产品开发的过程中充分考虑到了孩子的需求。产品投放市场后，取得了不错的成绩。

3. 了解隐性需求，发掘创业机会

隐性需求是指消费者在头脑中有想法但没有直接提出、不能清楚描述的需求。这种需求往往是生产者根据技术的发展、对市场变化的预测等方面来提出的，这种需求是需要引导的。创业者要激发消费者的隐性需求，只有更了解和体察客户，才能更好地满足消费者的隐性需求。大家去海底捞吃火锅，因为人很多，所以经常需要等位，等位时一般会坐在椅子上等，大家聊聊天，时间很快就过去了。可是等位的人越来越多，椅子就不够用了，后面来的人只好站着等，这时就会有很多的抱怨声，甚至有的人会选择离开。而恰巧此时服务员走了过来，手里端了很多水果和糕点给正在等位的人，大家都会觉得这个服务太贴心了。实际上这也是海底捞大量满足客户的隐性需求的其中一部分体现，海底捞能够取得巨大的成功也是可想而知的。

还有一个男士内衣专卖店的创业案例也是值得借鉴的。创业者小胡在杭州开了一家男士内衣专卖店，名字叫"内酷"。不大的门面却布置得非常有味道，五花八门、各式各样的男士内衣裤按款式、规格陈列得整整齐齐，没进过这家店的人还真不能想象，原来男人的东西甚至可以比女人更丰富！有一次，两个跳拉丁舞和练跆拳道的男士相约而来。由于工作的需要，他们对于内衣裤的要求特别高，不仅要运动面料，对款式也有特殊要求。在小胡的店里他们找到了各自满意的商品，临走时还说要介绍自己的朋友过来。小胡开店还有一手绝招，对每个来他店里买东西的客人他都会做详细的记录，年纪啊、职业啊、喜欢内衣的类型啊，这样他下次进货时心里就更有数了。这实际上也是在了解用户的隐性需求后制定的经营策略。

四、基于财务预算的创新创业教育

资金是企业的血液，创业能否成功，关键在于创业资金的筹集。对创业项目所需资金要尽量地进行准确预测，所以创业者必须要清楚地了解自己的资金需求和可能的筹资渠道。以开汽车美容店为例，需要经过找店面、装修、雇人、进货等若干环节，每个环节都需要资金。要想正确地预测启动资金的需要量，创业者需要从固定资产投资、流动资金测算等方面入手，一般情况下，至少要准备3个月至半年的流动资金，还要准备一份应对突发情况的备用资金。

当创业者预测出启动资金后，首要的问题就是了解可能的筹资方式和筹资过程。目前银行系统融资门槛比较高，多数初创业者又缺少可以用来作为抵押品的资产；尤其是在当前全球经济疲软的大环境下，很多投资者的投资信心不足，这些都造成了创业者无法实现成功创业。目前常见的创业者筹资方式有信用抵押筹资、分享权益筹资、寻求风险投资、开展众筹等方式。

1. 信用抵押巧起步

中国当今一方面热钱涌动，一方面筹资却特别困难。传统企业依然依靠银行贷款、商业借贷等方式开展融资活动，而新创企业由于没有固定资产用来抵押,只能选择以商业信用作为担保来筹集启动资金。美籍华人王嘉廉是全球第一个把软件公司做到10亿美元营收规模的人,也被称为华人软件产业中唯一能和比尔·盖茨并肩挑战的人。王嘉廉8岁就随父母从中国台湾移民美国,后来进入纽约皇后学院学习,但他将更多心思放在了兼职工作上,并且研究这些事情背后的社会运作与成败逻辑。偶然有一次他看到《纽约时报》整整两页半都是招聘电脑程序员的广告,认定这个行业将来大有前途,所以他又进入哥伦比亚大学电子研究实验室边工作边学程序开发。后来他进入一家电脑公司工作,并在不久后,被一个机会激发创业梦想:瑞士CA软件公司正在美国寻找销售代理,他认为这是一个低成本创业的好机会,并且相信自己有能力做好这个事情。但遗憾的是,他无法筹集到必需的启动资金。为此,他想到找合伙人一起凑钱来解决的方法,即让所有合伙人都去申请信用卡并透支最高的允许金额。靠透支信用卡借到的400美元,王嘉廉和几个伙伴在艰难中开始了这门生意。甚至,为了节约成本,他们还找了一个需要劳动力的房东,通过业余帮房东打工,免掉了房租。每个月收入到账后,就先把上个月的欠款还上,然后再透支,经过连续几个月的周转,终于成功还清了贷款,他信心满满地走上了他的创业人生,最终成为全球收入最高的上市公司CEO。

2. 分享权益共成功

创业者在遇到资金筹集问题时可以通过分享创办企业的所有权,以"共同投资、共同经营、共担风险、共享利润"为原则,以出让股权的方式筹集启动资金。这样既可以解决创业初期资金难以筹集的燃眉之急,又可以引入更多的经营理念,是一种多方共赢的筹资方式。在采用分享权益筹资的时候,可以通过向亲戚朋友借钱、寻找合伙人投资,还可以采用私人募股的方式。

分享权益共同成功的最经典案例是美国著名的苹果电脑公司所创造的硅谷奇迹。该公司的创始人乔布斯与沃兹奈克曾经是中学时期的同学,他们在1976年设计出了一款新型的个人用电脑,样品苹果一号展出后大受欢迎,销售情况出乎意料地好。受此鼓舞,他们决定进行小批量生产。他们卖掉旧汽车甚至个人计算机一共筹集1 400美元,但小小的资本根本不足以应付这急速的发展。从英特尔公司销售经理职位上提前退休的百万富翁马库拉以多年驾驭市场的丰富经验和企业家特有的战略眼光敏锐地意识到了未来个人电脑市场的巨大潜力,他决定与两位年轻人合作创办苹果电脑公司。马库拉又掏出9.1万美元入股,还争取到美洲银行25万美元的信用贷款,这样三个人合伙成立公司,马库拉占三分之一的股份。然后,三人共同带着苹果的经营计划,走访马库拉认识的创业投资家,结果又筹集了60万美元的创业资金。

乔布斯与沃兹奈克出让了三分之一的股份给马库拉,不但获得了马库拉的投资,还更好地利用了马库拉所拥有的人脉资源,这样才使得苹果电脑公司在创业初期拥有了充足的启动资金,继而实现了成功创业。当然,采用分享权益的方式来筹集创业启动资金带来的最为核心的问题是容易稀释创业者对企业的控股权,这是创业者在创业成功后要充分考虑的问题。

3. 风险投资齐受益

风险投资(简称VC)是指通过对创业企业投资,在企业成功后分享利润的一种商业模式。新创企业如果能引入风险投资,那就相当于用别人的钱来创业,而且在企业经营的过程中会得到风险投资人的帮助与指导。因为风险投资人就是通过发现那些具有成功潜质的创业者或者创业项目,然后以参股的方式参与投资,促使资本升值,获得收益。风险投资人不缺钱,缺能赚钱的团队和项目,如果想获得风险投资,不但要有巨大的收益前景,还得有强大的团队。马云当年为阿里巴巴争取风险投资的时候,遇到了很多困难,后来遇到了一位日本商人孙正义投资2 000万美元,才正式走上了快车道。而孙正义获得了阿里巴巴三分之一的股权,成为最大股东。阿里巴巴上市后,这些股值大约600亿美元,回报有3 000倍。当然马云能够获得风险投资人孙正义的赏识,一方面与他个人的魅力和阿里巴巴的前景有关,但初创团队中原来搞投资银行出身的蔡崇信的关键点拨同样发挥了巨大的作用。

实际上,风险投资人见多识广,不但练就了一双"慧眼",预测能力也非常强,同时还比较谨慎。每个风险投资人都有一套自己特有的评价体系来筛选那些具有成功潜质的创业者和创业项目。美国网景公司的创始人马克·安德森大学毕业时没有找到合适的工作,于是和几个志同道合的朋友一起编写互联网浏览软件,开发出了Mosaic浏览器(马赛克浏览器,世界上第一个商用浏览器)。风险投资人吉姆·克拉克敏锐地发现了这个项目的前景,迅速投资400万美元,帮助马克·安德森创立了网景公司,自己担任公司的董事长。此后,马克·安德森带领自己的团队在两个月的时间内开发出Mosaic浏览器的升级版,并把它命名为"Navigator"(领航员)。新浏览器的销售业绩突飞猛进,甚至占据了全美80%的市场份额。成立不到16个月,网景公司从400万美元的投资成长为20亿美元的巨人。年仅25岁的马克·安德森从一文不名成为拥有

5 800 万美元身价的"互联网富翁",而身为公司董事长的吉姆·克拉克在公司上市的第二天,身价就已经高达 5.65 亿美元。

4. 天使投资促发展

天使投资实际上与风险投资的性质是一样的,但其与风险投资相比,一是投资额相对较少,一般在几十万到几百万元人民币之间;二是决策比较快、手续简便,短时间内资金就可以到位;三是投资人一般不参与企业经营管理;还有一点就是天使投资者带有强烈的感情色彩,对创业项目的审查大多是基于投资人的主观判断和个人喜好。由此看来,天使投资对于大学生创业来说是非常好的一种选择,尤其是原创项目或拥有某种专门技术、独特概念的小型初创企业,特别容易受到天使投资的青睐。

大学生在选择创业项目时要顺应时代的潮流,把握住经济社会跳动的脉搏。微信的成功不是单纯靠张小龙团队的努力,而在于他们能从客户使用的角度认真做一款产品,而当前社会人际交往又正好需要这款产品;泡否科技创始人马佳佳为什么会迅速走红?因为中国人正在经历从性解放到性释放的转变过程,正好需要马佳佳这样敢说敢做的人来代言。而为何王宝强、岳云鹏等看起来傻傻的演员能得到观众们的喜爱?更是因为我们在经历过尔虞我诈、虚假浮华之后,内心都希望有一个傻傻的、真诚的朋友。天使投资者作为冒险者,倾向于将资金投给那些真诚执着、敢于追梦、勇于冒险、站在时代前列的种子期创业企业。

大学生创业者在具备了创新型的创业项目或想法后,为了要尽快实现商业化,要抱着"你助我发展,我帮你盈利"的良好心态,主动寻找天使投资人,说服投资人。当年,张朝阳就是直接找到天使投资大师尼格罗·庞帝,说服其对搜狐投资,从而成就了目前中国最大的门户网站。继大众点评、美团网等外卖平台获得天使投资垂青后,大学生兼职也进入了天使投资人的视野。2015 年初,"一米兼职"获得和盟创投数百万元投资,使得 4 400 万大学生兼职群体获得了免费的兼职服务,并为企业临时工招聘提供了多元化的解决方案。这说明天使投资并不在乎创业项目的大小,而是更多地关注那些通过模式创新来解决实际问题的创业方案。

说服"天使"的技巧和方法十分重要,为使"天使"降临在自己身边,大学生创业者要采取有效的策略说服他们,要利用天使投资者看重的个人素质和品质,充分发挥自己的说服技巧和演讲能力,展示自己的职业素养、创新精神和个人魅力,晓之以理、动之以情,说服投资人。例如在《非诚勿扰》的电影中,葛优通过制作一部幽默感人的视频忽悠到了范伟的天使投资;而奇虎网正是因为拿捏准了周鸿祎对互联网强烈的感情色彩,获得了2 000万美元的投资,一夜之间变成市价高达数千万美元的大公司。

5. 众筹实现创业梦

当今通过众筹方式筹资实现创业梦,成为筹集创业启动资金的一种新方式。智能自行车、双头图钉、六棍衣架、可调节枕头、不会淋湿肩膀的雨伞,这些新奇产品最近纷纷登录到电商的众筹平台上,它们少则募集到1万多元,多则募集到上千万元。

众筹,即大众筹资,一般是通过网上平台联结发起人、投资人,通过"网购＋预购"的形式,向网友募集创业项目所需的启动资金。众筹利用互联网传播的特性,让小企业、艺术家或个人向公众展示他们的创意,争取公众的关注和支持,进而获得所需要的资金援助,具有门槛低、多样性、依靠大众力量、注重创意的特征。通过众筹获得创业项目的启动资金,为更多创业者和创业项目的落地提供了无限的可能。

众筹最大的优势是融资成本低,只要创业者找准市场缝隙,就能获得更多的关注与支持,一个有趣的产品或项目就能够通过众筹一夜爆红。目前上线的小K智能插座,众筹金额已达1 800万元,参与人数超过29万,成为国内参与人数最多的众筹项目。点名时间上线于2011年7月,不到两年就接到7 000多个项目提案,有近700个项目上线,上线项目成功率接近50%,目前淘宝、京东等电商平台都纷纷加入了众筹的竞争中。利用互联网进行众筹的项目大致可以分为两类:智能硬件和APP,如果你发明了一种很有创意的产品或者产生了一个很好的想法,那就先对产品设计进行描述,制定筹资目标,然后发给众筹工作人员审核,一旦通过,平台就会将你的产品或创意发起全球众筹。如果幸运的话,你的产品或创意就会被一些热衷于寻找独辟蹊径想法的投资者关注。

五、基于风险认知的创新创业教育

创业的每一个环节都具有不确定性,从项目选择、资金筹措、团队组建到产品生产、市场开拓和事业发展,每一步都存在着风险。为控制风险,创业者要采取积极的态度,时时关注变化,对可能出现的管理风险、市场风险、技术风险、资金风险等都要做到未雨绸缪,提前拟定应对方案。风险与机遇并存,创业者要练就承担并挑战风险的勇气,要有降低乃至规避风险的能力。

1. 防范管理风险

创业管理风险是指创业过程中因管理不善而导致创业失败所带来的风险,其中最主要的两个方面是决策失误和人力资源管理混乱。

决策失误,会造成不可估量的损失,从而导致创业的失败。管理者决策水平的高低对创业企业的成败影响巨大,据美国兰德公司估计,世界上破产倒闭的大企业,85%是因企业家决策失误造成的。例如目前中国的企业遇到的多元化战略的问题,多元化经营决策的企业比比皆是,但因此获益的企业却不多。五粮液投资百亿元杀入电脑芯片业,这就意味着其原有的人才资源、渠道资源、管理经验、企业文化等不能共享,一切从零开始。巨人、太阳神、活力28,都是因为"把鸡蛋放在多个篮子里"而一碎俱碎。

人力资源管理风险是指由于创业企业的组织结构不合理、用人不当所带来的风险。对于新创企业,创业者从一开始就应该注意组织结构的设计、调整,人力资源的甄选、考评,薪酬的设计及学习与培训等的管理。从创业初始就需要建立健全各项规章制度,并开始建立企业文化。创业之初,大家同甘共苦,同心同德。然而,创业者之间这种模糊的产权关系,以及模糊的分配关系却往往为企业管理者的内讧埋下伏笔,这两种关系引发的不良后果发展到极端,就出现这样的场面:创业成功之际,几个创业者开始计较功过、权衡得失;企业壮大之时,企业的管理者们对于企业未来的归宿产生分歧;企业初具规模,准备进一步扩张之时,企业的高层们开始形成派系,相互排挤。

2. 防范市场风险

创业市场风险主要是指在创业的市场实现环节,由于市场的不确定性而导致创业失败的可能性。创业之初,企业推出的新技术、新产品,其市场多是潜在的、待成长的,消费者多持观望态度,很难被市场接受,有可能造成创业夭折。产品的市场容量较小或者短期内不能为市场所接受,那么产品的市场价值就无法实现,投资就无法收回,从而造成创业夭折。世界著名的贝尔实验室在20世纪50年代就推出了图像电话,但直到20年后,才开始了商业应用。

另外,市场价格与战略的不确定性、营销模式的单一和缺乏危机管理等也会带来风险。产品价格超出了市场的承受力,就很难为市场所接受,技术产品的商业化、产业化就无法实现,投资也就无法收回。当某种新产品逐渐被市场所接受和吸纳时,其高额的利润会吸引来众多的竞争者,可能造成供大于求的局面,导致价格下跌,从而影响高技术产品创新的投资回报。一项好的高技术产品,如果没有好的市场战略规划,在价格定位、用户选择、上市时机、市场区域划分等方面出现失误,就会给产品的市场开拓造成困难,甚至功亏一篑。新创企业在市场开发初期,往往沿用原先的思维方式和营销模式,没有针对市场的变化,选择新的营销模式,可能会导致企业经营上的失败。包括实施"广告轰炸",造成过大的市场预期,当企业不能提供相应的产品时,可能会产生信誉风险。营销过程中缺乏危机管理意识和处理突发事件的能力,也会导致企业经营上的失败。

3. 防范资金风险

资金风险是指因资金不能适时供应而导致创业失败的可能性。对于新创企业,资金缺乏是最为普遍的问题,如果创业者不能及时解决,非常容易造成创业夭折。对于高技术创业活动,由于资金不能及时供应,导致高技术迟迟不能产业化,其技术价值随着时间的推移不断贬值,甚至很快被后来的竞争对手超越,而使初始投入付诸东流。"巨人"集团因为修建巨人大厦1 000万元的资金缺口而轰然崩塌;辉煌一时的新疆德隆集团,短短几年内进入十几个产业,总负债高达570亿元,酝酿了巨大的资金风险,最终资金链断裂,建造在沙滩上的堡垒顷刻间分崩离析。

资金风险对于创业企业是致命的。民营企业融资困难,比国企更加深刻地体会到资金缺乏的苦楚,他们无法涉足一些先期投入大的项目,错失发展机会;企业加速扩张时,往往因为遭遇资金瓶颈,一口气喘不匀,影响整个企业运作;而当企业拥有融资渠道时,往往热衷做项目,铺张无度,资金绷得像一条橡皮筋,一旦一个地方断裂,不但无从补救,而且往往殃及整个企业。这样的典型案例比比皆是。号称中国第一家专业连锁店的温州百信鞋业,辉煌一时,5年间在未得到银行支持的情况下,曾在全国发展了100多家连锁百信鞋城,号称拥有30多亿元资产。当资金被连锁店消耗殆尽时,资金链终于断裂,如今仅存的几家门店也已经卖给了别人,但仍然难抵"巨额债务"。创始人因拖欠货款、涉嫌偷漏税而被逮捕,百信随之倒闭。

4. 防范技术风险

技术风险是指在企业技术创新过程中,因技术因素导致创业失败的可能性。创新技术从研究开发到实现产品化、产业化的过程中,任何一个环节的技术障碍,都将使产品创新前功尽弃,归于失败。很多创业企业,在技术产业化实施过程中,屡试屡败,其中的原因是多方面的。当用血汗赚来的资金或以家产抵押来的创业资金将要耗尽时,却还没有生产出合格的产品,则风险极大。如果赖以创业的技术创新不能够实现产业化,或不能在高技术生命周期内迅速实现产业化、收回初始投资并取得利润,必然造成创业的夭折。

初涉商海的山东人侯某选定一项自认为大有前途的专利技术,决定投巨资将这项技术的专利权买下来。有人提醒他这项专利虽然现在看好,但操作周期太长,而且,听说某某研究所正在研究一项更先进的技术并即将开发完成。侯先生却不听劝告,执意投资。当他将这项专利技术买到手,并且投资将其转化为产品后,新的技术已经问世,人们已不再需要它了。创业者在选择投资项目时,目光短浅,不能把握技术市场未来的发展方向,投巨资购买眼看要落后的技术,遭受损失理所当然。当一项投资花费巨大,可能需要较长时间才能收回成本并获得盈利时,投资者就不但要考虑它的现在,还要考虑它的将来,一项产品现在有市场,不等于将来也同样有市场。

一项高技术产品即使能成功地开发和生产,但若达不到创业前所预期的效果,结果也会造成大的损失甚至使创业夭折。20世纪70年代,著名的美国杜邦公司曾对一种称之为Corfam的皮革替代品进行产品开发并上市销售。预测和试穿的成功,使杜邦公司决策层非常乐观,他们希望Corfam不仅能一帆风顺地上市,而且能像公司曾经发明的尼龙一样,成为世界性的畅销商品,引发鞋面用料的革命,再现杜邦公司的辉煌!然而最终的结果却大大出乎人们的意料!Corfam的产品开发亏损了近1亿美元,成为杜邦公司历史上罕见的一次失败。

5. **防范环境风险**

环境风险是指一项高技术产品创新活动由于所处的社会、政治、政策、法律环境变化或由于意外灾害发生而造成失败的可能性。因此,高技术产品创新,必须重视环境风险的分析和预测,把环境风险降到最低限度。例如,我国许多化工化学园区,企业与居民区交错,普遍缺乏统一的区域性环境风险应急预案、监测体系和风险防范措施;环境风险意识淡薄,防范制度不健全,环境保护考虑少,应急预案和风险防范措施缺乏。这给国民经济和人民生命财产安全构成严重威胁,产业整体布局存在很大的环境风险。

六、基于商业模式的创新创业教育

基于商业模式的创新创业已经引起了创业者广泛的重视,这与20世纪90年代中期计算机互联网在商业世界的普及应用密切相关。互联网的出现改变了基本的商业竞争环境和经济规则,标志"数字经济"时代的来临。互联网使大量新的商业实践成为可能,一批基于它的新型企业应运而生。如淘宝天猫、亚马逊、Ebay等,在短短几年时间内,就取得巨大发展,并成功上市,许多人也随即成为百万甚至亿万富翁,产生了强烈的示范效应。它们的赚钱方式,明显有别于传统企业。相对于传统的创新创业企业类型,基于商业模式创新的创业企业有几个明显的特点:第一,提供全新的产品或服务、开创新的产业领域,或以前所未有的方式提供已有的产品或服务。第二,其商业模式至少有多个要素明显不同于其他企业,而非少量的差异。第三,有良好的业绩表现,体现在成本、盈利能力、独特的竞争优势等方面。因此,根据其特点,要实现基于商业模式创新的创新创业,可以从以下几个方面考虑:

1. 商业模式创新更注重从客户的角度,从根本上思考与设计企业的行为,视角更为外向和开放,更多地注重和涉及企业经济方面的因素。商业模式创新的出发点,是如何从根本上为客户创造增加的价值。因此,它逻辑思考的起点是客户的需求,根据客户需求考虑如何有效地满足它,这点明显不同于许多技术创新。e袋洗是第一个以洗衣为切入点进入整个家政领域的平台,由20余年洗衣历史的荣昌转型而来,顾客主要是80后,洗衣按袋计费:99元按袋洗,装多少洗多少。在搭建成熟的共享经济平台后,不断延伸出更多的家庭服务生态链,打造一种邻里互动服务的共享经济生态圈。集合社会上已有的线下资源,通过移动互联网实现向标准化、品质化转变,帮助人们在生活中获得更便利、更个性的服务。

2. 商业模式创新表现得更为系统和根本,它不是单一因素的变化。它常常涉及商业模式多个要素同时大的变化,需要企业组织的较大战略调整,是一种集成创新。商业模式创新往往伴随产品、工艺或者组织的创新,反之,则未必构成商业模式创新。一个以超市为切入口的O2O生活服务平台——多点(Dmall),已经在电商超市市场风生水起。多点的创新点与京东到家、天猫超市等截然不同。它与商超之间完成系统上的对接：可以通过深度整合的系统动态地获取商超库存、价格等重要数据，同时，多点通过数据分析及供应链控制能力，将C2B模式引入商超，可以解决其生鲜进销问题。同时，多点自建物流，有自己的配送员。在用户下单后，多点会和合作商家一起分拣货物，然后送货上门。用户从下单到收货，全程所花时间不超过1小时，多点可以说是用户的网上超市，只不过模式比较新，也比较快。

3. 从绩效表现看，商业模式创新如果提供全新的产品或服务，那么它可能开创了一个全新的可盈利产业领域，即便提供已有的产品或服务，也能给企业带来更持久的盈利能力与更大的竞争优势。它也更难以被竞争者模仿，常给企业带来战略性的竞争优势，而且优势常可以持续数年。深圳市大疆创新科技有限公司(DJI-Innovations，简称DJI)成立于2006年，是全球领先的无人飞行器控制系统及无人机解决方案的研发和生产商，客户遍布全球100多个国家。它占据着全球70%的无人机市场份额。无人机以前主要是应用在军事方面，而大疆是第一个将无人机应用在商业领域并获得成功的企业。大疆无人机如今已被应用在军事、农业、记者报道等方面，是可以"飞行的照相机"。这家公司将目标受众从业余爱好者变成主流用户，而且它在这一过程中还能占据市场的主导地位，这种成功的案例在科技行业发展史上实属罕见。大疆无人机的商业模式创新对我们大学生创业者结合技术创新的创业具有良好的借鉴和参考作用。

七、基于创业实践的创新创业教育

当前各高校创新创业教育开展得如火如荼，很多大学都开设了创新创业指导课，建立了创业孵化园或者创新创业教育基地，使得在校学生不但能够学习创新创业知识，还能够亲身体验创新创业活动。尤其是实践环节还能够使大学生在学校期间积累创业经验，提高创业能力，所以，大学生在校期间要积极参与创业实践活动，如创业计划大赛、创业体验等。还可以通过参与社团组织活动、创业见习、职业见习、兼职打工、求职体验、市场和社会调查等活动来接触社会，了解市场；商业活动无处不在，也是大学生开展创业实践的重要源泉，大学生平时可以多参与创业活动的交流，向商界人士请教，向专业机构咨询。这种通过人际交往途径获得的最直接的创业经验与技巧，将使大学生在创业过程中受益无穷。

　　投身于真正的创业实践,既可以为将来开展创业活动积累经验,也能够培养分析问题和解决问题的能力,提升组织协调、经营管理、危机应对等在创业活动中必须具备的知识和技巧,促进创业成功。"80后"的郭高林,是河南省教育学院2007级管理学院人力资源管理专业的毕业生。他的创业之路是从大三练摊卖衣服开始的。在郑州牧专外面的那条路上,流动人口多,一到晚上就热闹非凡,路两边都是卖小吃、卖衣服、卖杂货的地摊。郭高林和女朋友姜茵也在那里摆地摊卖起了衣服。姜茵做老板和销售,郭高林的任务是进货。"练摊"虽然只是小打小闹,但在这个过程中,郭高林学会了基本的经营技巧。郭高林爱琢磨。有一次,他发现自己身边卖菜的虽说生意不错,但因为零星分散,又没有品牌,蔬菜的质量、价格、信誉总不能让一些顾客满意。在面临毕业的那段日子里,在众多同学焦头烂额地忙于找工作的时候,郭高林并没有慌乱,因为他已决定创办自己的蔬菜超市。2007年8月22日,以郭高林的名义注册的"咱地里"蔬菜自助店在郑州市马李庄正式开张。2007年12月,郭高林在郑东新区成立了第一家分店。在迎接挑战的过程中,他们研究制定了一系列管理模式和管理制度,包括收银制度、招聘培训制度、采购制度、仓管制度。这些正好是他们在大学所学的知识,这些知识,成为"咱地里"发展的基础。现在,4家店都已实现盈利,每个月的销售收入已超过30万元。

相关链接

1. 全国大学生创业服务网:http://cy.ncss.org.cn/
2. 中国大学生创业网:http://www.studentboss.com/
3. 中国杭州大学生创业服务网:http://hzcy.hzrc.com/
4. 重庆市大学生创新创业服务网:http://cy.cqbys.com/

深度阅读

1. 巨人集团的兴衰

　　曾创造"一年百万富翁,二年千万富翁,三年亿万富翁"这一神话,被称之为当代中国比尔·盖茨的"巨人"总裁史玉柱,靠4 000元起家,勇敢地背水一战,创立了巨人品牌,创造了巨人奇迹。

　　史玉柱,1962年生,安徽怀远人,1984年毕业于浙江大学数学系,分配到安徽省统计局工作。1989年1月,史玉柱毕业于深圳大学研究生院,获软件科学硕士学位。与此同时,他在安徽省统计局的工作岗位上研制开发的统计系统软件包让他的前途一片辉煌。但他却出人意料地决定辞职经商。当时他对朋友们说:"如果下海失败,我就跳海!"史玉柱对其创业有着大胆的设想,他要开发中国计算机文字处理市场。

经过9个月的艰苦努力,史玉柱研制出了M-6401桌面排版印刷系统。1989年8月,他和3个伙伴以自己的产品和仅有的4 000元钱承包了天津大学深圳科工贸公司电脑部,开始了巨人的创业。在M-6401汉卡销售宣传中,史玉柱巧妙地赌了一次:利用《计算机》杂志刊登广告和付款期限的时间差,做了8 400元的广告,在15天的付款期限内,他收到了15 820元的定金,及时交付了广告费。自此,史玉柱艰难而又成功地迈出了创业的第一步。之后,他继续采用高广告投入策略,让人们不断了解巨人汉卡的卓越性能,扩大了市场范围,不到4个月时间,就实现利润近400万元。

史玉柱坚信高科技带来高技术和高效益,他通过不断的研发使产品更新换代,M-6402、M-6403相继推出,M-6403汉卡销售量居全国同类产品销量之首。到1992年底,销售额近2亿元,纯利润达3 500万元,企业年发展速度达500%,成为中国电脑业和高科技行业的一颗耀眼的新星。1992年,巨人总部从深圳迁移至珠海。"史玉柱效应"和"巨人形象"在全国引起轰动。1993年,巨人推出M-6405、中文笔记本电脑、中文手写电脑等多种产品,其中仅中文手写电脑和软件的当年销售额就达3.6亿元。巨人成为位居四通之后的中国第二大民营高科技企业。史玉柱成为当年珠海第二批重奖的知识分子。

截至1993年底,史玉柱已在全国范围内成立了38家全资子公司,实现销售额3.6亿元,利税4 600万元。至此,巨人集团发展顺利,史玉柱也被视为高科技行业成功的创业家典型。应该说,在当时,巨人集团在电脑及软件业发展的态势和前景非常光明。1994年,史玉柱当选为中国十大改革风云人物。但此时史玉柱却以激情和狂想做出一个重大决定:跨越当家产品桌面排版印刷软件系统,把生物工程这个利润很高的行业作为巨人集团新的支柱产业,向多元化方向发展。同时涉足保健品、房地产、药品、化妆品、服装等多个新的产业,甚至开发中央空调。

在保健品方面,1994年8月,史玉柱注册了"康元公司",将"脑黄金"投入市场,"脑黄金"一炮打响,效益显著。"脑黄金"的成功使史玉柱激动起来,竟一举向市场推出12种新的保健品,一年内在生物工程上投入的广告费猛增到1亿元,并在全国设立了8个营销中心,下辖180个营销公司。网络铺开后,康元公司的管理却成了问题。在市场没摸清的情况下,公司一下子生产了价值上亿元的新产品,成本又控制得不好,结果产品大量积压;同时,财务管理混乱,扣除债权还剩余5 000万元左右的债务。康元公司的巨额亏损,明显暴露出巨人集团管理人才缺乏、管理不善等问题。

在房地产方面,史玉柱从流动资金和卖楼花收入中共筹集2亿元的资金,拟建18层"巨人大厦",未向银行贷一分钱。由于主观和外界的各种因素,巨人大厦不做任何可行性分析论证,贸然将大厦由最初设计的18层追加到54层,最后竟然追加到70层,为当时中国第一高楼。以2亿元的资金兴建需要投资12亿元的巨人大厦,巨人集团背上了沉重的债务和巨大风险。1994年初,巨人大厦动工,计划三年完成。1996年,巨人大厦资金告急。巨人大厦在打地基过程中遇上了地层断裂带,珠海发大水又两淹"巨人"基地。工期拖长,巨人大厦的建设资金面临枯竭,史玉柱面临巨大的财务危机。而此时,史玉柱仍将巨人大厦看得过重。从开工到1996年6月,史玉柱没有因为资金问题让大厦停工一天,主要靠生物工程提供的6 000万元资金。管理不善加上过度抽血,生物工程一下子被搞得半死不活,这一新兴产业开始萎缩,以致后来不能造血,使巨人集团的流动资金完全枯竭。

就在同一时期,巨人集团还投资4.8亿元在黄山兴建旅游工程;投资5 400万元装修上海巨人集团总部;投资5亿元上新的保健品。其结果,非但新产业没发展起来,本业也病入膏肓。此后,连续出现巨人公司内部员工贪污、挪用巨额资金,软件开发人员将技术私自卖给其他公司,子公司私自贷款,下属私自侵占公司财产等一系列事件,使巨人的市场占有率一落千丈。1996年,史玉柱将保健品的全部资金调往巨人大厦,但此时巨人集团已经危机四伏。1997年初,巨人大厦没有按期完工,买楼花者天天上门要求退款,媒体地毯式报道巨人的财务危机。不久,只建至地面三层的"巨人大厦"停工,陷入财政危机的"巨人"因为1 000万元的资金缺口而轰然崩塌。1998年,史玉柱分别在上海和珠海注册公司,扮演幕后老板。2000年,公司推出脑白金,在猛烈的广告营销战下销售额超过了10亿元,史玉柱也公开露面表示要还债。2001年1月,史玉柱收购巨人大厦楼花清还债务,同时,新巨人——上海巨人投资公司成立,并且控股上海健特生物科技有限公司。2002年11月23日,一家名为青岛健特的上市公司发布公告称,以1亿4千6百万元从上海健特手中买下了脑白金的商标权。2004年8月,史玉柱出任香港四通控股集团CEO,年薪仅一元。上海一家媒体把他列入中国悲剧企业家之"英雄末路企业家"10人榜。

在破产后沉寂的日子里,史玉柱回顾了自己的整个历程,从走出大学校门后一路春风得意,到后来身负巨债声名扫地,他反省的结果是,即使没有媒体的曝光,巨人一样会倒下。"巨人倒下我觉得是必然的,它是客观规律。巨人为什么倒?表面上看是巨人大厦,实际上是因为我本人和我们的团队不成熟,我们这个团队很幼稚。即使巨人大厦没倒,如果巨人大厦盖起来了,还要倒,再倒的话,可能摔得还更重,所以晚倒不如早倒。"

史玉柱对自己失误的总结:一是盲目追求发展速度,以1993年3.6亿元的销售额,竟提出巨人集团产值目标:1995年10亿元,1996年50亿元,1997年100亿元,真可谓雄心万丈。二是盲目多元化,巨人同时涉足电脑业、房地产业、保健业、旅游业、服装等行业,行业跨度大,关联性小,企业不熟悉,风险过大,战线过长,漏洞百出,发展过速,使巨人集团由盛转衰。"多元化经验不足。比如就是一个汉卡,巨人汉卡确实做得不错,做得很好,销售额也很大,利润也很可观,在同行业已经算是佼佼者了。但是很快我们就以为我们自己做什么都行,所以我们就去盖了房子、搞了药,又搞了保健品,保健品脑黄金还是成功的,但是脑黄金一成功,我们一下子搞了12个保健品。然后软件又搞了很多,又搞了服装。"史玉柱说。三是决策失误,除了多元化经营之外,还有包括公司内部决策的失误。"决策中最大的一个决策,实际上是投资问题,我觉得投资是最容易让一个企业破产、让一个企业一蹶不振的。"四是缺乏科学管理,巨人集团是史玉柱一人说了算,没有监督约束机制,员工缺乏民主,完全是独裁式管理。在集团资产规模急剧扩张的时候,仍然沿用家庭企业的传统管理方式和企业主个人说了算的集权管理,直接造成了内部的混乱和腐败。

2. 十大年轻大学生创业成功案例

(1) 郭敬明,这个伴随着80后的名字,如今他的小说也影响着90后,并开始被00后所喜爱,我们在这里不评判他的文学水平、导演水平以及身高,单以一个创业者的身份来看,他是极其成功的。

郭敬明大学时期便开始创业,虽然他常年霸占着中国作家收入排行榜榜首,但是他在商业上的成功甚至让他的作家身份也黯然失色。如果你只是觉得这个瘦弱的男人只会玩弄一些小女生喜欢的华而不实的文字,那么你就太小看

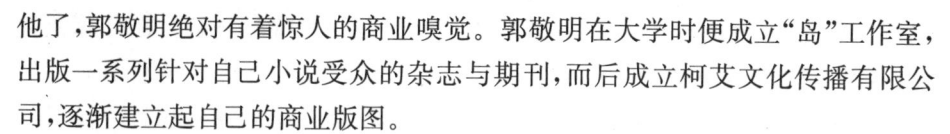

他了,郭敬明绝对有着惊人的商业嗅觉。郭敬明在大学时便成立"岛"工作室,出版一系列针对自己小说受众的杂志与期刊,而后成立柯艾文化传播有限公司,逐渐建立起自己的商业版图。

而且,以今天各个期刊纷纷转型产业链服务来看,郭敬明早在2005年就察觉了这一点,从那时起他就为刊物读者提供"立体服务",例如推出音乐小说《迷藏》,推出小说主题的写真集,拍摄《梦里花落知多少》偶像剧,在青春读物的基础上打造了一条属于自己受众的文化消费产业链,开始深耕产业布局。而今,郭敬明已经用自己的小说《小时代》拍出了电影,第一部便直奔5亿的票房⋯

知乎上有人这么描述郭敬明,"其实中国的年轻人并没有什么本质的变化。对于大学和社会的幻想,对于爱情和成功的畅想,对于华服美食的渴望,是每一代中学生的必由之路。真正重要的其实仍是郭敬明本人。他或许是中国这20年来唯一一个认真去满足上述需求的作者。"——真正伟大的创业者是干什么的?满足大众的需求。

(2)一提到王兴,很多人脑海里面想到的第一个词汇就是连环创业者,因为他是校内网、饭否网、美团网这三个中国大名鼎鼎的网站的联合创始人,除此之外,他还有另外一层身份——大学生创业者,在毕业之后,没有丰富的职业履历就开始创业的人。

他是一名人们口中的天才少年,没有参加高考就被保送到中国名牌学府清华大学,毕业后拿到全额奖学金去了美国特拉华大学师从第一位获得MIT计算机科学博士学位的大陆学者高光荣,随后归国创业,在前一两次不算成功的创业项目之后,王兴创立了中国版Facebook校内网,并很快风靡于大学校园圈之中。校内网于2006年10月被千橡以200万美元收购。2007年5月12日,王兴创办饭否。这也是中国第一个类Twitter项目饭否网,但就在饭否发展势头一片良好之际被关闭,让王兴事业受到挫折。之后连环创业客王兴于2010年3月上线新项目美团网,并在千团大战之中脱颖而出,稳居行业前三,并先后获得红杉和阿里的两轮数千万美金的融资,这个连环创业客的事业正逐渐走上正轨。2016年5月份,美团单月流水已经突破10亿元人民币。

(3)康盛创想创始人戴志康是无数互联网人的偶像,他创建的"Discuz!"开源模板与"Wordpress"并称为世界上最伟大的两个开源网站模板,被数以百万计的站长使用,深刻地改变了中国互联网,而戴志康也是一位大学生创业者。

戴志康出生于一个知识分子家庭,父亲是大学教授,亲属中也有很多人是老师。据说，因为这种家庭背景，戴志康小时候就一直接触电脑。在计算机性能不断升级的过程中，他的编程技术也日益提高。戴志康从小学刚毕业后的1995年开始初步尝试编制软件。初中、高中时期，他几乎席卷了各类计算机大赛。戴志康2000年考上哈尔滨工程大学，2001年便在校外创业，他在外面找到一间月租300元的房子，一天差不多15个小时都泡在电脑前面，最终他创造的"Discuz！"成为中国最成功的建站开源模板，"Discuz！"于2010年被腾讯以6 000万美元的价格收购。

（4）聚美优品的CEO陈欧也是一名标准的大学生创业者，他的大学生创业经历要追溯到他的上一个创业项目GG游戏平台。陈欧16岁的时候考上了新加坡南洋理工大学，作为一个资深游戏爱好者，在大四的时候陈欧决定在游戏领域创业，凭借有限的资源做出了后来影响力巨大的GG游戏平台。作为当时没有任何资源的大学生创业者，那时的创业是非常艰苦的，据陈欧回忆，那时候他为了节省成本，不得不每天都吃最便宜的鱼丸面，最后吃得都有些"脑残"了。

后来，陈欧出售GG平台，获得了千万级别的收益，也为自己后来的创业道路做了极好的铺垫。而他创造的GG游戏平台，仍然是现在东亚地区最受欢迎的游戏平台之一，全球拥有超过2 400万的用户。

（5）铁血网创始人蒋磊——典型的大学生创业者，16岁保送清华，创办铁血军事网，20岁保送硕博连读，中途退学创业。如今，铁血网稳居中国十大独立军事类网站榜首，铁血军品行也成为中国最大的军品类电子商务网站，年营收破亿，利润破千万。

倒回2001年，16岁的蒋磊初入清华园，电脑还没有在这个普通宿舍出现，他只能去机房捣鼓他的网页，他想把自己喜欢的军事小说整合到自己的网页上，他的"虚拟军事"的网页一经发布，就吸引了大量用户，第二天就达到了上百的浏览量。蒋磊很兴奋。他把"虚拟军事"更名为"铁血军事网"。

2004年4月，蒋磊和另一个创始人欧阳凑了十多万元，注册了铁血科技公司。其间蒋磊还被保送清华硕博连读学习了一阵。2006年1月1日，蒋磊最终顶住了家庭以及学校的压力毅然决定辍学创业，以CEO的身份正式出现在铁血科技公司的办公室里。经过12年的努力，目前蒋磊的公司拥有员工200余人，他创办的网站已成为能够提供社区、电子商务、在线阅读、游戏等产品的综合平台。据透露，截至2012年12月，网站已有1 000万注册会员，月度覆盖

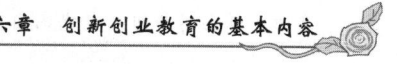

超3 300万用户,正处于稳步且高速的增长中。

(6) 风靡全国、中国最成功的桌游"三国杀",其创始人黄恺正是一位标准的大学生创业者。黄恺2004年考上中国传媒大学动画学院游戏设计专业,他在大学时期就开始"不务正业",模仿国外桌游设计出了具有中国特色、符合国人娱乐风格的桌游"三国杀"。2006年10月,大二的黄恺开始在淘宝网上贩卖"三国杀",没想到大受欢迎,而毕业后的黄恺并没有任何找工作的打算,而是借了5万元注册了一家公司,开始做起"三国杀"的生意,2009年6月底"三国杀"成为中国被移植至网游平台的一款桌上游戏,2010年"三国杀"正版桌游售出200多万套。

粗略估计,"三国杀"迄今至少给黄恺带来了几千万元的收益,并且随着"三国杀"品牌的发展,收益还将会继续增加。

(7) 电驴(VeryCD)之父黄一孟是一名中途离开大学的创业者。2003年,verycd.com只是爱好计算机的大学新生黄一孟陆续注册的众多个人网站中的一个。当时,因为不满于网络上质量不高且需收费的电影资源,VeryCD很快聚集起了一批和黄一孟有着类似热情的用户,他们在下载的同时也愿意上传自己的资源。这让黄一孟意识到,这个所谓的个人网站不再只对他一个人具有价值。2004年,黄一孟中途离开学校专心创业而成立了一个工作室。

黄一孟除了是VeryCD的创始人,也是心动游戏的创始人。2012年,心动游戏的收入达到了10亿元人民币,从入不敷出的VeryCD到年收入10亿元的网页游戏公司,黄一孟依靠自己的感觉和摸索去创业。

(8) 王学集出生于浙江温州,毕业于浙江理工大学。大学时和两位同学一起创业,大三时正式发布phpwind论坛程序,2004年大学毕业的王学集成立公司,公司亦命名为phpwind,中文名"杭州德天信息技术有限公司",专门提供大型社区建站的解决方案。目前,phpwind已成为国内领先的社区软件与方案供应商,PW6.3.2版本的推出更在社区软件领域树立起一个极高的技术壁垒,phpwind8.0系列版本则推动了社区门户化。

phpwind于2008年5月被阿里巴巴以约5 000万元人民币的价格收购,现在隶属于阿里云计算有限公司,为阿里云计划提供了强有力的支持。

(9) 舒义19岁就开始创业,读大一时就是国内最早的web2.0创业者之一,创办过国内第一批博客网站Blogku、Blogmedia,还创建了一个高校SNS和一家校园电子商务公司。

2006年舒义第三次创业,创办了成都力美广告有限公司,后发展为中西部最大的专业网络广告公司之一。2009年舒义成立北京力美广告有限公司(i-Media),两年内发展为国内领先的移动营销解决方案公司,并于2011年获得IDG资本投资。目前舒义开始尝试天使投资,投资创办过多家移动互联网公司。

(10) 超级课堂的联合创始人杨明平是典型的大学生创业者,并且是一位连续创业者。杨明平毕业于中欧国际工商学院。2005年,大三的他接手了学校边上的一家川菜馆,发展为拥有400多平方米、一年200多万元营业额规模的火锅店,大学的创业经历为他赢得第一桶金。而后杨明平决定朝着更大的方向发展,进入在线教育领域,创建超级课堂(Super Class)。

超级课堂成立于2010年10月,由杨明平创立的超级课堂将线下教育搬到线上,为中小学学生提供好莱坞大片式的网络互动学习课程。

本章训练题目

1. 成功创业人士的案例总是可以为大学生创业者提供借鉴和参考,请组成团队去探访身边的创业者的创业项目来源,总结分类后在课堂上交流与汇报。

2. 创新创业想法的来源有很多,通过学习本章的内容和探访成功创业者,你是否已经产生了创新创业的想法?请表述具体的项目。

第七章　高职大学生择业的基本方法

案 例

  转眼间，大学毕业已经一年了。在庆祝大学毕业一周年的聚会上，大家就各自的工作情况做了交流。小丽有些失落地说："我已经换了五份工作了。"临近毕业的时候，市场营销专业出身的小丽本着"先就业后择业"的心态，在校园招聘会上随意应聘了五、六家公司的市场营销岗位和客户服务岗位，最终获得一家电信公司的电话营销工作。这份工作每天需要主动呼出 50 多个电话，寻找客户。经常是还没有说完自我介绍，电话就已经被对方切断了，挫败感油然而生。一个多月后，她觉得这不是自己想要做的工作，于是果断辞职了。

  小丽的第二份工作是项目招标助理，负责收集、整理、审核每个项目收到的标书和佐证材料，如果发现资料不齐全，就通知投标人补齐资料，确保顺利开标。2 个月之后，小丽又觉得工作内容单调，没有什么东西可学，于是，又跳槽了。小丽的第三份工作是部门经理助理，结果工作不到一周就又走人，表面的理由是"上司脾气实在严苛，动不动就训人"，实际上是小丽的职业能力，尤其是执行力、沟通协调能力达不到上司要求。

  第四份工作是行政文员，虽然薪水不高但工作压力不大，小丽觉得还可以接受，唯一不满意的就是工作地点离自己租房的地方太远了，每天花在上班路上的时间有 3 个多小时，上下班高峰时间地铁人满为患，十分拥挤，回到家里已经筋疲力尽了。最近，她回到家乡，在亲戚介绍下，进入一家电信营业厅，成为一名营业员，工作总算安定下来，但她自己也不知道这份工作能干多久。

  而班长张伟则已经是当地一家电信营业厅的厅长了。刚进大学读书的时候，张伟就已经打定主意，将来要在电信营业厅工作。所以，大学期间，他除了用心学习营销专业知识之外，还积极参加营销协会活动、营销技能大赛和各类社会实践活动,这些活动都对他提高自己的职业技能和职业素质有很大帮助。除此之外,他还一直在校园电信营业厅和附近的电信营业厅兼职,注重学以致用,积累电信营业员的工作经验。

毕业之后,张伟回到家乡,在当地的一家电信营业厅工作。由于大学期间积累了丰富的电信产品营销经验和客户服务工作经验,3个月后,他的工作业绩已经超过许多老员工了。张伟出色的工作表现引起公司的注意,公司对张伟进行重点培养。与小伙伴相比,他得到更多的培训机会,还参加了全国电信营业员职业技能大赛,获得第三名的好成绩。半年之后,通过内部岗位竞争,张伟当上了当地一家规模最大的营业厅厅长。他打算3年之内,取得本科文凭,继续攻读研究生,为竞争部门经理做好准备。

导语

高职毕业生找到工作不是一件难事。但是,找到工作并不意味着从此高枕无忧。如果不是自己想要的工作,可能烦恼会更多。大学期间有没有确立自己的职业目标和职业规划,这将深刻影响我们一生的职业发展和生活质量。哈佛大学对毕业生进行长达25年的跟踪调查,发现当年有长期而清晰目标的人成为社会精英;有短期而清晰目标的人成为社会的专业人士;目标模糊的人生活在社会的中下层,生活安稳但也没有什么成就;而没有目标的人则生活在社会底层,经常失业,怨天尤人。所以,成功一开始只是选择目标而已。利用职业选择方法,找到自己想要的工作,这是本章的学习目标。

关键词

职业选择;专业;学历;兴趣;性格

职业选择是个人对于自己的就业方向和工作岗位类别的比较、挑选和确定,是一种人生的决策。职业选择包括三层含义:(1)选择一种职业,选择一种人生。职业选择规划了人们职业生活的方向,是人生道路的关键环节,是人生的转折点,也是实现自我价值的起点。(2)职业选择是人职匹配过程。职业选择过程是个人能力、意愿与职业岗位的相互挑选过程,只有当个人的能力、意愿与用人单位的职业岗位对接在一起,个人才能实现职业选择。(3)职业选择是一种社会化过程和心理调适过程。在职业选择过程中,个人主动选择自己心仪的职业岗位。当发现现实与理想相矛盾的时候,个人会重新认识自我,反思自己真实的社会地位,调整自己对职业的心理预期,向现实环境妥协,被动选择职业岗位。

怎样才能找到一份自己想要的工作呢?这就需要我们在没有做出职业选择之前,静下心来,仔细分析个人所学专业知识和能力优势、兴趣爱好、现实条件等因素,发现自己想要去做和能够去做的职业;通过分析社会环境、用人单位、家庭条件等因素,明确自己可以去做的职业;最后,综合考虑上述因素,本着"择己所长、择己所爱、择世所需、择己所利"的原则,做出自己的职业选择。选择一种职业就是选择一种人生,"我的人生,我做主",让我们勇敢地开启职业选择之旅程吧。

一、根据自己的专业知识择业

1. 专业对口有利于发挥专业优势

我们所学的专业是高等学校依据社会分工需要而划分的学业门类,每一个专业培养的毕业生都有其特定的社会职业群。每个职业岗位都有特定的工作内容、工作规范和对从业者的素质要求。个人也有自己的从业条件和个人择业意愿。个人择业意愿决定了他所要从事的职业,但个人的从业条件未必都能够和职业岗位要求相匹配。

高职毕业生刚刚接触社会,不太了解职业生态环境,社会心理也不太成熟,职业技能也不娴熟,适应职场生态能力不强,容易产生职场挫败感。一方面,很多高职毕业生会将第一份工作作为其职业生涯的试金石,如果工作不顺心的话,很快就会辞职走人。因此,高职毕业生选择一份专业对口的职业,一来容易增加专业认同度、职业认同度,很快适应职业环境;二来有利于学以致用,发挥自身专业优势,直接将大学课堂模拟仿真训练情境或在企业实习积累的专业知识和操作经验应用到实际工作任务中,在职场中显得从容、自信;三来熟能生巧,更加容易取得工作业绩,得到用人单位的认同与栽培,自身的职业价值得到有效增值,这对职场小鲜肉十分重要,所谓良好的开端就是成功的一半。另一方面,企业也不太愿意招聘专业不对口的毕业生,因为跨专业就业的毕业生其专业成熟度不足,而且在本企业的工作时间很短,这将严重损耗企业的招聘成本、培训成本,影响企业人才培养成效,进而影响企业可持续发展。目前,招聘双方都呈现将"专业对口"放在首位的态势。

2. 专业对口与职业成功没有必然联系

专业对口有助于个人职业发展,但不意味着职业发展一定成功。因为职业成功还与个人的职业核心能力有很大关系。人的能力包括三层结构:最内层是职业核心能力,中间层是行业通用能力,最外层是岗位专用能力。职业核心能力普遍适用于各种职业,能够使劳动者适应岗位不断变换,决定人的终身可持续发展能力。1998年,我国劳动和社会保障部在《国家技能振兴战略》中提出8项职业核心能力:与人交流、数字应用、信息处理、与人合作、解决问题、自我学习、创新革新、外语应用等。邓泽民、陈庆合教授提出,"职业院校的学生应具备交流、数字应用、

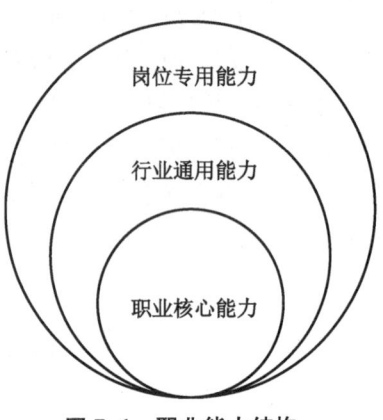

图 7-1 职业能力结构

运用信息技术、团结协作、解决问题、学习与自我管理发展6项关键能力"。

企业最不欢迎的毕业生行为:(1)求职目标不明确,没有职业规划;(2)不主动、不反思,没有创造性;(3)没有激情,不学习不求上进;(4)没有团队精神,不能与他人合作;(5)目空一切,太过以自我为中心;(6)高分低能;(7)不合群,人际关系紧张;(8)屡教不改,多次被处分;(9)体弱多病、需要团队照顾。

对照以上9条标准,反思自己是否有过以上不受企业欢迎的行为,在大学期间努力提高自己的职业能力和职业素质,更加有助于我们成功选择到自己心仪的职业。

3. 跨专业就业也一样可以取得成功

高职毕业生的就业状态并非全部是专业对口,相当一部分毕业生的就业状态是"学非所用、用非所学"。中国社会科学院发布的《社会蓝皮书:2017年中国社会形势分析与预测》显示,高校毕业生工作与专业相关度仅为65%左右。换言之,35%左右的高校毕业生是跨专业就业。实际上,用人单位的职业岗位也并非全部强调专业对口,如行政文员等。随着现代服务业的迅猛发展,其发展规模已经超越第一产业、第二产业,各行各业的市场营销人员、客户服务人员需求量巨大,这些岗位并不强调专业一定要对口,更加强调与岗位相关的职业能力和职业素质要对口。从事市场营销、客户服务岗位,除了具备市场营销和

客户服务知识和技能之外,对从业者的情商、心理承受能力、灵活善变等能力素质要求比较高。因此,准备跨专业就业的高职大学生,可以通过辅修专业、专题培训、跨专业实习等方式,培养自己对目标职业的职业能力和职业素质,实现自己的跨专业就业梦想。小黄就读于通信工程专业,大一下学期,他对咖啡店运营产生了浓厚兴趣。寒暑假,小黄跑到亲戚家咖啡店当服务员,对咖啡豆货源、制作咖啡流程、运营方式等进行认真调研。课余时间也坚持在星巴克兼职。毕业的时候,他成功应聘为星巴克的一名后备店长。关于跨专业就业,一位资深人力资源经理强调:"专业可以不对口,但能力素质一定要求对口。"

二、根据自己的学历文凭择业

不同的职业岗位对从业者的文化素质要求不同。那么,通过什么来证明从业者的文化素质水平呢?用人单位主要是以从业者所拥有的学历文凭来衡量从业者的文化素质水平。

学历教育是根据国家教育部下达的招生计划录取学生,按教育主管部门认可的教学计划实施教学,学生完成学业后,由学校颁发国家统一印制的毕业证书和学位证书。因此,学历文凭的"含金量"最高,是国家教育部最为正规且用人单位最为认可的学历教育证书。目前,中国普通高等教育的学历教育包括博士学位研究生、硕士学位研究生、普通本科、普通专科(高等职业教育)等5大类。

不同学历教育其人才培养目标、规格、过程、方式和评价标准都有明显差异,所对应的职业岗位层次也有明显差异。高等职业教育主要服务于区域经济发展,培养生产、建设、服务、管理一线的高素质技术技能型专门人才。所以,高职毕业生的就业岗位大多是用人单位的基层岗位,对动手能力要求比较强。用人单位在发布招聘信息的时候,也会明确说明职业岗位从业者的学历文凭等级,因为这是用人单位薪酬待遇的关键要素之一。用人单位一般是基于人职匹配原则来招聘从业者,需要高职毕业生的职业岗位,用人单位就不会招聘一位硕士毕业生,低职高聘将会增加用人单位的人工成本;用人单位也不会招聘一位中职毕业生,高职低聘很有可能降低工作质量或服务水准,影响用人单位声誉。

高职毕业生依据自己的学历文凭去选择相应文化素质要求的职业岗位,可以提高择业成功率,减少面试失败所带来的挫败感。入职之后,也容易胜任职业岗位,增强自信心。当然,高职毕业生还要继续学习,提高自己的文化素质。当取得更高级别的学历文凭之后,我们的职业选择范围将更加宽广。

三、根据自己的兴趣特长择业

兴趣是人们力求认识某种事物或从事某项活动的心理倾向,它表现为人们对某种事物或从事某种活动的选择性态度和积极的情绪反应。兴趣也是价值观的初级形式。兴趣对个人的活动产生巨大的推动力。做自己感兴趣事情的时候,人总是表现出高昂的激情,非常积极主动,即使是千辛万苦、废寝忘食,人们也不会感觉到苦和累,反而感觉到乐在其中,心甘情愿。科学家爱因斯坦说:"兴趣是最好的老师",他自己对发明的兴趣就是一个很好的例证。

1. 兴趣对人的职业选择和职业发展产生重要影响

兴趣对人的职业生活影响主要表现在三个方面:

(1) 兴趣可以提高职业学习活动效率,开发智力潜能,增强想象力和记忆效果。人在学习自己感兴趣的职业知识的时候,学习态度非常积极主动,全身心投入到对兴趣职业的知识学习、技能实践之中,紧密关注兴趣职业的发展动态,通过课堂学习、业余实践、技能竞赛、企业实习、线上线下、粉丝群体等各种途径丰富自己的职业知识,成为兴趣职业的达人。

(2) 兴趣可以提高工作效率,充分发挥个人职业能力。当一个人从事的工作是自己感兴趣的时候,就会心情愉快,调动全部精力,个人的观察力、注意力、想象力、思维能力、方法能力等都能得到高度发挥,从而提高工作效率。有人研究发现:人们如果从事自己感兴趣的职业,能够发挥全部才能的 80%—90%,而且长时间保持高效率工作而不感到疲劳;相反,如果对所从事的工作不感兴趣,只能发挥个人全部才能的 20%—30%,很快产生职业疲倦,工作业绩低下,度日如年。

(3) 兴趣是保持工作稳定、促进职业成功的重要因素。兴趣也是工作动力源泉之一,人们首先注意到自己感兴趣的工作,同时对自己感兴趣的工作会非常执迷,总是想方设法、排除万难去实现工作目标,不达目标不罢休,有效促进个人的职业成功,不仅提高了个人的工作成就感,也会受到用人单位的器重和提拔,最终保持工作的稳定性。

小聪就是按照自己的兴趣做出职业选择。他说:"钱多钱少不是问题,最重要的是自己喜欢,有兴趣。"他原来就读于工商企业管理专业,发现自己对软件开发很感兴趣,大二的时候,转专业改读软件开发专业,专业学习成绩非常优异。毕业的时候,他选择到一家小型IT公司从事软件开发工作。十多年来,小聪一直学习、工作在软件开发领域,业绩非凡。他最终的学历文凭为北京大学计算机博士,一直在IBM、华为等国内顶尖的IT公司工作,最近被公司派去德国公司负责软件开发工作。

2. 兴趣是可以后天培养的

兴趣分为直接兴趣和间接兴趣两种。直接兴趣是由认识事物的需要所引起的,如对看电影的兴趣。间接兴趣是由认识事物的目的和结果所引起的,如在实施市场调查之后,对市场调查数据处理过程没有兴趣,但对市场调查结果有兴趣,这就是间接兴趣。间接兴趣在职业活动中具有重要地位,要注意培养对职业活动的间接兴趣。事实上,大部分工作本身就是重复性劳动,平凡又单调,我们对工作并没有兴趣。这时,可以通过关注工作目的和工作结果与意义,慢慢形成对工作的间接兴趣,从而推动我们克服工作障碍,圆满完成工作任务。活动中对待学习任务尤其如此。如果能够将直接兴趣与间接兴趣相结合,人们在愉悦的情绪中从事自己感兴趣的活动,人的积极性、创造性都会得到空前发挥,工作成效卓越。其实,很多人一开始并不喜欢自己的工作,只是在长期的职业活动中,慢慢将对工作的间接兴趣转化为直接兴趣,最终爱上了自己原来并不喜欢的职业,并取得不俗业绩。

3. 选择符合自己兴趣的职业类型

兴趣影响人的工作满意度、职业稳定性和职业成就感,那么怎样才能找到符合自己兴趣的职业呢?霍兰德教授提出了著名的"六角型"理论。他认为职业选择是人格的一种表现,某一种类型的职业通常会吸引具有相同人格特质的人。人格在职业上的反映,称为职业兴趣。

霍兰德将人格类型分为6种类型,分别是实用型R、研究型I、艺术型A、社会型S、企业型E、事务型C。他认为,每个人都具有这6类职业兴趣,只是强弱程度不同。人的职业兴趣可以用他最强的3种职业兴趣类型的字母表示,称为霍兰德代码。三个字母顺序代表不同职业兴趣的强度。

霍兰德教授还认为,同一职业群体内的人具有相似的人格特征,因此对工作情景和工作问题有类似反应,从而产生特定的工作氛围,称之为职业环境。环境可以是一种工作、一种活动、一种职业或一种文化氛围。他将职业环境也分为6类,其名称、性质与职业兴趣分类相同。

霍兰德用六角型模型来解释这6种类型之间的关系。任何两种类型之间的距离越近,其职业环境与职业兴趣相似性越高;对角线上的两种类型往往是相反的。

人们可以通过霍兰德职业兴趣测验或自我探索活动发现自己的霍兰德代码,然后从职业兴趣与职业类型对应表中寻找到符合自己兴趣的职业。

表7-1　　　　　　　　6种人格类型特点及所适应的职业

人格类型	个性特质	环境特点	相应职业
实用型(R)	喜欢从事技艺性或机械性的工作,能够独立钻研业务、完成任务,长于动手并以"技术高"为荣。往往人际关系较差	要求明确的、具体的体力任务和操作技能,人际技能要求不高	工程师,建筑师,机械师,自动化技师,电工,操作工,机械工,木工,农、林、渔业从业人员,司机等
研究型(I)	喜欢从事思考性、智力性、独立性、自主性的工作。往往有较高的智力水平和科研能力,注重理论。不足之处是理想化,不注重实际,领导能力和说服能力较弱	要求具备思考和创造能力,对社交能力要求不高	科研人员、实验员、数理化学者、心理学家、生物学家、科技作家或编辑、地质学者、电脑技师等
艺术型(A)	喜欢通过各种媒介表达自我感受,其审美能力较强,感情丰富且容易冲动,不顺从他人,不喜欢硬性任务。往往缺乏文书、办事员等具体工作能力	通过语言、动作、色彩和形状来表达审美原则,单独工作	作家,演员,记者,诗人,画家,作曲家,编剧,舞蹈家,音乐教师以及雕刻,摄影艺术,室内装修,服装设计从业人员等

(续表)

人格类型	个性特质	环境特点	相应职业
社会型(S)	喜欢与人交往,乐于助人,关心社会问题,常出席社交场合,对于公共服务与教育感兴趣。往往缺乏机械能力	解释和修正人类行为,具备高水平的沟通技能,热情助人	外交工作者、教师、学校领导、导游、社会福利机构工作者、社会群众团体工作者、咨询服务人员、护士等
企业型(E)	性格外向,直率、果敢、精力充沛,自信心强,有支配他人的倾向和说服他人的能力,敢于冒险。往往忽视理论,自身科研能力较差,耐心通常不足	善作言行反应,有说服他人和管理事务的能力,充当监督性角色	厂长、各级领导者、管理者、政治家、律师、推销员、批发商、零售商、调度员、广告宣传员等
事务型(C)	喜欢从事有条理、有秩序的工作,注重细节,讲究精确,具备记录和归档能力,尽责、有效率、冷静。但为人谨慎、保守和缺乏创新	要求系统、常规的行为,具体的体力要求低,人际技能低	会计、统计、出纳、办公室职员、税务员、秘书、计算机操作员、打字员、成本核算员、法庭速记员等

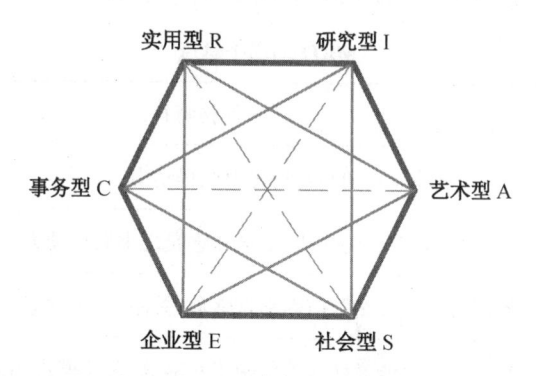

图 7-2 霍兰德六角形模型

四、根据自己的现实条件择业

帕森斯教授认为,人与职业匹配是职业选择的关键点。个人和职业都有稳定的特征,而职业选择就是要在这两者之间进行匹配。职业选择实际上要了解自己,了解工作,进行个人与职业匹配。所以,职业生涯发展过程就是个人的现实条件与职业环境的匹配过程与适应过程。

每个人都有自己不同于别人的现实条件,这种现实条件主要表现在个人的兴趣、性格、价值观等方面。当我们依据自己的现实条件去进行职业选择的时候,个人更加适应职业,实现个人与用人单位双赢。

1. 性格类型与职业匹配

性格是一个人在现实中体现出来的稳定的态度和习惯化的行为方式所表现出来的个性心理特征。性格表现在"怎样做"上,反映了人的行为方式。人的性格特点包括了态度、意志、情绪和理智等方面。性格没有好坏之分,每一种都有其优势和劣势。不同性格的人适合不同职业,不同职业需要不同性格的人去从事,找到与自己性格相吻合的职业,将对职业成功很有帮助。

MBTI(迈尔斯—伯瑞格斯)性格类型理论是国际上比较流行的性格分类理论,揭示每个人的天生自然倾向,从关注点和动力来源、信息收集方式、决策方式、生活方式四个维度将人的性格类型分为16种。每个人身上都有这四个维度,只是维度比例不同,导致表现也不同。

表 7-2　　　　　　　　　　MBTI 的四个维度

维度		性格特征
关注点和动力来源	外向 E	从与外界互动和行动之中取得动力
	内向 I	从反思自己的想法、记忆和感受之中取得动力
收集信息方式	感觉 S	关注"是什么",信赖感官感觉,关注事实、数据、细节
	直觉 N	关注"可能是什么",信赖第六感觉,关注模式、关联和可能性
决策方式	思维 T	偏于理性,根据逻辑、因果关系的客观分析来做决定
	知觉 P	偏于感性,根据价值观做决定,考虑什么对人重要
生活方式	判断 J	关注结果,有计划、有条理的生活方式,喜欢井井有条
	知觉 P	关注过程,有灵活性、即兴的生活方式,喜欢事情具有选择性

表 7-3　　　　MBTI 的 16 种性格类型以及所对应的典型职业

稽查员/监督员	保护者	咨询师	治疗师/导师
督导员	操作者/演奏者	教师	治疗师/导师
操作者/演奏者	供给者/销售员	科学家	治疗师/导师
发起者/创设者	表演者/示范者	统帅/调度者	发明家

（中间分组标注：忠诚监护人、天才艺术家、理想主义者、科学家、思想家摇篮）

通过 MBTI 性格测试，高职毕业生可以发现自己的性格密码，从而找到与自己性格亲近的职业，提高人与职业的匹配程度。

职业性格是性格在职业生活中的体现，心理学家将职业性格分为 9 类：

（1）变化型性格：在新工作、意外工作情境中感到愉快，喜欢有变化的和多样化的工作，注意力容易转移。典型的职业，包括开发人员、营销人员、客户服务人员等。

（2）重复型性格：适合连续从事同样的工作，按固定的计划或进度办事，喜欢重复的、有规律的、有标准的工种。典型的职业，如装维人员、行政文员、机床工等。

（3）服从型性格：愿意配合别人或按别人指示办事，而不愿意自己独立做出决策，喜欢让他人对自己的工作承担责任。典型的职业，如办公室职员、秘书、行政人员、翻译等。

（4）独立型性格：喜欢独立决策、负责工作，制订自己的活动计划和指导别人活动。典型的职业，如管理人员、教师、律师、警察、侦察员等。

（5）协作型性格：喜欢引导别人按他们的意愿来办事。典型的职业，如社会工作者、咨询人员等。

（6）孤独型性格：喜欢单独工作，不愿与人交往，如作家、校对、雕刻等。

（7）机智型性格：喜欢面对刺激、紧张、危险的工作情境，面对意外沉着应付、控制自如，出色地完成任务。典型的职业，如驾驶员、飞行员、公安员、消防员、求生员、潜水员等。

（8）自我表现型性格：喜欢表现自己的爱好和个性，根据自己喜好做决策，通过工作表达自己的思想,如演员、诗人、音乐家、画家等。

(9) 严谨型性格:严格按照规章制度、规划和步骤工作,追求完美。典型的职业,如会计、出纳员、统计员、校对员、图书档案管理员、打字员等。

2. 价值观与职业类型

价值观是指个人按照客观事物对其自身及社会的意义或重要性进行评价和选择的原则、信念和标准。价值观是一个人思想意识的核心,对个人的思想和行为具有一定的导向作用或调节作用。

价值观是个人在生活实践中逐渐形成的,一旦形成就相当稳定。个人会时时以自己的价值观来判断事物的意义。同样的事物,由于价值观不同,每个人对事物价值评估会有很大差异。价值观也会影响个人对事物的需要、需要对行为的调节。

价值观的主要形式有兴趣、信念和理想等。价值观对个人的影响主要通过这些形式表现出来。

职业价值观是个人价值观在职业活动中的反映。个人在做出职业选择的时候,首先会考虑从职业活动中得到的回报是什么,这是个人评估职业满意度的重要因素。所以,职业价值观不仅影响人的职业选择,而且影响人对职业的投入程度和满意程度。

(1) 罗克奇的"工具—目标"职业价值观分类

罗克奇根据工具—目标维度把价值观分为工具性价值观和终极价值观。工具性价值观是以个体的行为方式为工具,如礼貌、诚实、有责任感、有自我控制能力等,获取"社会认可"。终极性价值观是个体以一种行为方式谋求许多终极目标,如社会认可、友谊、宗教信仰、家庭安康等。工具性价值观是终极性价值观的手段。

表 7-4　　　　　　　　罗克奇的价值观分类

终极性价值观	舒适自在的生活	令人兴奋的生活	有成就感	和平的世界
	美丽的世界	平等	家庭安全	自由
	幸福	内心的和谐	成人的爱	国家安全
	快感	得救	自我尊重	社会认可
	真正的友谊	智慧		

(续表)

工具性价值观	有抱负的	心胸开阔的	有能力的	欢愉的
	干净的	有勇气的	宽容的	愿助人
	诚实的	富于想象的	独立的	知识的
	有逻辑的	有爱心的	服从的	礼貌的
	负责的	有自制能力的		

（2）舒伯的15种职业价值观分类

表7-5　　　　　　　　　舒伯的价值观分类

价值观类型	价值观内容			
内在职业价值	利他助人	智力激发	变动性	独立性
	审美	成就感	创造性	
外在职业价值	同事关系	上司关系	管理权力	工作环境
外在报酬	经济报酬	生活方式	安全感	声誉地位

利他助人：让你能为了他人的福利做贡献的职业，社会服务方面的兴趣。

智力激发：能让你独立思考、了解事物怎样运行和作用的工作。

变动性：在同一份工作中有机会尝试不同种类的职能。

独立性：能让你以自己的方式去做事，或快或慢随你所愿的工作。

审美：使你能够制作美丽的物品并将美带给世界的职业。

成就感：能让你有一种做好工作的成功感。重视成就的人喜欢能给人现实可见的结果的工作。

创造性：能使你发明新事物、设计新产品或产生新思想的工作。

同事关系：能与你喜欢的人接触并共事。对某些人来说，工作中的社交生活比工作本身要重要得多。

上司关系：在一个公平并且能与之融洽相处的管理者手下工作，和老板相处融洽。

管理权力：能够允许你计划并给别人安排任务的工作。

工作环境：在怡人的环境里工作(不太冷也不太热，不吵闹也不脏乱)，环境或工作的物质条件对某些工作者来说是很重要的，他们对于相应的工作条件比工作本身更加感兴趣。

经济报酬：报酬高、使你能拥有想要的事物的工作。

生活方式：工作能让你按照自己所选择的生活方式生活并成为自己所希望成为的人。

安全感：不太可能失业，即使在经济困难的时候也有工作。

声誉地位：让你在别人的眼里有地位、受尊敬、能引发敬意的工作。

人可以通过对工作价值的重要程度排序，可以发现自己最看重的职业价值，从而明确自己期望的工作给自己的回报是什么，尽可能选择与自己的职业价值观相符的职业。

3. 身心条件与职业选择

有些职业岗位对人的身体条件，如对人的身高、相貌、声音、听力、视力等身体条件有特殊要求，如驾驶员肯定不能色盲，听力也不能有问题。还有一些职业岗位对人的心理素质也有特殊要求，例如，从事高空作业的人不能有"恐高症"等。

用人单位在进行人员招聘的时候，都会说明对从业人员的身心条件要求。高职毕业生进行职业选择的时候，要特别留意这些条件限制。从业者如果不符合职业岗位身心条件要求，既是对自己不负责任，也是对用人单位不负责任，最终害人害己。

五、根据社会的需求择业

就业过程是个人的职业意愿、现实条件与用人单位职业岗位相互匹配的过程。这决定了高职毕业生在设计自己就业意愿的时候，不得不考虑社会需要，否则再优秀的人才，也会出现"英雄无用武之地"的尴尬情境。

1. 没有社会需要，就没有职业选择

社会需要是指一定社会、一定阶层在一定时期的奋斗目标。全体劳动者在各自的职业岗位上努力工作，就是为了实现这一共同的奋斗目标。通过各种职业活动，一方面满足社会需要，另一方面满足个人需要，从而推动社会的发展与进步。

社会需要是客观存在、不以人的意志为转移的。随着社会的发展与进步，一些传统的职业岗位逐渐消失，不断出现新的职业岗位。所以，职业岗位的出

现,不仅代表社会的发展,更是代表社会的需要。没有社会需要,就没有社会分工,没有职业岗位,更不存在职业选择了。

2. 职业选择要符合社会需要

社会需要决定了用人单位职业岗位的变化。高职毕业生如果充分考虑社会需要因素,将社会需要的职业岗位放在优先考虑的位置,适当调整自己的择业意愿,把个人意愿和社会需要相结合,坚持以社会需要为出发点,就能大大提高职业成功率。实际上,人的职业选择自主权是相对的、有条件限制的,不以社会需要为基础的职业选择,只是一种理想化的职业蓝图而已。

目前,高职毕业生除升学、留学、创业之外,社会需要方向众多,可以从中进行自己的职业选择,如不同性质的企事业单位、公务员、参军、政府服务基层项目等。政府服务基层项目包括"选聘大学生村官工作"计划、高校毕业生从事"三支一扶"计划、"农村义务教育阶段学校教师特设岗位"计划和"大学生志愿服务西部"计划等四个基层服务项目。

六、根据自己的家庭基础择业

家庭是社会的细胞,也是高职毕业生最无私可靠的坚强后盾。随着学识的丰富、阅历的增长、职业规划的明晰,高职毕业生的职业心理逐渐成熟,父母期望和家庭经济条件对高职毕业生的职业选择的影响程度在下降。但是,高职毕业生的职业选择不可能完全摆脱家庭后盾的影响,尤其是对某项职业选择犹豫不决征求父母意见的时候,父母的意见将会被放大,甚至起到决定性作用。其实,完全信赖父母意见也有风险,万一将来职业发展不顺利的话,有些高职毕业生会怪罪于父母,自己不承担选择所带来的后果责任。

1. 家庭经济条件与职业选择

家庭经济条件是影响高职毕业生职业选择方向最主要的因素。在职业选择的时候,升学或就业,是高职毕业生常见的就业心理问题之一。

如果选择升学、留学,家庭还得继续支持学费和生活费用,家庭经济条件和家长态度就显得非常关键。大专毕业生的学历文凭处于低位,很多高职毕业生都渴望能够继续深造,但限于家庭经济条件,只能先就业,解决自己的基本温饱问题,不再给家庭增加经济负担。即使大学毕业,高职毕业生能够从职业活动中得到的经济报酬也是非常有限的,对实现自己的职业规划目标有所限制。先谋生存再谋发展,是大多数高职毕业生刚刚进入社会的真实写照。"条条大路通罗马",很多高职毕业生是边工作、边学习,通过远程教育、自学考试等方式提高学历文凭,当慢慢实现了财务自由之后,逐渐向自己的职业规划目标靠近。更何况,现代社会是一个终身学习的社会,就算是本科毕业也要不断进修,才能适应变化越来越快速的社会需要。相对于立刻升学、留学,在职学习对知识的理解更加深刻,用理论知识应用于工作实践,解决实际工作问题的效率更加明显。所以,不必太纠结于升学或就业,条条大路通罗马,很多成功人士就是从低学历层次做起,通过不断学习,努力拼搏奋斗,最终走向职业巅峰。

小伟是系里学生会主席,品学兼优,性格外向,为人热情,组织协调能力非常强。临毕业的时候,女朋友邀请他一起去留学。小伟与女朋友感情非常好,自己也非常想去留学。但是,小伟来自偏远山区,家庭经济条件原本一般,但如果去国外留学的话,将给父母增加巨大的经济负担,这令他非常矛盾。他向学校职业辅导教师进行职业规划咨询,老师与小伟一起,详细分析他的专业特点、兴趣、性格、价值观、家庭条件等因素,并给出了职业选择建议。经过认真思考,小伟决定先就业,并找到了自己喜欢的工作。女朋友也表示理解,因为如果是真爱,他们的感情一定经得起时间的考验。

2. 职业选择

薛恩的职业锚理论表明,人们只有在进行长期的职业实践之后,才能对自己的"需要与动机""才能""价值观"等各方面形成真正的认识,即寻找到职业方面的"自我"与适合自我的职业,这就是构成人们终身认定的、在再一次职业选择(包括真实的和假定的选择)之中最不肯舍弃的东西,即"职业生涯系点",也叫"职业锚"。个人在没有真正的职业实践之前,不存在"职业锚"。

刚刚毕业的高职毕业生对自我认识、对外界认识有许多盲点和不准确之处,只有在职业实践活动之中才能不断修正自己的就业动机和职业选择。所以,职业选择不是一次定终身,在不同的人生阶段,随着学历的提升、经验的积累,人们也许还会进行多次职业选择,职业领域方向也会有多次变动,在营销、技术、管理等领域互相变动。高职毕业生可以从多样化的职业选择中,做出尽可能符合自己当下实际情况的职业选择。

相关链接

1. 中文职业搜索引擎 http://www.jobsoso.com/
2. 新职业 http://www.ncss.org.cn/
3. 中华人民共和国人力资源和社会保障部 http://www.mohrss.gov.cn/
4. 中国就业 http://www.chinajob.gov.cn/
5. 全国征兵网 http://www.gfbzb.gov.cn/

深度阅读

1. 国民经济行业分类（GBT4754—2011）
2. 中华人民共和国职业分类大典（2015年版）
3. 参军政策

（1）教育部《关于进一步做好高校学生参军入伍工作的通知》（教学厅〔2015〕3号）

（2）教育部、总参谋部联合下发的教学〔2013〕8号文件

（3）总参、教育部、民政部、人社部联合下发的参动〔2013〕69号文件

4. 大学生服务基层项目政策

（1）关于做好2003年普通高等学校毕业生就业工作的通知（国办发〔2003〕49号）

（2）关于组织开展高校毕业生到农村基层从事支教、支农、支医和扶贫工作的通知（国人部发〔2006〕16号）

（3）关于印发《关于选聘高校毕业生到村任职工作的意见（试行）》的通知（组通字〔2008〕18号）

本章训练题目

训练题1：你愿意居住在哪个兴趣岛上？

测试目的：将霍兰德代码（Holland Codes，即RIASEC）的6种人格类型比喻成岛屿，通过选择岛屿，洞察自己真正的人格类型，匹配自己喜欢的职业内容，帮助自己更好地把握职业定位和方向。

我们先来参观一下6个神奇的职业兴趣岛：

R岛："自然原始岛"。这是个自然生态优良的绿色之岛。岛上不仅保留有热带雨林等原始生态系统，而且建立了相当规模的植物园、动物园、水族馆。岛民以手工制造见长，他们自己种植花果、栽培蔬菜、修缮房屋、打造器物、制作工具。

I岛："深思冥想岛"。这个岛平畴绿野，人少僻静，适合夜观星象。岛上有很多天文馆、科技博物馆、科学图书馆。岛民们最喜欢猫在自己的小房子里，天天钻研学问，沉思冥想，探究真知。哲学家、科学家和心理学家们在这里约会，讨论学术，交流思想。

A岛："美丽浪漫岛"。这个岛上到处是美术馆、音乐厅，弥漫着浓厚的艺术文化气息。岛民们保留着传统的舞蹈、音乐与绘画。许多文艺界人士都喜欢来到这里开沙龙派对寻求灵感。

S岛："温暖友善岛"。岛民们都性情温和，乐于助人，人际关系十分友善。大家互助合作，重视教育后代。每个社区都能自成一个密切互动的服务网络，处处充满着人文关怀气息。

E岛："显赫富庶岛"。该岛经济发达，处处都是高级饭店、俱乐部、高尔夫球场。岛民性格热情豪爽，善于企业经营和贸易活动。岛上往来者多是企业家、经理人、政治家、律师等。这些商界名流与上等阶层人士在岛上享受着高品质生活。

C岛："现代井然岛"。处处耸立着的现代建筑，标志着这是一个进步的、都市形态的岛屿，岛上的户政管理、地政管理及金融管理都十分完善。岛民们个性冷静保守，处事有条不紊，善于组织规划。

你总共有15秒钟时间回答以下问题：

1. 如果你必须在这6个岛中选一个来生活一辈子，成为岛民，你第一选择会是哪一个岛？

2. 你第二选择会是哪一个岛？

3. 你第三选择是哪一个岛？

4. 你打死都不愿意选择哪一个岛？

选好之后，依次记下4个问题的答案。

测试分析：

这6个岛屿分别代表6种职业类型，其中，R岛为实用型(Realistic)，I岛为研究型(Investigative)，A岛为艺术型(Artistic)，S岛为社会型(Social)，E岛为企业型(Enterprising)，C岛为常规型(Conventional)。

问题 1 的答案反映了你最显著的职业兴趣特征、最喜欢的活动类型、很可能适合你的大致职业范围。

将问题 1、问题 2、问题 3 的答案依次排列,可形成一个不同岛屿的字母代码组合,这就是你的霍兰德代码,通过霍兰德职业兴趣类型与相应职业的对照表,就可以找到符合自己职业兴趣的职业群。如小东的霍兰德代码为 RIA,则 RIA 所列的职业,是符合小东的职业兴趣的。由 R、I、A 这三个字母组成的其他代码,如 RAI、IRA、IAR、ARI、AIR 所列的职业,也是比较符合小东职业兴趣的。

问题 4 的答案则代表你最不感兴趣的职业类型。

训练题 2:发现你的性格密码

对照下面描述,写出每一个维度自己偏好的字母

1. 精神关注方向:外向(E)——内向(I)

外向型的人	内向型的人
与他人在一起时感到振奋	独自一人时感到舒适
希望成为注意的焦点	避免成为注意的焦点
先行动再思考	先思考再行动
喜欢边想边说出来	在脑中思考
易被人了解,愿与他人共享个人信息	注重隐私,只与少数人共享个人信息
说的比听的多	听的比说的多
热情地交流	不把热情表现出来
反应迅速、喜欢节奏	思考之后再反应,喜欢慢节奏
较之精深更喜欢广博	较之广博更喜欢精深

你的偏好:＿＿＿＿＿＿＿

2. 收集信息方式:感觉(S)——直觉(N)

感觉型的人	直觉型的人
相信确定而有形的事物	相信灵感和推理
喜欢具有实际意义的新主意	喜欢自己想出的新主意、新概念
崇尚现实主义和常识	崇尚想象力和新事物
喜欢运用和琢磨已有的技能	喜欢学习新技能,但掌握后容易厌倦
留心特殊和具体的,喜欢给出细节	留心普遍和象征性的,喜欢隐喻、类比
循序渐进地给出信息	跳跃式地绕着给出信息
着眼于现在	着眼于未来

你的偏好：＿＿＿＿＿＿

3. 决策的方式：思维（T）——情感（F）

思维型的人	情感型的人
后退一步,客观分析问题 崇尚逻辑、公平和公正,有统一标准 自然地发现缺点、挑剔 可能被视为无情、麻木、漠不关心 认为诚实比机敏更重要 认为只有合乎逻辑的感情才是正确的 受实现成就欲望的驱使	向前看,在乎行动给他人带来的影响 注重感情与和睦,看到规则的例外性 自然地想让别人快乐 可能被视为过于感情化、脆弱 认为诚实与机敏同样重要 所有感情都重要,无论有意义与否 受被别人欣赏、理解的驱使

你的偏好：＿＿＿＿＿＿

4. 行事方式：判断（J）——知觉（P）

判断型的人	知觉型的人
做完决定后感到快乐 具有"工作原则",先工作再玩 确立目标并按时完成任务 想知道自己的处境 注重结果 通过完成任务获得满足 视时间为有限资源,认真对待期限	因保留选择余地而快乐 具有"玩的原则",先玩再工作 当有新情况时改变目标 喜欢适应新环境 注重过程 通过着手新事务获得满足 视时间为无限资源,认为期限可变

你的偏好：＿＿＿＿＿＿

综合以上分析,你的性格类型是：＿＿＿＿＿＿（按顺序排列）。

训练题3：澄清你的个人价值观

选择一个安静的地方,安排一段不被打扰的时间。在一张纸上精心写下你生命中最重要、最在意的5样东西,可以是人,也可以是具体的物,甚至可以是抽象的感觉（如尊严、成就感等）,然后开始按照下面的步骤去操作：

步骤1,删去五样中你认为最不重要的一样,写出理由；

步骤2,删去剩余四样中你认为最不重要的一样,写出理由；

步骤3,删去剩余三样中你认为最不重要的一样,写出理由;

步骤4,删去剩余两样中你认为最不重要的一样,写出理由。

上述过程必须依次进行,而且必须认真思考,诚实对待,全心全意投入训练。

最后剩下的一样是什么？它对你的生活有着什么样的影响？

第八章 高职大学生基本的工作能力

案例

小王是酒店管理专业的学生,除了爱好本专业知识、平时拓展阅读大量管理类书籍外,特别注重对自己综合素质的培养,主动当班干部,积极参加各类社会实践活动。求职时巧遇一家跨国公司招聘人力资源主管,她抱着试一试的心态参加面试,现场良好的表现给主考官留下深刻印象,最后被公司破格录取了。

导语

高职教育人才培养是以社会需求为目标,以技术运用能力的培养为主线的职业性教育,高职学生的职业能力由基本能力、专业能力、关键能力和创新能力组成。职业能力水平是高职院校学生就业竞争的筹码,职业能力的市场定位是高职院校人才培养的着力点。在经济社会发展对职业人才培养不断提出新的要求的形势下,培养学生的基本工作能力将成为高职教育的首要任务,如培养学生的动手操作能力、市场竞争能力、适应社会能力、交际沟通能力、团队协作能力、开拓创新能力等。

关键词

高职学生;职业能力;基本能力

一、基本知识

高职教育必须紧随经济全球化的浪潮和中国经济及社会发展的形势,培养适合地方经济社会建设和发展的人才。面对这些要求,高职院校在办学过程中,要明确教育目标,设计合理的人才知识、能力和素质结构,拟定科学的人才培养计划。高职大多是三年制专科,也有本科教育,但就一、二年级而言,都是培养学生基础知识、基本技能和基本素质的黄金时期。这将为学生的基本工作能力培养打下坚实的基础。

1. 基础知识

基础知识是知识结构的根基及知识更新的原动力。随着科技和经济的高速发展,社会的产业、行业、职业结构调整的速度都在不断加快,高职学生面对择业就业竞争市场,必须有扎实的基础知识、专业知识、综合知识和职业技能等,才能在这变动之间游刃有余。

从目前我国高职教育课程设置情况来看,高职教育阶段的基础知识应包括公共基础知识、专业基础知识和适应现代社会需要及就业市场的一般基础知识。当然,对于中小学学过的基础知识,有的还需要经常去复习、使用、提高,如外语知识;有的需加深印象,通过网络时常搜索浏览,如语文知识中的文学知识,唐诗宋词,李白、杜甫、白居易,四大名著及鲁迅、巴金、莫言等名人名著,外国如雨果、歌德、托尔斯泰、高尔基等名人名著,还有中外历史知识、地理知识等。

高职教育中的公共基础知识包括思想政治理论知识、大学英语知识、大学体育知识、心理学及大学生心理健康知识、大学语文及大学生应用写作知识、计算机应用基础知识、大学生职业规划及就业与创业知识等,部分工科类学生还应具备一定的统计学基本知识,以提高这些学生的职业素质。

有关人士还建议,高职学生应接受急救知识与技巧的基础知识教育,由于现实生活中需要急救的人呈上升趋势,这需要人人懂得急救的基本知识。为使需要急救的人员不失去被及时救治的机会,重视急救知识的普及,让更多的民众掌握急救知识,很有必要把急救知识作为高职院校学生的一门基础知识课来普及。这样对提高全社会民众急救为先的意识、传承中华民族救死扶伤的传统美德意义重大。例如,进行相应的急救知识与技巧的讲座,开展急救技巧演练等。

专业基础知识包括在专业知识之中,指的是该专业所开设的专业基础课中涵盖的知识。如《管理学原理》涵盖的知识就是管理类学科下所有各专业的基础课,再如《艺术概论》就是所有艺术类专业学生的共同必修基础理论课程等。有关调查显示,专业基础知识是用人单位在招聘大学毕业生时考虑的最重要因素,也就是说,毕业生首先要具有基本的职业素质和基本的专业基础知识。

2. 专业知识

何谓专业知识?通常人们说的专业知识是指一定范围内相对稳定的系统化的知识,也可以说专业知识就是一种科学的做事方法,它是被人类的先哲们系统化地总结起来,分门别类于各个领域和行业的知识群。例如,对于从事专业写作的人来说,需要熟悉和掌握本专业的知识体系,像写作技巧、谋篇布局、心理把握等;人力资源管理专业,其专业知识包括招聘技巧、培训技巧、薪酬管理、人事测评、劳动关系处理等。专业知识是一种潜在的力量,是一个人知识结构的核心部分,也是科技人才知识结构的特色所在。没有专业特色,也就不成其为专业人才。高职学生对自己所要从事专业的知识和技术的掌握不仅是求职和顺利就业的资本,也是能否成为社会有用之才的自我衡量标准之一。

俗话说,知识就是力量。知识经济时代,科学技术是第一生产力,专业知识尤为重要。党的教育方针要求高校坚持教育为社会主义现代化建设服务,为人民服务,与生产劳动和社会实践相结合,培养新一代的建设者和接班人。学校在培养人才的过程中,一切都应围绕学生的成长成才和发展来设计课程和知识体系。目前高校间的竞争也是人才培养的竞争,它具体体现在高校培养的人才的社会竞争力方面。对于学校来说,最重要的是学生,而对于一个学生来说,增强自身的社会竞争力很重要的是专业课程知识,现在社会上招人,每个工作岗位都是有具体要求的,所以,专业知识是必备的敲门砖。即使某些企业看重那些有丰富工作经验的人,但他们绝对都是以牢固的专业知识为基础的。

高职学生如何学好和牢固掌握、运用专业知识,这是一个值得认真思考的问题。业精于勤而荒于嬉,行成于思而毁于随。在知识变成技能的过程中,需要不断地重复,重复的次数多了,就会熟能生巧,以至于当重复到一定的程度后,你就能有优秀的表现。值得注意的是,专业知识对于人的成功具有不可估量的作用,但是,对于专业知识是如何让人成功的,要破除那种认为拥有了专业知识、通过实践、抓住了机遇,就一定能获得成功的观念。因为世界上绝大多数人都拥有专业知识,然而,这些人不一定都是事业的成功者,如果一个人即使掌握了一定的专业知识,但没有以足够的价值去为社会或他人提供足够的服务,你的专业知识就没有很好地得以发挥。因此,高职学生一定要努力地去学习、实践,汲取和运用专业知识。

案 例

某校经济管理学院收到浙江一鸣食品股份有限公司发来的喜报及感谢信，对学院市场营销和国际贸易专业的三名毕业生在其公司工作期间的出色表现提出表扬，并且感谢学院严谨治学，培养了品学兼优的优秀人才，希望日后与学院继续合作，为其输送更多的优秀毕业生。喜报称，由于三名同学工作表现突出，已被提拔到较高一级岗位。在就业艰难、竞争激烈的形势下，这封喜报既是对该学院就业工作的充分肯定和高度评价，更是对其培养学生综合素质、不短视、贴近市场需求培养人才的指导思想的肯定。

二、基 本 技 能

1. 专业技能

前面说了要掌握专业知识，而对于高职学生来说，最重要的是专业知识中专业技能的掌握和运用。有关调查显示，高职院校毕业生在就业过程中，其操作能力是招人方最看重的职业能力之一，也是保证高职学生高就业率的主要因素。高职教育以培养应用型人才为主，基础理论知识和专业理论知识教育固然重要，但教育培养的重点和落脚点在于使学生能操作、会实践，以动手能力见长。这就要求学生在校期间一定要注重对专业技能的学习和实践。

从广义上来说，专业技能还包括一些扩展技能、支撑技能，以及与专业技能上下游相关的一些技能。比如文秘人员，除了公文撰写、处理及档案保管等技能外，还可学习、掌握摄影、宣传、图像处理等技能；摄影技能人员，还可学习、掌握图片后期编辑、图形处理等技能；财会专业的学生，除了账务报表制作、分析之外，还可熟悉金蝶、用友等专门软件的使用。掌握了相关技能，才具备综合实力，使自己的就业、创业之路更稳妥、更顺畅。

2. 特色技能

所谓特色技能，也即每个人除了本专业之外的其他技术特长和能力特长。基础知识和基本技能决定学生能否顺利毕业，而其他如个人的口头表达能力、文笔写作能力、人际交往能力、应急反应能力、公关能力、组织协调能力、社会适应能力、持续学习能力等，还有比如艺术类学生的计算机应用能力、市场营销和策划能力等，非艺术类学生的才艺能力，非体育类学生的某项体育特长和能力等,这些都有可能成为就业市场上的竞争优势因素。这些特色技能除了从小到大接受教育的影响之外,多半还是通过个人的主观因素如心态积极、善于学习、勤于思考、勇于探索,再加上环境、条件等各种客观因素的影响在自我学习和实践中历练而成的。

关于职业道德、职业意识、职业心态、职业行为习惯等,其实也属于大学生就业创业的特色优势。如职业道德中的爱岗敬业、诚实守信、办事公道、服务群众、奉献社会等,职业意识中的角色意识、目的意识、问题意识、行动意识、变革意识、计划意识、客户意识、成本意识、利润意识、营销意识、战略意识、效率意识、质量意识、责任意识、团队意识、创新意识、服务意识、细节意识、危机意识等,职业心态中的积极主动心态、双赢心态、包容心态、自信心态、给予心态、行动心态、学习心态、老板心态、羞耻心态、奉献心态、服从心态、竞争心态、专注心态、感恩心态等,职业行为习惯中的职业人对工作、对企业、对老板、对同事、对客户、对自己等方面的行为规范,都很有可能成为你竞争成败或者事业成败的重要因素。

3. 通用技能

所谓通用技能,就是指随着社会的发展和要求,职业人普遍应该掌握的技能。就当代社会来讲,人类已进入网络化、智能化时代,像计算机应用技能、网络使用技能、应用文写作技能等,早已被人们默认为通用技能,许多类似课程已被列为大学通识课。通用技能包括计算机应用基础中的办公软件操作、文字录入、文档处理、表格制作、演示文稿制作、插入图片并美化等基本技能,网络课程中涉及的收发邮件、搜索知识、网上购物等基本知识,应用文写作基本知识,等等。应用文写作有的学校已作为一门公共必修课开设。

曾有一个职员因PPT做得太丑被公司开除的故事在网上流传,不管该故事真假与否,但目前就业市场竞争激烈,许多人求职路上屡遭失败的残酷事例告诫大学生,缺乏上述通用技能很可能影响到就业和职业前景。拿收发邮件这种最基本的通用技能来说,大学毕业生起码应掌握搜索知识应用中的网站搜索技能。尤其是在信息满天飞、让人眼花缭乱的情况下,如何能够快速搜索出自己想要的,这需要有熟练的技能和本领;再拿网上购物来说,它不仅是个人生活的需要,有时也是工作需要,比如你在办公室担任文员,公司大型活动如年底聚餐之类,就需要大量购物,这需要有丰富的网上购物经验,快速购买到活动所需各类物品,这里需要的不仅是熟练的网络技能,还要有聪慧的购物才智。再如大学毕业生求职时介绍、推销自己时,需要掌握写求职信的技巧,进行完美的文字包装和策划。再就是就业之后,诸如有的岗位需要不停地制订计划、撰写方案、总结、请示报告、编写通讯等,可见应用文写作技能不可忽视。

4. 社交礼仪

(1) 什么是社交礼仪?

社交礼仪作为一种文化,是人们在社会生活中处理人际关系,用来对他人表达友谊和好感的符号。社交礼仪是在社会交往中使用频率较高的日常礼节。一个人生活在社会上,要想让别人尊重自己,首先要学会尊重别人。掌握规范的社交礼仪,能为交往创造出和谐融洽的气氛,建立、保持、改善人际关系。事实告诉人们,讲礼仪可以使一个人变得有道德,讲礼仪可以塑造一个理想的个人形象,讲礼仪可以使你的事业成功,讲礼仪可以使得社会更加安定。礼仪是个人乃至一个民族素质的重要组成部分。

(2) 社交礼仪的重要性

人们在创造优美物质环境的同时还应创造和谐的人际环境。生活的意义在于不断创造和进取。同时,还应在复杂的人际关系中表现、欣赏和发展自己,从中享受无尽的乐趣。一个人能否对现实社会或周围环境有良好的、积极的适应是衡量他心理健康状况的重要标准。通过社交礼仪课程的学习,可以让大学生认识到应该积极适应社会,自觉参与社会活动,改造、变革社会环境,促使社会发展进步,同时改造、发展和实现自我。

a. 从交际的角度来看,礼仪可以说是人际交往中适用的一种艺术、一种交际方式或交际方法,是人际交往中约定俗成的示人以尊重、友好的习惯做法。

b. 从传播学的角度来看,礼仪可以说是在人际交往中进行相互沟通的技巧。如果分类,可以大致分为政务礼仪、商务礼仪、服务礼仪、社交礼仪、涉外礼仪等几大分支。因为礼仪是门综合性的学科,所谓的几大分支,又是相对而言的。各分支礼仪内容都是相互交融的。

(3) 社交礼仪的主要功能

a. 从个人的角度来看,有助于提高人们的自身修养;有助于美化自身、美化生活;有助于促进人们的社会交往,改善人们的人际关系;还有助于净化社会风气。

b. 从单位的角度来说,可以塑造单位形象,提高顾客或被服务者的满意度和美誉度,并最终达到提升单位的经济效益和社会效益的目的。

c. 从团体的角度来看,礼仪是企业文化、企业精神的重要内容,是企业形象的主要附着点。大凡国际化的企业,对于礼仪都有高标准的要求,都把礼仪作为企业文化的重要内容,同时也是获得国际认证的重要软件。

所以,学习礼仪,懂得社交,不仅是时代潮流,更是大学生们,尤其是高职学生提升竞争力的现实所需。

我国是文明古国,富有优良的文明礼貌传统,素有"礼仪之邦"的美称,几千年光辉灿烂的文化,培养了中华民族高尚的道德,也形成了一整套完善的礼仪。在社会生活中,人们常常把礼仪看作是一个民族精神面貌和凝聚力的体现,把文明礼貌程度作为衡量一个国家和民族是否发达的标志之一。对个人而言,则是衡量道德水准和有无教养的尺度。

总之,社交礼仪是人与人交往的桥梁和纽带,在人类社会发展过程中,人们逐步懂得了社交礼仪在人们生活、学习和工作中的重要性,社交礼仪知识是大学生的必备知识。孔子说:"质胜文则野,文胜质在史,文质彬彬,然后君子。"文指的就是礼仪。没有礼仪的直接表达,很粗率,不好;太多礼仪,就淹没了本性,显得假;内涵与礼仪的恰当结合,才是一个君子应有的行为。可见礼仪的重要性。

(4) 高职毕业生应具备的社交礼仪

中国古人有句话:入乡随俗。其实就是要讲礼仪,不能犯了别人的忌讳。有些话、有些事,有礼貌地表达与粗率地表达,效果是不一样的。另外就是现在国际交流频繁,在我们不懂对方语言的情况下,懂一些国际通用的礼仪,是能消除双方的误会、拉进双方的距离的。

专业性的比较复杂的社交礼仪不是所有人都能够完全掌握的,但作为高职毕业生,在求职和就业、创业过程中懂得一些简单的社交礼仪则必不可少。比如:

a. 时间礼仪。求职时提前一点时间到达面试地点是非常必要的。无论在什么情况下,都不要让考官等你。

b. 服饰礼仪。在求职面试活动中,恰当的服饰会给人留下良好的第一印象。在服饰打扮上,必须根据时间、地点和目的来进行选择。要知道,在对方眼里,你的服饰不仅代表你的个人形象,也代表用人单位的形象。

c. 面试礼仪。①入座礼仪。进入主考官的办公室,一定要先敲门再进入,等到主考官示意坐下再就座。②自我介绍的分寸和礼仪。当主考官要求你做自我介绍时,不用像背书似的把简历上的一套再说一遍,那样只会令主考官觉得乏味。用舒缓的语气将简历中的重点内容稍加说明即可,用简洁有力的话回答主考官的提问,效果会很好。③回答问题的礼节。面谈时,在一般情况下,应该有问必答。当主考官提出的问题令你感到受冒犯或者与工作无关时,你应有礼貌地回问"为什么问这样的问题",或者委婉地回答"对不起,我不知道这个问题与我应聘的职位有什么关系,我能不能暂时先不回答这个问题呢?",而且口气和态度一定要婉转、温和。④表情礼仪。俗话说"眼睛是心灵的窗户"。在"一对一"的情况下,作为应试者,你的目光要注意:一是注视对方,目光要自然、和蔼、亲切、真诚,不要死盯对方的眼睛,搞得对方极不自在;二是注视对方时要注意眨眼的时间和次数,不宜过长也不宜过多。在"一对多"的情况下,求职者的目光不能只注视中间一位主试者,而要兼顾到在场的所有主试者,让每个人都感到你在注视他。要知道,单是具备专业本领这些基本实力是不够的,还须在交际场合应付自如,懂得适当的礼仪,只有这样,你才能在众多的竞争者中脱颖而出。

案 例

某大学经济管理学院毕业生黎明非常喜欢乒乓球运动,是大学校队的主力队员,曾多次代表学校参加比赛,获得多项殊荣。令黎明没想到的是,体育方面的爱好和优势竟成为其求职优势,乒乓球成为他求职成功的关键。在一次招聘会上,黎明看到某高校后勤集团"经理助理"一职,便投递了一份简历。公司经过面试,很快与他签订了就业意向。原来该高校各系部间每年都要举行一次乒乓球比赛,成绩作为各部门年终考核的一部分,而后勤集团多年来总是无缘进入决赛,于是公司领导让人事处在当年的招聘活动中优先考虑有打乒乓球特长者。因此,在诸多求职者中黎明脱颖而出,受到公司的青睐。

三、基 本 能 力

所谓"职业能力",是指以从事某种职业所必须具备的并在该职业活动中体现出来的多种能力的综合,职业能力也常被称为跨岗位、跨职业的能力,即能够在变化了的环境中重新获得职业知识和技能的能力。

职业能力的内容包括基本职业能力和综合职业能力两个层次。

基本职业能力是一个现代职业人所必须具备的基本素质和从业能力,包括专业能力、策略能力和社会能力。专业能力是一个人的基本存活能力,策略能力是基本进展能力,而社会能力则是一个人所必须具备的行为能力。

综合职业能力包括职业专门技术能力和职业关键能力。职业专门技术能力指完成主要职业工作任务所应具备的专门技术能力。职业关键能力是指一种超越具体职业、可广泛迁移、对人的终身进展起着关键性作用的跨职业的能力,也是高职院校学生适应经济社会进展、技术进步、岗位变换以及创业进展等必须具备的能力。

基本工作能力,就是指高职学生在就业以后从事单位提供的岗位工作中必须具备的基本能力,它具有适应不同企业岗位的通用性和一般性,是高职学生基本素质和工作能力的具体体现。基本工作能力包括以下能力:

1. 吃苦能力和快速适应环境的能力。在就业形势越来越严峻、竞争越来越激烈的当今社会,怕吃苦、又不能快速适应环境已经成了个人素质中的一块短板,也是大学毕业生无法顺利工作的一种表现。相反,一个毕业生既能吃苦,又能比较快地适应环境,这肯定会被看作是一种能力的象征。具备这种能力的人,手中也握有了一个可以纵横职场的筹码,不适应者将被淘汰出局。所以,善于适应是一种能力。负责企业招聘的人员在调查中指出:工作的第一步是端正工作态度,做一个能吃苦耐劳的人,做一个具有就业精神的人。

2. 良好的语言运用能力和沟通能力。社会是由人际关系组成的复杂网络,交际沟通是人们必须具备的一种能力。实践证明,一个具有良好沟通能力的人,可以将自己所拥有的专业知识及专业能力进行充分的发挥,在错综复杂的社会交往中使其人生价值得到较充分的体现,有时甚至可以起到事半功倍的效果。

3. 人际交往能力。人际交往能力也称交际能力,它是一个人人际能力和社交能力的综合体现。就交际能力来说,这是一个复杂的概念,涉及语言、修辞、社会、文化、心理等多种因素,包括一个人运用语言手段(口头语或书面语)和副语言手段(身势语)来达到某一特定交际目的的能力。人际能力不仅包括一个人对一种语言的语言形式的理解和掌握,而且还包括在任何时间、地点、以什么方式恰当使用交际能力、语言形式进行交际的知识体系的理解和掌握;社交能力就是与他人相处和沟通的能力。也即以社会认可的方式妥善处理人与人之间的关系,并与他人和谐相处,共同发展。大学生走上工作岗位后,人际交往能力的发挥是适应环境的关键,不善于与人交往,就难以与人沟通,就难免将自己封闭起来,以致带来诸多烦恼与痛苦。作为大学生只有具备人际交往能力,善于处理各种人际关系,才能在工作中充分施展自己的才能。在人际交往中,要以我们民族善良、诚实的传统美德来善待他人,"将心换心","以诚相待",学会尊重他人;要换位思考,多为他人设身处地着想,这样才能得到他人尊重;要学会能干大事,又能干小事的本领;学会处理具体问题时既坚持原则,又不失灵活。无数事实告诉人们,沟通能力强的人,走到哪儿都不会孤影随行;善于交流的人,走到哪儿都不会孤身一人,沟通协作有助于你更快融入团队。想让同事亲近你,首先要主动友善地亲近身边的同事,态度积极地询问和请教问题,总会得到对方同样友善的回应,使双方更快更友好地熟悉起来,不仅有利于自身的成长,也有利于工作沟通和协作。

4. 创新能力。创新能力是技术和各种实践活动领域中不断提供具有经济价值、社会价值、生态价值的新思想、新理论、新方法和新发明的能力。创新能力是民族进步的灵魂、经济竞争的核心;当今社会的竞争,与其说是人才的竞争,不如说是人创造力的竞争。所以,创新能力是职业能力高低的重要标志。创新是指:以现有的思维模式提出有别于常规或常人思路的见解为导向,利用现有的知识和物质,在特定的环境中,本着理想化需要或为满足社会需求,而改进或创造新的事物(包括产品、方法、元素、路径、环境),并能获得一定有益效果的行为。高职学生的创新能力,突出体现在结合专业特点,根据社会需求进行产品或项目开发、技术改造,创造出满足或超越社会需求或期望的产品,以实现自己的人生价值。

5. 团队协作能力。所谓团队协作能力,是指建立在团队的基础之上,发挥团队精神、互补互助以达到团队最大工作效率的能力。对于团队的成员来说,不仅要有个人能力,更需要有在不同的位置上各尽所能、与其他成员协调合作的能力。社会是一个团体,人不能离开社会团体而单独存在。团结合作、协同攻关是团队作战能力的重要表现形式。要有整体意识、全局观念,要考虑到整个团队的需要,并不遗余力地为整个团队的目标而共同努力,真正达到"1+1>2"的积极效果。这里需要说明,我们通常说团队精神,那么什么才是一个团队?

它往往与另外一种所谓的工作团体一起,容易为人混淆,其实这两种集体有着本质的区别。即使两者都能享受集体资源分享的好处,但是工作团体却不会像团队成员一样,完成超出他们义务的工作。这就是团队,一个团队必须有精诚协作的精神,团队协作非常重要。

6. 组织管理能力。组织管理能力是指管理者按照既定目标任务和决策要求,进行统筹安排,组建一套科学合理的组织机构和团队,把各种资源有效地组合起来,协调一致地保证领导决策顺利实施的能力。也即是把工作岗位的人力、物力、财力、时间、信息等要素科学地组织起来,并有效地完成所担负的任务,包括计划能力、组织实践能力、决断能力、指导能力和平衡能力。这种能力是大学毕业生们作为高层次的人才应具备的,是适应新的生活方式必备的能力。尽管不是每个毕业生走上社会后,一定都从事组织管理工作,但是每个人将会在工作中不同程度地需要运用组织管理能力。随着时代的发展,纯"书生型"的人才已不能适应社会的需要了。

7. 职业生涯协调管理能力。职业生涯管理能力表现为内省能力、自我管理能力、职业选择与抉择能力、获取与分析信息、整合与利用资源、了解与分析职业环境、处理个人生命周期与职业发展周期冲突的能力、规划职业与转换职业的能力等,这些都是对自己职业生涯发展负责的表现。

案例

在一次招聘会上,为了考核应聘者的素质,一家外企在招聘员工时,要求应聘者冒雨到附近指定地点然后返回,但只有一半的应聘者发到伞。应聘者在这场面试中表现多种多样。一些发到伞的应聘者主动与无伞的应聘者搭档,风雨同伞;另一些无伞的应聘者则与有伞的应聘者协商,合用一把伞;还有一些有伞的应聘者只顾自己,不顾别人,独自撑一把伞。结果,独自撑一把伞的应聘者被淘汰,而风雨同伞者则被录用。

四、基本经验

1. 职业素质。职业素质是人的道德、态度、意志等层面的内在素质,还包括在职场上的工作思维、方式、职场规则、常识等,就是怎样做人、做事的能力。

高职学生在初中阶段,他们的语、数、外等成绩不是很突出,这很容易造成他们缺乏自信心,对未来生活的希望渺茫。高职学生在课程教学及校园活动中,必须强化自己的职业素质,增强自己的体质,形成良好的道德观,端正自己的态度,磨炼并增强自己的意志。

2. 善于表现自己。在职场中,默默无闻是一种缺乏竞争力的表现,而那些善于表现自己的员工,却能够获得更多的自我展示机会。那些善于表现自己的员工是最具竞争力的员工,他们往往能够迅速脱颖而出。善于表现的人才有竞争力,把握一切能够表现自己的机会,善于表现而非刻意表现。

3. 化工作压力为动力。压力,是工作中的一种常态,对待压力,不可回避,要以积极的态度去疏导、去化解,并将压力转化为自己前进的动力。人们最出色的工作往往是在高压的情况下做出的,思想上的压力,甚至肉体上的痛苦都可能成为取得巨大成就的兴奋剂。积极起来,别让压力毁了你。

4. 低调做人,高调做事。工作中,学会低调做人,你将一次比一次稳健;善于高调做事,你将一次比一次优秀。在"低调做人"中修炼自己,在"高调做事"中展示自己,这种恰到好处的低调与高调,可以说是一种进可攻、退可守,看似平淡,实则高深的处世谋略。低调做人,赢得好人缘。做事要适当高调,将军必起于士卒。

5. 设立工作目标,按计划执行。在工作中,首先应该明确地了解自己想要什么,然后再去努力追求。一个人如果没有明确的目标,就像船没有罗盘一样。每一份富有成效的工作,都需要明确的目标去指引。缺乏明确目标的人,其工作必将庸庸碌碌。坚定而明确的目标是专注工作的一个重要原则。目标是一道分水岭。工作前先把目标设定好,确立有效的工作目标,目标多了等于没目标。

6. 做一个时间管理高手。时间对每一个职场人士都是公平的,每个人都拥有相同的时间,但是在同样的时间内,有人表现平平,有人则取得了卓著的工作业绩,造成这种反差的根源在于每个人对时间的管理与使用效率上是存在着巨大差别的。因此,要想在职场中具备不凡的竞争能力,应该先将自己培养成一个时间管理高手。谁善于管理时间,谁就能赢。学会统筹安排,把你的手表调快10分钟。

7. 敬业精神就是在工作中要将自己作为公司的一部分,不管做什么工作,一定要做到最好,发挥出实力,对于一些细小的错误一定要及时地更正,敬业不仅仅是吃苦耐劳,更重要的是"用心"去做好公司分配的每一份工作。态度是职业素养的核心,好的态度,比如负责的、积极的、自信的、建设性的、欣赏的、乐于助人的态度是决定成败的关键因素。合作也是职业素质中关键的一个因素,现在用人单位很看重一个人的合作精神,因为企业是一个团队,不是一个人就能够做好的,一个人能力再强,没有合作精神也很难在企业中立足。

案 例

今年毕业的张超辉在大学期间做过各种各样的工作,用他自己的话说就是,"大学生做的兼职,我几乎没有啥没做过的"。专科三年,本科两年,在五年时间里,张超辉摆过地摊、卖过电脑,但就读于播音主持专业的他做得更多的兼职工作是与自己特长和专业相关的商演、婚庆主持、培训老师等等。

直到现在,张超辉仍对自己最开始做兼职的时候记忆犹新。"第一份兼职是师兄介绍的,当时,他因为有别的事情,让我代替他做婚礼的主持。"五年前,张超辉上大一,第一份兼职让这位初出茅庐的"主持人"紧张万分,"现在还记得当时的心情,虽然早就在下面把台词背得特别熟了,上台之后,还是很胆怯,很生涩。"像这样,做过几次主持的工作之后,张超辉有了一定的经验,他的表现也得到了他人的认可,"从那以后,我没少做这样的兼职,商演、婚庆,后来还在培训学校讲课,我对这类工作也越来越喜欢。"

张超辉做的工作也不局限于自己的专业。专科毕业后的暑假,两个来月的时间里,张超辉在数码城从事电脑维修和销售,"这份兼职让我学到了不少技能,现在谁的电脑出了问题,我基本上都能独立维修了,不仅让自己的生活多了很多便利,也能帮助身边同学和朋友。"

张超辉相信,每一份付出都有回报,"不同的工作让我接触不同的人,不同的人给我不同的人生阅历和经验。"因此,他觉得,在大学里,只要不虚度光阴,不论做些什么,都是对自己的成长有益处的。"万事开头难,克服了自己内心的胆怯,利用大学的空闲时间,积累一些社会经验,在求职的过程中就会占有很大的优势。""职场亮剑"风采展示大赛结束后,已经有四五家企业与张超辉取得联系,希望他到自己的公司工作,经过考虑之后,他还是选择了留在自己做兼职的学校,一年多来,他已经踏踏实实地积累了不少经验,"我考虑到现在做的艺考培训跟我的专业对口,也是自己的兴趣所在,虽然要经常出差,但我并不会觉得累。"

相关链接

1. 国学导航：http://www.guoxue123.com/index.htm
2. 大学生成功就业案例：http://www.xuexila.com/success/chenggonganli/498182.html
3. 毕业生成功就业案例分析集锦：http://www.yjbys.com/bbs/305229.html
4. 创新创业规章制度：http://www.bdfqy.com/guizhangzhidu/126410.html
5. 创新创业体制机制：http://www.xuexila.com/chuangye/zhunbei/660630.html

深度阅读

1. 百度学术、百度文库
2. 应届毕业生网：http://www.yjbys.com/
3. 中国教育在线就业频道：http://career.eol.cn/
4. 前程无忧论坛——求职点滴：http://bbs.51job.com/forum.php?fid=2

本章训练题目

1. 写一份求职信。
2. 列举你所具备的专业知识、专业技能外所掌握的知识、技能。

参考资料

[1] 社交礼仪的重要性. 中国礼仪网 www.welcome.cn.
[2] 钟杰. 当代职校生应具备的综合职业能力. 百度文库〉教育专区〉教学研究〉教学反思〉/汇报.
[3] 360百科 baike.so.com/doc/5536034-575.
[4] 团队协作的重要性. www.pethr.com〉...〉资讯频道〉管理激励.
[5] MBA智库百科. wiki.mbalib.com/wiki/组织管理能力.

第九章　强化员工意识

> **案例**

张三和李四同时受雇于一家店铺,拿同样的薪水。一段时间后,张三青云直上,李四却原地踏步。李四想不通,老板为何厚此薄彼?

老板于是说:"李四,你现在到集市上去一下,看看今天早上有卖土豆的吗?"一会儿,李四回来汇报:"只有一个农民拉了一车土豆在卖。"

"有多少?"老板又问。

李四没有问过,于是赶紧又跑到集上,然后回来告诉老板:"一共40袋土豆。"

"价格呢?"

"您没有叫我打听价格。"李四委屈地申明。

老板又把张三叫来:"张三,你现在到集市上去一下,看看今天早上有卖土豆的吗?"

张三也很快就从集市上回来了,他一口气向老板汇报说:"今天集市上只有一个农民卖土豆,一共40袋,价格是两毛五分钱一斤。我看了一下,这些土豆的质量不错,价格也便宜,于是顺便带回来一个让您看看。"

张三边说边从提包里拿出土豆,"我想这么便宜的土豆一定可以挣钱,根据我们以往的销量,40袋土豆在一个星期左右就可以全部卖掉。而且,咱们全部买下还可以再适当优惠。所以,我把那个农民也带来了,他现在正在外面等您回话呢……"

同样的职场,不一样的人生规划。在职场中,没有人比你更在乎你自己的事业,没有什么东西像积极主动的态度一样更能体现你自己的独立人格。在现在的市场竞争中,企业的发展最终靠的是全体人员积极性、主动性、创造性的发挥。企业所渴求的人才不只是一个具有专业知识的、埋头苦干的人,而更需要的是积极主动、充满热情、灵活自信的人。一个合格的员工不只是被动地等待别人告诉他应该做什么,而是应该主动去了解自己要做什么,并且认真地规划它们,然后全力以赴地去完成。

思想产生态度。当一个机遇摆在你面前的时候,你是主动出击、奋力一搏,还是畏首畏尾,任机会从你眼前悄悄溜走呢? 当机遇出现的时候,每一个具备责任心和主动性的人都会非常自信地面对它,迎接挑战,主动出击。在平时的工作中,我们不能让懒惰的情绪占据我们的思想,应当培养自己的工作主动性,充分发挥自己的主观能动性,尽可能出色地完成任务。

导语

高职学生作为中国特色社会主义事业的建设者和接班人,在经过学校的教育学习后都将走上职场,成为各行各业的员工。对于即将走上工作岗位的"准职场人"来说,强化员工意识刻不容缓。我们要深刻理解和践行职业道德、培养敬业精神与坚定职业理想、不断提升职业素质和综合能力,还要注意防范职场上的人身风险和法律风险。相信同学们经过本章节的学习,将基本具备成为职场新人的条件与素质,为自己的职业生涯发展奠定坚实的基础。

关键词

员工意识;职业道德与职业素质;敬业精神与职业理想;防范职场风险

一、具备员工的职业道德

马克思曾经说过,"人是一切社会关系的总和"。我们生活在这个世界上,每个人都处于复杂的联系之中。在家里,我们要处理和父母、兄弟姐妹、子女的关系;在学校,我们要处理师生关系、同学关系;在单位,我们要处理上下级关系、同事关系,如此等等。怎样处理好这些关系,用什么样的态度来对待各种关系中出现的矛盾,这就涉及道德的问题。

1. 道德和职业道德

道德是社会学意义上的一个基本概念。不同的社会制度,不同的社会阶层都有不同的道德标准。所谓道德,就是由一定的社会经济基础所决定,以善恶为评价标准,以法律为保障并依靠社会舆论和人们内心信念来维系的、调整人与人、人与社会及社会各成员之间关系的行为规范的总和。从内容上来讲,道德可分为社会公德、职业道德和家庭道德三个方面。

所谓职业道德,就是人们在进行职业活动过程中,一切符合职业要求的心理意识、行为准则和行为规范的总和。它是一种内在的、非强制性的约束机制。是用来调整职业个人、职业主体和社会成员之间关系的行为准则和行为规范。可以这么说,职业道德是判断一名职业者"优"与"劣"的重要标志,能否恪守职业道德直接决定着职业者对待工作的态度和未来的发展。

索尼创始人盛田昭夫在回答一位记者关于优秀员工所应具备的基本素质时说"如果你有某种权力,那不算什么;如果你拥有一颗具有道德良知的心,那么你就会获得许多权力所无法获得的东西,这就是作为雇员所必须具备的素质"。所以要想成为一名优秀的员工,首先要成为一个具有良好职业道德的人,现在的任何一家企业在考察员工素质的时候,都是把职业道德放在首位的,因为没有了基本的职业道德,其他的任何成就都无从谈起。

2. 职业道德的基本要求

在我们社会主义国家,人与人之间的关系不再是剥削与被剥削、雇佣与被雇佣的职业关系,从事不同的职业活动,只是社会分工不同,而没有高低贵贱的区别,每个职业工作者都是平等的劳动者,不同职业之间是相互服务的关系。每个职业活动都是社会主义事业的一个组成部分。各种职业的职业利益同整个社会的利益,从根本上说是一致的。因此,各行各业有可能形成共同的职业道德规范,而这种基本的职业道德就是《中华人民共和国公民道德建设实施纲要》中明确指出的,"要大力倡导以爱岗敬业、诚实守信、办事公道、服务群众、奉献社会为主要内容的职业道德,鼓励人们在工作中做一个好建设者"。因此,我国现阶段各行各业普遍适用的职业道德的基本内容,即"爱岗敬业、诚实守信、办事公道、服务群众、奉献社会"。

3. 企业员工的职业道德

作为企业的一员,维护企业利益是每一位员工必须恪守的基本职业道德。维护企业利益包括很多方面,例如顾全大局、维护部门利益、坚决抵制破坏企业利益或公司形象的行为、正确处理个人与企业利益的关系等。一个优秀的员工不仅是企业利益的保护者,还应该是企业形象的宣传者和保护者。现代企业生存发展的核心竞争力是以企业文化为基础的,员工的职业道德正是企业文化的重要组成部分。因此,维护企业利益已经成为判断和衡量员工素质的基本准则,很难想象哪个企业能够容忍背叛企业的行为。对于那些出卖企业利益换取竞争对手一点点回扣的人,即使在对手那里也得不到尊重。维护企业利益不仅是基本的职业道德,也是员工道德水平的集中体现,是人性的表露和张扬。一个真正具有职业道德的员工不仅要维护现在就职企业的利益,还要注意维护过去曾经工作过的企业的利益。

  每个单位都有自己的一套切实可行的管理制度,遵守制度是员工起码的职业道德。如果你刚进入一家单位,首先应该学习员工守则,熟悉组织文化,以便在制度规定的范围内行使自己的职责,发挥自己的能力。企业的规章制度就像军队的纪律一样,是必须要遵守的。纪律是事业成功的保证,一个员工只有遵守纪律,才可能在企业中得以生存和发展;一个企业只有拥有遵守纪律的员工,才可能具有强大的凝聚力和战斗力。所以,无论是企业发展还是个人成功,都需要遵守规章制度、遵守纪律,而且是无条件的、没有任何借口的。

  强烈的责任意识是企业员工必须具备的另外一项职业道德。一位伟人曾经说过:"人生所有的履历都必须排在勇于负责的精神之后。"在责任的内在力量驱使下,我们常常油然而生一种崇高的使命感和归属感。尽职尽责地对待自己的工作,无论你的工作是什么,重要的是你是否真正地做好了它。几乎每一个优秀的企业都非常强调责任的力量,华为公司核心价值理念之一就是"认真负责和管理有效的员工是我们公司最大的财富";IBM坚持的是"在人际交往中永远保持诚信的品德,永远具有强烈的责任意识"。责任不仅是一种职业道德,而且是其他所有能力的统帅和核心,缺乏责任意识,其他的能力就失去了用武之地。

二、培养敬业精神与坚定职业理想

  职业院校的学生,怀着对未来职业的美好憧憬跨进学校大门,经过几年的学习和磨砺,又将进入社会。"员工"是一个人一生中所扮演的众多角色中的一个,为了使自己未来的职业生涯熠熠生辉,为了在各自的岗位上谱写出无愧于时代的壮丽篇章,每个人都应该好好地去扮演"员工"这个角色,把"做一名敬业的员工"作为自己的座右铭,塑造良好的敬业精神,不断激励自己提高自身素质,不断培养对职业和岗位的情感,以便于面向未来,立足岗位,开拓进取,敬业奉献。

1. 敬业是职场第一美德

敬业是一种高尚的品德，是职场人士的基本价值观念和信条，是社会主义核心价值观的重要内容。在经济社会中，每个人要想获得成功，得到他人的尊敬，就必须对自己所从事的职业，对自己的工作保持敬仰之心。可以说，敬业是职业精神的首要内涵，是职业道德的集中体现。进一步说，敬业就是敬重自己的工作，将工作当作自己的事，其具体表现为忠于职守、尽职尽责、认真负责、一丝不苟、一心一意、任劳任怨、精益求精、善始善终等职业道德。一个人如果没有基本的敬业精神，就无法成为一个优秀的人，更难以担当大任。

詹姆斯·H·罗宾斯在其知名论著《敬业》中写道："我们欣赏那些对工作充满热情的人，欣赏那些将工作中奋斗、拼搏看作人生的快乐和荣耀的人。"哈罗德在《勤奋敬业》中提出："在一个公司里，并非具有杰出才能的人就容易得到提升，只有那些勤奋、刻苦、敬业，并拥有良好技能的人才有更多的发展机会，才会得到更多人的认可。"敬业已经成为职场公认的"第一美德"。

2. 敬业成就事业

敬业表现为尊敬和重视自己的职业，把工作作为自己的终生事业，为此付出全身心的努力，即使付出再多的代价也心甘情愿，并能够克服各种困难做到善始善终。首先要珍惜你的工作岗位，珍惜自己的就业机会，拓展自己的生存和发展空间。如果你对工作总是漫不经心，做一天和尚撞一天钟，到头来损失的不光是企业的利益，自己也会因此丢掉手中的饭碗。高职毕业生更要有这种忧患意识和危机意识，好好珍惜自己现有的工作，在工作岗位上精心谋事、潜心干事、专心做事，把心思集中在"想干事、能干事"上，把本领用在自己的本职工作上。

其次要找准自己的位置。年轻人容易将事情看得简单而理想化，在跨出校门之前，都对未来充满憧憬。虽然高职的培养目标定位是适应生产、建设、管理和服务一线需要的高素质技术技能型人才，但高职生在走出校门时并没有太多的工作经验，掌握的知识和技能可能尚未达到岗位的真正需要。有一些人自命不凡，对有些事情不屑去做，总认为自己应该有更好的位置，做更重要的工作，这是不现实的。高职生应该在工作中找准自己的位置，作为职场新人，无论干什么工作，是做专业技术人员还是做管理工作，不论职位高低、轻重、贵贱，关键是行为要与自己的位置相符合，并且让你的上司知道你、认可你。

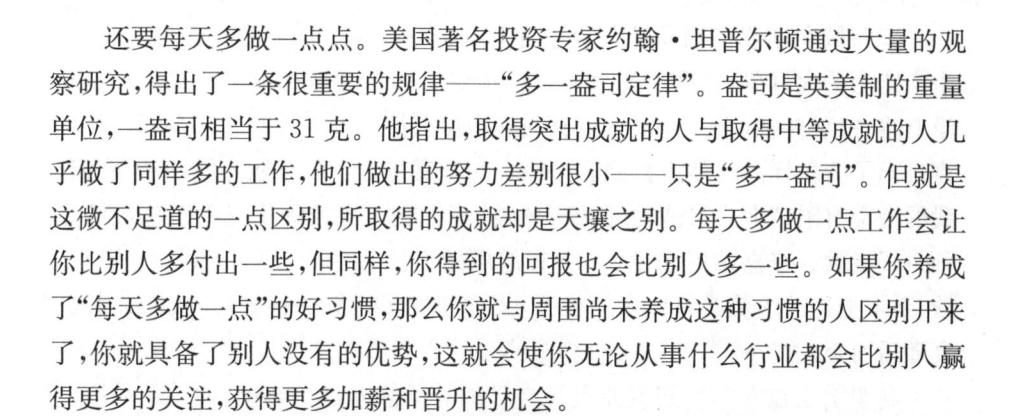

还要每天多做一点点。美国著名投资专家约翰·坦普尔顿通过大量的观察研究,得出了一条很重要的规律——"多一盎司定律"。盎司是英美制的重量单位,一盎司相当于31克。他指出,取得突出成就的人与取得中等成就的人几乎做了同样多的工作,他们做出的努力差别很小——只是"多一盎司"。但就是这微不足道的一点区别,所取得的成就却是天壤之别。每天多做一点工作会让你比别人多付出一些,但同样,你得到的回报也会比别人多一些。如果你养成了"每天多做一点"的好习惯,那么你就与周围尚未养成这种习惯的人区别开来了,你就具备了别人没有的优势,这就会使你无论从事什么行业都会比别人赢得更多的关注,获得更多加薪和晋升的机会。

三、提升员工的职业素质

个体的职业素质就像漂浮在水面上的冰山,露在水面上的以知识和技能为代表的显性素质可以通过学历证书、职业资格证书或者考试考核来证明;但水面以下的诚信品质、学习能力、沟通协作精神和积极主动的态度等隐性素质才是决定个体行为的关键因素。

对处于职场中的员工来说,良好的职业素质既决定了员工自身的未来,也决定了企业未来的发展前景,所以是否具备良好的职业素质也成为企业在招聘员工时的一个优先考虑因素。首先,拥有良好职业素质的人会拥有积极的人生态度和职业态度。他(她)会明白自己的责任和义务,在工作中能做到团结协作、诚实守信、爱岗敬业、不断提高工作效率、认同企业文化、努力维护企业利益,提高企业的市场竞争力。企业欢迎这样的员工,也会对这样的员工着力培养,为企业的后续发展储备人才。其次,拥有良好职业素质的人,懂得科学规划自己的职业生涯、懂得学习并且能够坚持终身学习、懂得合理定位、懂得严格要求自己,通过不断完善、不断进步,实现与企业的共同成长。

1. 培养诚信品质

曾经有人提出这样一个命题:如今什么东西最值钱?答案是诚实守信。拥有一颗诚实守信的心是我们的人生旅途也是职业生涯中的一笔宝贵财富,正如一条谚语所说:"诚信是财富的种子,只要你诚心种下,就能找到打开金库的钥匙。"

李嘉诚在创业初期周转资金极为有限,有一次,一位大客户提出了超过其生产能力的大订单,并且需要大额资金担保。李嘉诚努力跑了好几天,但仍然没有凑齐足够的资金。他虽然没有找到担保人但并没有放弃去开发新产品,通宵赶出了9款样品。然后找到客户将一切据实以告:"我有能力做好产品,但是我的资金有限。"客户被他的真诚所感动,不但在无担保的情况下跟他签约,还预付了货款。李嘉诚后来说,一个有信用的人比起一个没有信用、懒散、乱花钱、不求上进的人势必有更多的机会,当你建立了良好的信誉后,成功、利润就会随后而至。

高职学生在大学期间就要重视自己的品德修养,培养自己的诚信品质,修正自己的不良习惯,不断完善自己的人格,才能成为职场需要的诚信之人。首先在思想上要树立诚实守信的自律意识,把诚信作为自己的行为准则,真诚地与人相处,认真履行自己对师长、对同学、对朋友、对学校的承诺,抵制不诚信、弄虚作假的行为。要远离考试作弊,要摒弃做错事后用撒谎逃避惩罚的行为,要勇于为自己的言行负责,要敢于同不诚信的行为做斗争。其次要坚守自己做出的每一个承诺。只有这样,才能积累起你的信用资本,才能让客户、让领导信任你,才能树立你的信用品牌,领导才会放心把任务交给你,你才能在职场中不断前进。

2. 提升学习能力

学习,是人类认识自然和社会、不断完善和发展自我的必由之路。20世纪80年代美国未来学家阿尔文·托夫勒在《第三次浪潮》中提出了新的观点"未来的文盲不再是那些不识字的人,而是那些没学会学习的人"。21世纪的头十年,发达国家和大多数发展中国家都发生了剧烈的社会变革与社会转型,我们现在已经进入了知识经济时代,也就是"学习化的时代"。在知识经济时代,如果不学习,社会就不会进步,国家就不能强盛,个人就不能成才发展,甚至难以生存。新时代的成功者大多是那些知识丰富、对新知识敏感且善于学习、在自己专业领域不断进取的人,是那些敢于并善于运用新知识、将其物化为满足人们需求的产品和服务的人,是那些善于将分散的知识融会贯通、组合集成,创造出新的知识并付诸应用的人。

树立高尚的理想、确定远大的目标是青年学生学会学习的前提。对学习的态度会影响学习的效果,是否会学习直接关系到他们的未来发展。青年学生应该脚踏实地,从学习职业生涯规划做起,把学习和生活的目标进行分解,通过渐进性和阶段性的方式逐步实现志存高远、追求卓越的人生目标。青年学生还需要树立自主学习的学习观,掌握一定的方法与技能,如学会利用图书馆,学会使用工具书,学会文献检索、资料查询,学会做学习笔记,学会积累和整理资料,学会对所学知识(包括书本上的和实践中的)进行分析、归纳和总结等。另外学会学习的真谛还在于学会创新,在知识经济时代,具有不断掌握新知识、进而创新知识的能力,比掌握现成的知识更为重要,同时还要做到从个人实际出发,采用和创新适合自己特点的科学学习方法,积极投身于这场自主学习、终身学习的革命。

3. 学会积极主动

美国哲学家梭罗曾说,最令人鼓舞的事实,莫过于人类确实能主动努力以提升生命价值。主动是什么?主动就是"没有人告诉你,而你正做着恰当的事情"。主动是一种态度,它反映着一个人对待问题、对待工作的行为趋向和价值取向;主动是成功人士必须具备的一种重要品质;主动是自己装有太阳能发动机的汽车,能够在直奔目标的同时积累新的能量。阿尔伯特·哈伯德曾说:"世界会给你以厚报,既有金钱也有荣誉,只要你具备这样的一种品质,那就是主动。"所以,要想在职场上有所成就,就要先从做一名积极主动的员工开始,要培养你的工作热情,对你的本职工作充满热爱;要学会主动服从、认真执行并圆满完成任务;要主动负责,坚守自己的职责和使命,面对问题绝不推卸责任;要敢于主动付出,不在乎自己多做一点;更要主动合作,敢于竞争,把团队的利益放在首位。

成功人生的原因虽然多种多样,但主动地积极进取却是许多成功人士的共同特点。积极主动体现在一个"勤"字上,"一生之计在于勤"是先哲的遗训,更是被实践检验过的一条放之四海而皆准的真理。一个人要想学有所得,业有所成,就得使自己积极主动并勤奋起来。阿尔伯特·哈伯德有本很受美国商界精英追捧的小册子,叫《找准自己的位置》,他在论述员工实现自我价值必须具有的精神时,除了勤奋、敬业、忠诚之外,还特别强调了主动性的养成。他告诫人们:如果你想巩固自己的位置,就要永远保持主动率先的精神,不等老板交代,便主动去做自己应该做的事情。不要满足于完成分内的工作,因为严格地说,单纯地执行任务,你只是一个"执行者"。只做上司吩咐的工作并不足够,乐于"多管闲事"才是高境界。付出多少,得到多少,这是一个众所周知的因果法则,一如既往地多付出一点,多做一些分外的事情,回报可能会在不经意间以出人意料的方式出现。

四、提升职场综合能力

现代社会充满竞争,在某种意义上,职场也是战场,其竞争的激烈程度不亚于一场战争,那么,为了在竞争中立于不败之地,为了能登上更高的岗位,更好地展示自己的才能,刚刚踏入职场的毕业生该怎么做才能在竞争中获胜呢?实际上,努力提高自身的综合素质,这是在竞争中获胜的基本条件,假如你现在在职场中还不是拔尖人物,也不要紧,只要你很努力地提高综合素质,你一定有机会脱颖而出。

1. 除了练好自己的口才,提高自己的写作能力之外,还必须有过硬的专业能力。职场员工需要会演讲,能写各种文案,还要掌握一种专业知识或有一种特殊本事,或财务能力,或网络技术,或机械技术,或食品化工,或业务开拓能力等,只有当同事们通常会做的方面你也会做,而其他同事不会做的你也会做,你才有你的"核心竞争力",当然,你不一定亲自去做这一专业方面的事,但你懂得这一专业,你当管理人员时就能管得很具体,你的上司当然就很乐意让你管理。所以,必须学一种专业,或学一种独特的本事,作为你在竞争中制胜的绝招。

2. 不能满足于做好任务内的事,即使你暂时不在管理岗位上,你也必须学习管理经验。不在管理岗位上,也可以学管理,当你的上司在从事管理时,你可以学他的管理,你可以认真看,他哪些做得好,哪些做得不好,要是你来做,该怎么做才会更好,长期留意学,你就能学会管理的本事;此外,你还可以结交一位比你更有经验的管理者,比如你的有经验的上司,或者你认识的别的公司的经理,或者你的同学的家长等,有这样一位朋友,你就可以向他请教,同他讨论,学他的管理妙招,自然,你的管理能力会提高得更快。

3. 不要认为自己不在管理岗位上就不喜欢交往,其实,沟通是一种能力,你必须学会这种能力。有的员工认为自己不是管理者,以为专心做好自己分内的事就行了,用不着与别人有太多的来往,独善其身更好,免得惹来什么麻烦,所以,就不太愿意与别人交往,其实,你现在不在管理岗位,不等于你将来就一定不会走上管理岗位,不在其位,要学会谋其政的本事,而具备良好的沟通能力是非常重要的,你必须主动地找机会与各种各样的人沟通,学会公关的基本技巧,包括那些你原来不喜欢与之交往的人,也要交往。与各种人沟通,并不是让你学得与他们一样,而只是让你学会与人相处,与人交往,与人合作。不善于与人沟通的人,就没有本事组织一个团队,那就等于在职场竞争中失去了优势。

4. 不要轻视自己,更不要只看到眼前,将来你也可能很有发展前景,所以,你要为将来走上重要岗位做好准备。哪怕是暂时在一般工作岗位上工作的员工,一定不要认为自己只能做眼前的事,长远的事就不考虑了,其实,路就在你脚下,本事靠自己去学,机会在等着你,你必须时刻做好准备,努力学习,你坚持学习,每日就会提高,得到发展的机会就比别人多。所以,建议你看远一些,做好长远的打算,比如,你可以学习一些经济学知识,找一本"经济概论"之类的书来读,再找一本"网络经济"或"投资、金融"方面的书来读,多了解现代经济知识,也许,具备了这方面的知识,能让你更有机会升迁,甚至越级升迁,因为你比别人看得远,学得多。

5. 不要有按部就班、得过且过的观念,要时刻注意培养自己的创新意识。在职场中,如果你只是抱着随大流混日子的态度,你是永远都不会进步的,职场中人、财、物有各种各样的组合方面,各个环节都存在创新的可能性,你必须在各个时间、各种场合都自觉培养创新意识,提醒自己一切皆有可能,用创新的眼光来看待一切,久而久之,你的创新能力就能得到提高,或许,还能在生产、技术或管理等环节上提出你的创新方案。培养创新意识,或许能为你带来一片新的天地。

6. 不要只懂得按照别人安排的计划去做,你必须有自己的目标,让目标来倒逼你进步。职场中人,很容易养成听从别人安排的习惯,忘记了自己也该安排自己的任务,其实,职场的日常工作对于想进步的员工来说,只是任务中的一部分,是为公司完成的任务,你还必须有你自己的任务,那就是提高你的综合素质,为将来升迁做好准备。你必须给自己定一个目标,就像学生时代定下学习任务一样,把提高综合素质的各方面分解成任务,安排好完成任务的时间,当一个个具体目标达到了,你离实现总的目标也就不远了。

五、树立职场风险意识

走进职场的高职毕业生除了要尽快实现身份角色转变、遵守企业的规章制度、不断提升从业能力外,还要注意树立职场风险意识,形成"健康第一、安全第一"的观念,提高维护健康、安全的能力,培养健康、安全的生活方式和工作行为模式,增强积极锻炼身体和安全防护的意识;同时要积极学习法律知识,增强法律意识,培养法律思维方式,在学习工作和生活中正确行使权利,认真履行义务,不断提高运用法律分析问题、解决问题的能力,维护自身的劳动权利和民事权利。

1. 职业健康安全与维护

职业健康和安全的素质对于大学生由"自由人"过渡到"社会人"、"职业人"意义重大。大学生在毕业后将投入到国家的各项建设中,承担起家庭和社会的双重重担,应具备优秀的职业健康和安全素质,以健康的身体成为国家经济的高素质建设者,尽量延长职业生涯的长度,不断拓展职业生涯的宽度,成就一番事业。1989年联合国世界卫生组织(WHO)对健康做出了这样的定义:"健康不仅是没有疾病,而且包括躯体健康、心理健康、社会适应良好和道德健康。"健康不仅仅是指没有疾病或者身体不虚弱的状态,而是指躯体上、心理上、社会上的一种完好状态。

根据世界卫生组织调查,在影响人类的健康与寿命的因素中,遗传因素占15%,社会因素占10%,医疗保健占8%,气象因素占7%,而生活方式和行为则达到60%。由此看来,健康的生活方式对于维护良好的健康状态至关重要。一是要遵循生物钟规律正常起居,生物钟是生物体内一种无形的"时钟"。科学家研究发现,人体在维持一个姿势或者一种工作状态50分钟左右时,体内相应的器官就会处于疲劳状态,因此我们要按照生物节律来学习和工作,这样就能提高学习和工作效率,降低意外事故的发生。二是要积极参加体育锻炼,形成"终身体育"的观念。如果一个人想要健康、精力充沛地生活和工作,想要推迟衰老、延长寿命,想要伴随相亲相爱的人走更长更远的路,想要充分享受生命,那么就要把运动"请"回自己的每日生活中,形成"终身体育"的理念,将运动贯穿于一生之中、每日之中,在每一次的运动中获得健康和快乐。三是要保持乐观平和的心态和稳定的情绪。在生活中,喜怒哀乐是人之常情,有时人们常被一些消极情绪所困扰,这些消极情绪包括悲痛、忧郁、厌烦、焦虑、抱怨、恼怒、沮丧等。消极情绪是正常的,但是如果任由它持续发展而不加节制,必然会引起身体健康问题。

随着社会经济的飞速发展,人们越来越希望生活和工作在一个安全、舒适的环境。然而在工业生产中,依然有安全事故发生,严重威胁着职工的安全和健康,影响着和谐社会的发展进程。提高职业安全意识,可以提高工作效率,降低疲劳程度、维护健康,预防安全事故,拓展职业生涯,正如荀子所言:"先其未然谓之防,发而止之谓之救,行而责之谓之戒,防为上,救次之,戒为下。"只有居安思危,才能有备无患。著名的"海因里希"法则,以数字的形式告诉我们伤亡事故与安全隐患之间1∶29∶300∶1 000 的比例关系。意思是每一起严重的事故背后,都有29次轻的事故和300起未遂事故及1 000起可能引发事故的隐患。所以,我们完全有理由相信,只要树立职业安全的意识,做到防患于未然,安全事故是完全可以通过平时科学、缜密的工作得到预防和避免的。

2. 防范职场法律风险

法律是人类社会生活的调节器,没有法律的状况是不可想象的,可以说法律与我们每个人都息息相关。在职工的实际生活中,总是有着他们迫切需要解决的问题。比如从职工个人角度看,比较普遍存在的劳动保障问题、个人消费(尤其是购买住房、大件电器用品的购买和使用)问题等,它们是关系职工切身利益的问题,自然也是法律现实需求的热点。作为高职学生来说,我们更要认真学习法律知识,培养法律思维方式,在今后的学习工作和生活中正确行使法律赋予我们的权利,认真履行法律规定的义务。

我们正在建设具有中国特色的社会主义国家,我们生活在社会主义市场经济时代,合同的运用发生在我们生活的每个细节中,公司、法人之间,法人与个人之间,个人与个人之间的经济利益常常通过合同来实现,用签订合同的形式保障各自的经济利益,并以此作为解决纠纷的法律依据。不仅如此,现代经济生活是建立在契约观念基础上的,重合同、守信用是社会主义民主与法制建设在经济生活中的具体体现。合同是建立在平等、自愿、公平、诚实守信、合法、合乎公序良俗等原则基础上的,如果出现重大误解、显失公平、欺诈、胁迫、乘人之危等情况,则订立的合同是可以变更或撤销的。

当然,对于我们高职学生来说,其中一项较为重要的法律就是《中华人民共和国劳动合同法》。该法是规范劳动关系的一部重要法律,在中国特色社会主义法律体系中属于社会法。劳动合同在明确劳动合同双方当事人的权利和义务的前提下,重在对劳动者合法权益的保护,为构建与发展和谐稳定的劳动关系提供法律保障。劳动合同订立的原则包括合法、公平、平等自愿、协商一致、诚实守信等。签订劳动合同是用人单位与受聘人员,经过平等协商所达成的具有法律效力的承诺。一般情形是甲方(聘方)提出建议或初始文本,经乙方(聘员)表示同意认可。如不签订劳动合同,我们的权益受到侵犯,就无法得到法律的保护。劳动合同的形式分为有固定期限、无固定期限和完成的工作期限三种形式。劳动合同书是双方行为的准则,一经签署就产生了法律效力。法律保护双方的合理合法权益,同时也对双方具有约束力,不能单方面地随意变动。订约双方在正常情况下依约行事,有利于顺利实现各自的权益,为事业的开拓发展齐心协力地工作,依约行事、利益均沾、违法肇事、双方受损。所以定约双方都应维护合同的严肃性,对自己的行为负责,保证双方的合法权益。

相关链接

1. 中华人民共和国人力资源与社会保障部,http://www.mohrss.gov.cn/

2. 广东省高等学校毕业生就业指导中心,http://www.gradjob.com.cn/cms/index.html

3. 中国就业网,http://www.chinajob.gov.cn/

4. 教育部大学生就业网,http://www.ncss.org.cn/

深度阅读

一、世界500强职商测试题

这是欧洲流行的测试题,可口可乐公司、麦当劳公司、诺基亚公司等世界500强众多企业,曾以此为员工 EQ 测试的模板,帮助员工了解自己的 EQ 状况。共33题,测试时间25分钟,最大 EQ 为174分。如果你已经准备就绪,请开始计时。

第1—9题:请从下面的问题中,选择一个和自己最切合的答案,但要尽可能少选中性答案。

1. 我有能力克服各种困难:_____。

   A. 是的   B. 不一定   C. 不是的

2. 如果我能到一个新的环境,我要把生活安排得_____。

   A. 和从前相仿   B. 不一定   C. 和从前不一样

3. 一生中,我觉得自己能达到我所预想的目标:_____。

   A. 是的   B. 不一定   C. 不是的

4. 不知为什么,有些人总是回避或冷淡我:_____。

   A. 不是的   B. 不一定   C. 是的

5. 在大街上,我常常避开我不愿打招呼的人:_____。
   A. 从未如此　　　　B. 偶尔如此　　　　C. 有时如此
6. 当我集中精力工作时,假使有人在旁边高谈阔论,_____。
   A. 我仍能专心工作　B. 介于A、C之间　　C. 我不能专心且感到愤怒
7. 我不论到什么地方,都能清楚地辨别方向:_____。
   A. 是的　　　　　　B. 不一定　　　　　C. 不是的
8. 我热爱所学的专业和所从事的工作:_____。
   A. 是的　　　　　　B. 不一定　　　　　C. 不是的
9. 气候的变化不会影响我的情绪:_____。
   A. 是的　　　　　　B. 介于A、C之间　　C. 不是的

第10—16题:请如实选答下列问题,将答案填入右边横线处。

10. 我从不因流言蜚语而生气:_____。
    A. 是的　　　　　　B. 介于A、C之间　　C. 不是的
11. 我善于控制自己的面部表情:_____。
    A. 是的　　　　　　B. 不太确定　　　　C. 不是的
12. 在就寝时,我常常_____。
    A. 极易入睡　　　　B. 介于A、C之间　　C. 不易入睡
13. 有人侵扰我时,我_____。
    A. 不露声色　　　　B. 介于A、C之间　　C. 大声抗议,以泄己愤
14. 在和人争辩或工作出现失误后,我常常感到震颤,精疲力竭,而不能继续安心工作:_____。
    A. 不是的　　　　　B. 介于A、C之间　　C. 是的
15. 我常常被一些无谓的小事困扰:_____。
    A. 不是的　　　　　B. 介于A、C之间　　C. 是的
16. 我宁愿住在僻静的郊区,也不愿住在嘈杂的市区:_____。
    A. 不是的　　　　　B. 不太确定　　　　C. 是的

第17—25题:在下面的问题中,每一题请选择一个和自己最切合的答案,同样少选中性答案。

17. 我被朋友、同事起过绰号、挖苦过:_____。
    A. 从来没有　　　　B. 偶尔有过　　　　C. 这是常有的事
18. 有一种食物使我吃后呕吐:_____。

A. 没有　　　　B. 记不清　　　　C. 有

19. 除去看见的世界外,我的心中没有另外的世界:_____。

A. 没有　　　　B. 记不清　　　　C. 有

20. 我会想到若干年后有什么使自己极为不安的事:_____。

A. 从来没有想过　　B. 偶尔想到过　　C. 经常想到

21. 我常常觉得自己的家庭对自己不好,但是我又确切地知道他们的确对我好:_____。

A. 否　　　　B. 说不清楚　　　　C. 是

22. 每天我一回家就立刻把门关上:_____。

A. 否　　　　B. 不清楚　　　　C. 是

23. 我坐在小房间里把门关上,但我仍觉得心里不安:_____。

A. 否　　　　B. 偶尔是　　　　C. 是

24. 当一件事需要我做决定时,我常觉得很难:_____。

A. 否　　　　B. 偶尔是　　　　C. 是

25. 我常常用抛硬币、翻纸、抽签之类的游戏来预测凶吉:_____。

A. 否　　　　B. 偶尔是　　　　C. 是

第26—29题:下面各题,请按实际情况如实回答,仅须回答"是"或"否"即可,在你选择的答案下打"√"。

26. 为了工作我早出晚归,早晨起床我常常感到疲惫不堪:是_____ 否_____

27. 在某种心境下,我会因为困惑陷入空想,将工作搁置下来:是_____ 否_____

28. 我的神经脆弱,稍有刺激就会使我战栗:是_____ 否_____

29. 睡梦中,我常常被噩梦惊醒:是_____ 否_____

第30—33题:本组测试共4题,每题有5种答案,请选择与自己最切合的答案,在你选择的答案下打"√"。答案标准如下: 1 2 3 4 5 从不 几乎不 一半时间 大多数时间 总是

30. 工作中我愿意挑战艰巨的任务。　　　　1 2 3 4 5
31. 我常发现别人好的意愿。　　　　　　　1 2 3 4 5
32. 能听取不同的意见,包括对自己的批评。1 2 3 4 5
33. 我时常勉励自己,对未来充满希望。　　1 2 3 4 5

参考答案及计分评估:计分时请按照计分标准,先算出各部分得分,最后将几部分得分相加,得到的那一分值即为你的最终得分。

第1—9题,每回答一个 A 得 6 分,回答一个 B 得 3 分,回答一个 C 得 0 分。计_____分。

第10—16题,每回答一个 A 得 5 分,回答一个 B 得 2 分,回答一个 C 得 0 分。计_____分。

第17—25题,每回答一个 A 得 5 分,回答一个 B 得 2 分,回答一个 C 得 0 分。计_____分。

第26—29题,每回答一个"是"得 0 分,回答一个"否"得 5 分。计_____分。

第30—33题,从左至右分数分别为 1 分、2 分、3 分、4 分、5 分。计_____分。

总计为_____分。

专家点评:

近年来,EQ——情绪智商,逐渐受到了重视,世界500强企业还将EQ测试作为员工招聘、培训、任命的重要参考标准。看我们身边,有些人绝顶聪明,IQ很高,却一事无成,甚至有人可以说是某一方面的能手,却仍被拒于企业大门之外;相反地,许多IQ平庸者,却反而常有令人羡慕的良机、杰出不凡的表现。为什么呢? 最大的原因,乃在于EQ的不同!一个人若没有情绪智慧,不懂得提高情绪自制力、自我驱使力,也没有同情心和热忱的毅力,就可能是个"EQ低能儿"。通过以上测试,你就能对自己的EQ有所了解。但切记这不是一个求职询问表,用不着有意识地尽量展示你的优点和掩饰你的缺点。如果你真心想对自己有一个判断,那你就不应施加任何粉饰。否则,你应重测一次。

测试后如果你的得分在90分以下,说明你的EQ较低,你常常不能控制自己,你极易被自己的情绪所影响。很多时候,你容易被激怒、动火、发脾气,这是非常危险的信号——你的事业可能会毁于你的急躁,对于此,最好的解决办法是能够给不好的东西一个好的解释,保持头脑冷静,使自己心情开朗,正如富兰克林所说:"任何人生气都是有理的,但很少有令人信服的理由。"

如果你的得分在90—129分,说明你的EQ一般,对于一件事,你不同时候的表现可能不一,这与你的意识有关,你比前者更具有EQ意识,但这种意识不是常常都有,因此需要你多加注意、时时提醒。

如果你的得分在130—149分,说明你的EQ较高,你是一个快乐的人,不易恐惧担忧,对于工作你热情投入、敢于负责,你为人更是正义正直、同情关怀,这是你的优点,应该努力保持。

如果你的EQ在150分以上,那你就是个EQ高手,你的情绪智慧不但是你事业的帮手,更是你事业有成的一个重要前提条件。

二、职场技巧:8个沟通技巧让你跟同事有话聊、好相处

你在公司里的好坏,很大程度上取决于你跟同事之间的关系好坏。在职场中必不可少的就是交流与沟通了,想要跟同事搞好关系,沟通是最重要的了。如果出现跟同事没话讲的情况该怎么办呢?不用怕,下面8个小技巧,相信对你有很大的帮助!

◆ 关注周围的新闻和大家都关心的事情

把近期的新闻作为话题,是一个很好的选择。周围发生的、大家比较关注的事情,比如房价啊、交通啊等等可以聊。另外,还可以讨论一下五一、十一怎么过这类大家说起来都很高兴的事情。

◆ 常常微笑,和对方有眼神交流

俗话说得好:"抬手不打笑脸人",和同事相处,如果对他们正在热烈讨论的话题感觉无话可说,那么你要学会微笑倾听。和对方说话时,一定要有眼神交流。

◆ 自己要调整心态,别先入为主地认为和同事无话可聊

在职场中,想要和同事愉快相处,自己首先要抱着积极融入大家的想法,平时多留心周围同事关注的事情,为寻找话题打下基础。

◆ 在涉及具体个人的是非八卦面前,巧妙地保持中立

这个时候,一点都不插嘴也是不好的,有人的地方就有是非,所谓水至清则无鱼,人至察则无徒。当你的同事们八卦时,要学会巧妙地保持中立,适当地附和几句:"是吗?"对于没有弄清楚的事情千万不要发表明确的意见,总之,要学会"参与但不掺和"。

◆ 面对不同年龄层的人,聊不同的话题

和年轻一点的人在一起,食物、衣服和生活中的趣事都是很好的话题,而和年龄大一点、有孩子的同事在一起,话题都离不开孩子,你可以听他们说说孩子的趣事,附和几句。和年长的同事聊天,要有一种请教的姿态,表现出你希望听到他的建议和教诲。当然,这些都要因人而异,所以在平时要多留心同事的爱

好和性格,寻找共同的兴趣点。

◆ 女人的话题在有女人的地方一定受欢迎

如果你想和女同事找话题,那就更简单了。关于女人的话题,一定受欢迎:美容、打折、化妆品、衣服、鞋和包、减肥……一些小技巧和小经验的交流,立马让你们话如泉涌。

◆ 同事间聊天时,要注意倾听

多倾听对方意见,重视对方意见,这是一种很重要的沟通技巧。和同事聊天,你要注意聆听聆听再聆听。

◆ 切忌:千万别聊同事的隐私,少谈本单位的事情

同事之间在一起天南海北都可以聊,但是不要涉及隐私,即使是同事自己告诉你,你在发表意见的时候也要三思而后行。你怎么对人,人家怎么对你。

总而言之,待人还是要讲究真诚和热情,做人就像照镜子,你笑他笑、你哭他哭。和别人交谈的时候要讲技巧,但光有技巧也是不行的。毕竟日子久了,人心如何,大家心里都清楚。

三、比尔·盖茨的 11 条准则

当今世界上拥有财富最多的人是谁?相信很多人都会脱口而出他的名字,是的,他就是比尔·盖茨。每个人的成功都不可能是无缘无故的,每个人的成功背后都有许多决定他会成功的原因。我们来看看比尔·盖茨的 11 条准则,它将帮助你。

第一条准则:适应生活

生活是不公平的,要去使用它。命运掌握在自己的手中。

第二条准则:成功是你的人格资本

这世界并不会在意你的自尊。这世界指望你在自我感觉之前先要有所成就。

成功是人的最高境界,成功可以改变你的人格和尊严,自负是愚蠢的。

第三条准则:别希望不劳而获

高中刚毕业的你不会一年挣 4 万美元。你不会成为一个公司的副总裁,并拥有一部装有电话的汽车,直到你将此职位和汽车电话都挣到手。

成功不会自动降临,成功来自积极的努力,要分析目标,循序渐进,坚持到底。

第四条准则:习惯律己

如果你认为你的老师严厉,等你有了老板再这样想。老板可是没有任期限制的。好习惯源于自我培养!

第五条准则:不要忽视小事

烙牛肉饼并不有损你的尊严。你的祖父母对烙牛肉饼可有不同的定义,他们称它为机遇。平凡成就大事业。

第六条准则:从错误中吸取教训

如果你陷入困境,那不是你父母的过错,所以不要尖声抱怨,要从中吸取教训。

第七条准则:事事需自己动手

在你出生之前,你的父母并非像他们现在这样乏味。他们变成今天这个样子,是因为这些年来他们一直在为你付账单,给你洗衣服,听你大谈你是如何的酷。所以,如果你想消灭你父母那一辈中的'寄生虫'来拯救雨林的话,还是先去清除你房间衣柜里的虫子吧。

不要光靠别人活着,要凭借自己的力量前进。

第八条准则:你往往只有一次机会

你的学校也许已经不再分优等生和劣等生,但生活却仍在做出类似区分。在某些学校已经废除不及格分,只要你想找到正确答案,学校就会给你无数的机会。这和现实生活中的任何事情没有一点相似之处。

机遇是一种巨大的财富,机遇往往就那么一次,也许你"没有机会",但可以创造。

第九条准则:时间,在你手中

生活不分学期,你并没有暑假可以休息,也没有几位雇主乐于帮你发现自我。自己找时间做吧,绝不要把今天的事情拖到明天。

第十条准则:做该做的事

电视并不是真实的生活。在现实生活中,人们实际上得离开咖啡屋去干自己的工作。

第十一条准则:善待身边的所有人

善待乏味的人,有可能到头来你会为一个乏味的人工作。

善待他人就是善待自己,要用赞扬代替批评并主动适应对方。

本章训练题目

1. 寻找身边的敬业榜样。也许他是曾经教过你的老师,也许他是你身边默默无闻的同学,也许他是晨曦中的环卫工人,也许他是唠唠叨叨的宿管阿姨,也许他只是一位在你生命中擦肩而过的陌生人……生活中,不是缺少敬业榜样,而是缺少发现。请同学们进行一场敬业榜样大搜索,寻找我们身边的榜样。每位同学提名一位敬业榜样并说明理由,由全班同学投票选出公认的十位敬业榜样并总结这些榜样的敬业品质。

2. 寻找你的创新优势。结合所学专业,分析自己的创新优势以及如何培养自己的创新素质,并制订创新能力提升计划。

第十章　现代职场常识

案例

有一个古老的故事，说的是这样一件事，有人问三个石匠在做什么。第一个石匠说："我在混口饭吃。"第二个石匠一边敲打石块一边说："我在做全国最好的石匠活。"第三个石匠眼中带着想象的光辉仰望天空说："我在建造一所大教堂。"

自然，只有第三个石匠才是真正的经理人的象征。第一个石匠知道他要从工作中得到什么并设法得到它。他很可能会"正当地工作，以便得到公平的报酬"，但他不是而且永远不会是一位经理人。有问题的是第二个石匠。事实上，技艺是极为重要的。如果一个组织不要求其成员贡献出尽可能高的技艺，该组织就可能士气不振。但真正的危险是，一个人在雕琢石块过程中无视所产生的很多下脚料，认为这本身就是成就了。因此，在企业中应该鼓励人发挥技艺，但技艺始终应该同整体的需要相联系。

任何一个企业中绝大多数的经理人和专业人员，正像第二个石匠那样，关心的只是专业工作。它可能使一个人的眼界和努力从企业的目标转移开来，而把职能性工作本身作为一种目的。在很多情况下，职能经理不再以他对企业做出的贡献而以他的专业技艺标准来衡量自己的成就。当为了企业的全面均衡发展而对他提出要求时，他可能会感到恼怒。职能经理的这种技艺要求，如果不予以调节，就会成为一种离心力，把企业搞得支离破碎，并使企业成为各个职能王国的一种松散的联邦。

从这个案例可以看出，每一位经理人，上至大老板，下至生产工长或主管办事员，都必须依据组织的整体目标来设定个人目标。换言之，企业的运作要求各项工作都必须以整个企业的目标为导向，经理人必须知道企业要求和期望于他的是些什么贡献。否则,经理人可能会搞错方向,浪费精力,更不用说工作的效率了。

导 语

在现代职场上,要想实现梦想,取得成功,取决于每个人的常识、学识和胆识这三大要素。常识是最基本的,只有具备了实用的常识,才能形成卓越的品格;学识是个人工作能力不断得到提升的保障;胆识则是突破常规思维模式和习惯,勇于创新的武器。这三大要素在那些成功人士身上往往呈金字塔结构,而这个金字塔的基础就是"常识"。三分做事,七分做人,现代职场人必须具备丰富的做人做事的常识。即使在强调"数据"和"制度"的西方职场,也一样重视"常识",重视交流沟通和团队精神。可以说,"常识"是每个人在职场实现梦想取得成功最坚实的基础。

关键词

企业;企业员工;工作;规则

一、企业的社会作用

(一)企业是市场经济活动的主要参加者

市场经济活动的顺利进行离不开企业的生产和销售活动,离开了企业的生产和销售活动,市场就成了无源之水、无本之木。因此,企业的生产和经营活动直接关系着整个市场经济的发展。

(二)企业是社会生产和流通的直接承担者

社会经济活动的主要过程即生产和流通,这些都是企业来承担和完成的。离开了企业,社会经济活动就会中断或停止。企业的生产状况和经济效益可直接影响国家的经济实力的增长、人民物质生活水平的提高。

(三)企业是社会经济技术进步的主要力量

企业在经济活动中通过生产和经营活动,在竞争中不仅创造和实现社会财富,而且也是先进技术和先进生产工具的积极采用者和制造者,这在客观上推动了整个社会经济技术的进步。我们不难看出，企业就好比国民经济的细胞，中国的国民经济体系就是由数以百万计的不同形式的企业组成的，千千万万个企业的生产和经营活动，不仅决定着市场经济的发展状况，而且决定着中国社会经济活动的生机和活力。所以，我们说企业是最重要的市场主体，在社会经济生活中发挥着巨大作用。

二、企业的运营

企业运营，通常是指一个公司的运作、管理；企业运营，是英语译成，中国人一般叫企业管理。企业管理是社会化大生产发展的客观要求和必然产物，是由人们在从事交换过程中的共同劳动所引起的。在社会生产发展的一定阶段，一切规模较大的共同劳动，都或多或少地需要进行指挥，以协调个人的活动；通过对整个劳动过程的监督和调节，使单个劳动服从生产总体的要求，以保证整个劳动过程按人们预定的目的正常进行。尤其是在科学技术高度发达、产品日新月异、市场瞬息万变的现代社会中，企业管理就显得愈益重要。

企业管理的发展大体经历了三个阶段：

（一）18世纪末—19世纪末的传统管理阶段

这一阶段出现了管理职能同体力劳动的分离，管理工作由资本家个人执行，其特点是一切凭个人经验办事。

（二）20世纪20-40年代的科学管理阶段

这一阶段出现了资本家同管理人员的分离，管理人员总结管理经验，使之系统化并加以发展，逐步形成了一套科学管理理论。

（三）20世纪50年代以后的现代管理阶段

这一阶段的特点是：从经济的定性概念发展为定量分析，采用数理决策方法，并在各项管理中广泛采用电子计算机进行控制。

企业管理，主要是指运用各类策略与方法，对企业中的人、机器、原材料、方法、资产、信息、品牌、销售渠道等进行科学管理，从而实现组织目标的活动，由此对应衍生为各个管理分支：人力资源管理、行政管理、财务管理、研发管理、生产管理、采购管理、营销管理等，而这些分支又可统称为企业资源管理（ERP）。

通常的公司会按照这些专门的业务分支设置职能部门。

在企业系统的管理上，又可分为企业战略、业务模式、业务流程、企业结构、企业制度、企业文化等系统的管理。美国管理界在借鉴日本企业经营经验的基础上，最后由麦肯锡咨询公司发展出了企业组织七要素，又称麦肯锡7S模型，七要素中，战略(Strategy)、制度(Systems)、结构(Structure)被看作"硬件"，风格(Style)、员工(Staff)、技能(Skills)、共同价值观(Shared Values)被看作"软件"，而以共同价值观为中心。何道谊将企业系统分为战略、模式、流程、标准、价值观、文化、结构、制度八大软件系统和人、财、物、技术、信息五大硬件系统。

企业分项管理的内容如下：

(一) 计划管理

通过预测、规划、预算、决策等手段，把企业的经济活动按照总目标的要求有效地组织起来。计划管理体现了目标管理。

(二) 生产管理

即通过生产组织、生产计划、生产控制等手段，对生产系统的设置和运行进行管理。

(三) 物资管理

对企业所需的各种生产资料进行有计划地组织采购、供应、保管、节约使用和综合利用等。

(四) 质量管理

对企业的生产成果进行监督、考查和检验。

(五) 成本管理

围绕企业所有费用的发生和产品成本的形成进行成本预测、成本计划、成本控制、成本核算、成本分析、成本考核等。

(六) 财务管理

对企业的财务活动包括固定资金、流动资金、专用基金、盈利等的形成、分配和使用进行管理。

(七) 劳动人事管理

对企业经济活动中各个环节和各个方面的劳动和人事进行全面计划、统一组织、系统控制、灵活调节。

三、员工在部门中的工作

企业组织结构往往由多个部门构成。部门内的员工又构成了各个部门的组织结构。员工在部门中所要面临的工作因其在部门组织结构中所处岗位不同而不同。根据岗位性质的不同,可以划分为管理岗位和被管理岗位,在这两种不同岗位上的员工所要面临的工作是不一样的。

管理岗位上的工作职责可以分为以下几个方面:

1. 明确本部门的各项工作职责,践行公司倡导的工作作风,提高工作效率。

2. 全面、合理地分解本部门各项工作职责,搞好工作分工,人人明确岗位职责。

3. 制定每个工作岗位的工作范围、工作流程、作业规范、工作标准及奖惩措施,责任到人。

4. 布置、安排工作要具体到人,实行岗位责任追究,杜绝相互推诿、扯皮现象。

5. 树立大局观念,立足本职,顾全大局,做到分工不分家,各项工作有主有辅,相互协作、相互补充。

6. 建立部门内部沟通的有效方法。保证工作信息充分、有效沟通,实现信息资源共享;及时准确地传达公司有关的会议精神,做到上情下达,下情上报。

7. 部门内部建立相互关爱的氛围。部门负责人要定期与员工谈心交流,给予人文关怀,及时了解员工的思想动态,指导和帮助员工解决思想上的困惑、工作上的难题和生活中的困难,帮助新员工适应工作环境,做好后进员工的转化工作,建设和谐、稳定的团队。

8. 加强与其他部门或人员的协调与配合,强调团队相互协作和相互服务意识,树立公司团队建设一盘棋的意识,坚决抵制小团体、小集团的狭隘思想,将一切工作的重心放在实现和维护公司利益上。

9. 在工作中为新人提供学习、锻炼的机会,放手让他们工作,及时纠正他们工作中的偏差,从思想上爱护他们,保护他们的工作积极性。

10. 每年度结合本部门工作实际,制定本部门的教育培训计划,部门培训计划要包含与本部门工作密切相关的公司其他部门或人员教育培训内容。

被管理岗位上的工作职责可以分为以下几个方面：

1. 全面熟悉、理解、掌握公司的规章制度。

2. 不折不扣地执行公司的各项规章制度，确保规章制度落实到位，要强化执行力度。

3. 自觉执行公司的总体教育培训计划，积极参加公司组织的有关教育培训活动。

4. 熟悉并牢记岗位说明书内容，并落实到行动中去。

5. 工作态度积极，配合落实公司和部门的工作指示和要求，努力提升自我。

四、设置工作目标

人们常说的目标，同时有两个含义：一是一般意义上的目标，就是要做成什么事，只能是愿望而已，它不是目标管理的目标；二是对做成这件事有准确的定义和完成时间限制，也就是有符合 Smart 原则的目标。工作目标一般指的是后者。在设置工作目标时，要遵循 Smart 原则。

Smart 原则的内容如下：

1. 具体化(Specific)

目标必须尽可能具体、缩小范围，这样才能符合实际情况且更具有可操作性。

要使目标具体化，应把握以下原则：

（1）要对组织情况有清楚的了解。

（2）明确本组织人力资源配备情况。

（3）要清楚整个机构的长期战略规划。

（4）要符合自身所处岗位的实际情况，目标应具有可实现性，和自身能力相符，同时该目标也要具有一定挑战性，只有通过努力才能达到。

2. 可衡量(Measurable)

目标达到与否要有可衡量的标准和尺度，这是进行效率考核的基础，也为目标过程管理提供依据，方便对工作执行情况进行检测。

那么,如何做到工作目标的可衡量呢?

(1)各相关人员对目标要有一致的认可,这样才能形成统一的衡量标准。这需要制定目标者对目标要有准确把握,能够就目标的实施情况与相关人员有效沟通。

(2)将工作目标、方法、优先级以及时间明确记载在年度目标上,考核时,每项目标达成情况都一清二楚,可以逐项对照、切实进行考核。

(3)对于目标中符合长远战略部分的计划,应当结合远景规划进行衡量,同既定规划相比较,寻找差距,作为改进目标的基础。

3. 与整体目标一致(Aligned)

个人目标应该是依据整体目标制定的,同整体目标保持一致是必需的,只有符合整体目标,个人目标才具有可行性和现实性,经理人才能取得个人进步和企业发展的双赢局面。要做到与整体目标一致,在制定个人目标的过程中经理人应当注意:个人目标应与组织结构以及部门的利益相吻合,个人目标最好是整体目标完成的前提或必要组成部分,个人目标的达成将有助于推动组织目标的实现。

4. 相关性(Relevant)

在制定目标时,应尽可能体现其客观要求与其他任务的关联性。目标前后要有一定的相关性,应保持连贯性,直至达成一个阶段性的目标或战略规划有了变化。

其实,做到目标的相关性也很简单,主要是在制定个人目标时要体现出总体目标的要求,目标前后有一定的继承关系;另外要注意的是,无论是个人目标或总体目标,都源于实际情况的分析,应把握好目标的实时性,能结合变化的情况更新目标。

每个人都不会只有一个工作目标,设定目标时,应给予每项目标一个目标指数,来决定目标的优先级。所有目标指数的总和必须是100%。

5. 明确截止期限(Time-based)

个人目标应能在某一个限定时间内完成,有了明确的时间界限,压力和动力就会成为目标实现的驱动力,需要注意的是,在强调个人完成目标时间的同时,还要强调协作。管理者应该将目标的实现列入进度计划表,细分每段时间的任务,清楚写明完成的时间,才会尽可能地减少拖延。

以上设定个人工作目标的方法就是目标管理中有名的Smart原则,掌握这一原则，有助于我们设定有效的工作目标。

除了要掌握设定工作目标的上述原则之外，对工作目标进行效果评价也是非常重要的环节。工作目标完成效果评价，不同于关键绩效指标的考核，它不是根据现成的生产经营统计数据得出确切的绩效结果，其完成效果是以上级对下级的评级实现的。评估级别是用来衡量被评估人工作表现的，是根据被考核对象在每项关键工作目标上的完成情况，对其工作绩效确定相应级别档次，主要可以分为三级（也可以根据不同目标特点以及可以区分的程度，进一步细分为五级甚至更多）：

第一级为未达到预期：员工职责范围内关键工作中，数项或多数未达到基本目标；关键工作表现低于合格水平，妨碍了上级单位整体业务和本单位整体业务目标的实现；未表现出任职职位应有的个人素质及能力。

第二级为达到预期：员工在职责范围内，大部分关键工作达到了基本目标；在少数领域的表现达到了挑战目标；为上级单位整体业务和本单位工作目标做出了贡献；表现出了稳定、合格的个人素质与能力。

第三级为超出预期：员工在职责范围内许多关键工作中，实际表现达到挑战目标；成功完成了额外的工作，并为上级单位的整体业务目标和本单位工作目标的实现做出了贡献；表现出了超过预期基本目标要求的个人素质及能力。

例如：

(1) 工作效率：工作的时效性

等级一：完成任务所需的时间远低于规定时间，工作的结果总是与预期的结果一致；

等级二：总能在规定的时限内完成工作，能够达到预期的结果；

等级三：尚能在规定的时限内完成工作；

等级四：经常需要上级的催促才能按时完成工作；

等级五：一贯拖延工作期限，即便在上级的催促下也不能按时完成工作。

(2) 熟练程度：指具备完成任务所要求的认知能力、身体的敏捷与协调性、注意力、言语理解等能力的程度。

等级一：有非常强的实际操作水平，对本职工作能够驾轻就熟；

等级二：有较强的动手能力，顺利地完成本职工作；

等级三：具备一般性水平，能完成任务；

等级四：工作时不得要领，反应较为迟钝；

等级五:素质较差,无法胜任工作要求。

五、部门内部的沟通

有经验的人都知道,给开水瓶灌水时,不能灌得太满,而需要留一个木塞大小的空间。如果灌得太满,木塞会被开水瓶内的压力冲起,甚至可能烫伤人体。

其实,在工作和生活中,这种现象并不少见。由于思维方式的不同,基于同样的事物可能会有不同的结论,而为了证实各自的结论,沟通就可能会不畅。很多时候沟通不畅往往并不是因为个人本来就有什么恩怨,而更多是基于双方的思维不同、价值观不同、行为方式不同所造成。当存在太多沟通不畅时,在组织中就有可能会形成个人恩怨。如果能够静下来,换个角度来思考问题,可能结果会完全不一样。游戏中,当然人们会容易转换思维,在别人的启发下,会发出"噢"的一声来表示"原来是这样"。可是在工作和生活中,却并不容易。我们会固执地坚持我们的观点,而不会静下来换个角度思考问题。

我们常常犯的错误,恰恰就是这样。我们固执地用自己的逻辑不断演绎推理,不断证明自己的观点。我们总是强调自己部门的重要性,总是强调自己的岗位的重要性,总是强调自己工作的重要性,总是用自己的逻辑讲述自己的故事。可是在我们的逻辑中却常常没有别人。更为可怕的是,在我们的逻辑中常常没有我们的客户。因此,我们常常在不经意中冒犯了别人,在工作中也就难免磕磕碰碰了,可能我们就需要转换一下思维,站在对方的角度去思考一下。具体来说,以下几个方面能够帮助你营造良好的沟通氛围:

1. 表明你既是在为自己的利益而工作,也是在为别人的利益而工作。每个人都关心自己的利益,但如果别人认为你在利用他们,利用你的工作或你所在的组织为你个人的目标服务,而不是为大家利益服务,你的信誉就会受到损害。

2. 成为团队的一员,用言语和行动来支持你的工作团队。当团队和团队成员受到外来者攻击时,维护他们的利益,这样做会说明你对你的工作群体是忠诚的。

3. 开诚布公。人们所不知道的和人们所知道的都可能导致不信任。如果你开诚布公,就可能带来信心和信任。因此,应该让团队成员充分了解信息,解释你做出某项决策的原因,对于现存问题则坦诚相告,并充分地展示与之相关的信息。

4. 公平。在进行决策或采取行动之前,先想想别人对决策或行动的客观性和公平性会有什么看法。

5. 说出你的感觉。那些只是向团队成员传达冷冰冰的事实的人,容易遭到团队成员的冷漠与疏远。说出你的感觉,团队成员会认为你是真诚的、有人情味的,他们会借此了解你的为人,并更加尊敬你。

6. 表明指导你进行决策的基本价值观是一贯的。不信任来源于不知道自己面对的将是什么。花一定的时间来思考你的价值观和信念,让它们在你的决策过程中一贯地起到指引作用。一旦你了解你的主要目的,你的行动相应地就会与目的一致,而你的一贯性就能够赢得信任。

7. 保密。你信任那些你可以相信和依赖的人,因此,如果别人告诉你一些秘密,他们必须确信你不会同别人谈论这些秘密,或者说不泄露这些秘密。如果人们认为,你会把私人秘密透露给不可靠的人,他们就不会信任你。

8. 表现出你的才能。表现出你的技术和专业才能以及良好的商业意识,能引起别人的仰慕和尊敬。应该特别注意培养和表现你的沟通、团队建设和其他人际交往能力。

然而,在现代企业中,往往按照分工不同将整个企业分成若干个部门,实行部门管理,即使某个部门内部员工沟通顺畅,但对于整个企业来说,沟通不再局限于某一个部门内部。对于企业,一般来说,如果各个部门能够良性沟通,通力配合,其效益自然会很好。但自部门产生以来,似乎并没有按照人们所期望的那样能够100%地实现有效沟通,总是存在这样那样的问题。这种部门间的沟通不畅,对企业或者部门的高效运行都造成了多种不良的影响。因此,无论对于每一个企业还是企业中的每一个员工,部门内部的良性沟通仅仅只是个基础,各个部门之间的良性沟通就显得至关重要了。那么,在部门内部员工良性沟通的前提下,如何才能实现部门间的有效沟通呢?其实,实现部门间的有效沟通,途径很多,归纳起来,主要有以下六大措施:

其一,沟通,从心开始。世界上最深的地方是人心,而打开人心的钥匙是真诚。企业每个员工都应该真诚待人,真诚做事,真诚沟通。沟通,不能只是因为工作原因才沟通,也不能用苍白的方式或近乎僵硬的态度与人沟通,而是要经常做到换位思考、相互尊重、以诚相待。换位思考是沟通技巧,相互尊重是沟通前提，以诚相待是基本要求。只有心沟通了，才能实现最好的沟通。

其二，沟通，部门领导要带好头。各部门的领导，在很大程度上直接影响着部门间的有效沟通。如果 A 部门的领导和 B 部门的领导之间存在分歧或私人恩怨，这将严重影响两个部门之间的沟通。因此，部门领导之间，除了应建立正常的工作关系之外，还应建立较好的私人关系，要带头交流，引导、鼓励部门成员与其他部门的成员交流，建立融洽的部门关系。

其三，沟通，在活动中加深了解，增进交流。这是实现有效沟通的重要方法，也是常见的方法。公司内部、部门之间经常开展一些可以增进了解的活动，如各种比赛、娱乐、文化活动等，让部门成员之间有尽可能多的机会接触，拉近彼此之间的距离，从而为部门间的有效沟通奠定坚实的基础。

其四，沟通，应充分利用现代科技。现代科技日新月异，我们不能因为科技的发达而让彼此的距离更远，我们需要充分利用现代科技手段，让彼此联系得更加紧密。比如，通过网络论坛让有兴趣的人可以分享彼此的经验或教训；通过各种软件平台建立内部资源共享圈子，实现不重复工作目标；利用电子邮件、QQ 等通信工具增加交流机会等。

其五，沟通，应形成一个机制。机制在日常工作中具有重要作用，它可以让人们有规律地去做同一类事情，并具有连续性。在公司内部建立有效的沟通机制，将极大地加强部门间的交流。在沟通机制里应明确跨部门间的沟通内容、沟通方式、沟通步骤和沟通双方的权利和责任。建立这样一种流程和制度对于确保跨部门间的有效沟通是非常必要的，因为在信息沟通过程中尤其需要注意尊重对方的职责和权限，不要超越对方的职权而去直接干涉别人的工作。当然，这类机制应包括正式或非正式的，正式的如会议，非正式的如聚会、座谈会等，需要注意的是既然是机制，就一定要具有连续性，不能三天打鱼两天晒网。

其六，沟通，需要公司的大力倡导，要让沟通形成一种文化、一种信念、一种常态。企业文化的核心是企业全体员工共同的价值取向。共同价值观的形成，为全体员工提供了一个统一的价值判断标准，使员工在不同的问题上具有一致的看法，从而增加相互间交流的内容和范围，促进组织内部信息的传递。企业的价值观越明确，就越能吸引企业中每个员工的注意力，使员工对部门利益的关注转移到企业目标上来，从而能大大减少部门本位主义对跨部门间沟通所产生的负面影响。为此，公司要大力倡导，要形成沟通文化，使沟通成为全体员工共同的价值取向,成为实现团队目标的一种信念,成为日常工作中的一种常态。

从团队建设的角度来说,部门间的有效沟通可以增强团队凝聚力和战斗力,从而可以更好地完成各项具有挑战性的工作。从工作绩效的角度来说,部门间的有效沟通可以实现资源共享,信息畅通,从而提高工作效率,避免重复工作,节省人力、物力和财力。从整个公司的发展角度来说,部门间的有效沟通可以促进公司内部的良性发展,使公司朝着高效、快速、健康的方向发展,对于实现公司的发展战略具有不可轻视的意义。从个人的发展角度来说,部门间的有效沟通可以促进企业员工的成长,使他们相互了解,相互学习,相互帮助,相互信任,形成共同进步的文化氛围。

因此,要想实现部门间的有效沟通,不仅要有公司的大力推行和倡导,也需要各部门身体力行,更需要每个员工积极参与。此外,沟通也要因地因时制宜,要保持与时俱进的精神,结合公司特点和部门特点,制定切实可行的沟通措施。

六、现代商业社会的基本规则

商业活动是现代商业社会的核心内容。商业活动主要是通过商家与消费者之间的买卖行为而实现的经济活动方式。要想保证整个社会的商业活动有序进行,必须要有基本的活动规则,可以称之为商业伦理。因此,协调商家与消费者之间的伦理关系就成为商业伦理的主要内容。此外协调商家与供货方、商家与商家之间的伦理关系也是商业伦理所要规范和协调的内容。由此交换自由、诚实守信、服务至上、公平竞争原则就成为商业伦理的基本原则,即是现代商业社会的基本规则。

交换自由是商业伦理的首要原则。自由作为经济伦理的一个重要范畴和原则是市场经济发展的产物。市场经济的本质就是自由地交换,自由是市场经济的内在要求。商业领域作为市场经济中从事商品流通的专门行业,自由交换的法则更是其必备的伦理原则。商业交换行为是由被交换的商品的特性与交换者的特殊需要之间的关系而构成的。交换者之间的交易买卖行为应该是在自由、自愿的条件下进行的。一方面是商家自主地决定出售什么商品,另一方面是消费者依据自己的需要自愿地购买相应的消费品,二者的交换交易活动都是建立在自由交换的基础上的。交换自由是商品交换过程和流通过程的最基本的法则,没有交换的自由,商品的交易也就无法完成,正常的流通秩序也会被打乱。因此,市场交换中出现的强买强卖、商业垄断、价格不公等现象都是与交换自由的原则相违背的,这些现象的泛滥势必会影响商业的正常秩序甚至会影响市场经济的有序发展。所以就商家与消费者之间的伦理关系的调节准则而言,交换自由是商业伦理的最基本的要求。

诚实守信是商业伦理的重要原则。诚实与守信既是社会道德的准则,也是经济伦理的主要原则,更是商业伦理的基本原则。诚信的要求就是诚实无欺、恪守信用,是规范商业人际交往关系的基本法则。在中国古代,"信"是与仁、义、礼、智相并列的道德准则,强调在人际交往和社会交往关系中要恪守信义、坦诚相待,特别是在传统儒家伦理中十分强调"信"的为人准则。在中国传统观念中"诚贾"、"良贾"实际上就是指诚实守信的商人,诚信也就成为商贾的立身之本。当然由于传统社会商品经济的不发达,诚实守信还只限于商人的个体规范,难以成为行业准则。另外传统的信用观念主要是以个体修养和自律形式起作用的,并无外在的制约和惩罚。因此也难以成为社会成员或商贾的普遍行为准则。而现代市场经济实际上也是法治经济,诚实守信本身就是一种合同和契约关系,需要通过外在的、惩罚性的手段来强化伦理信用观念和行为的养成。因此对今天的商业伦理而言,诚实守信不仅是商业发展的内在要求,也是市场经济条件下社会发展的外部要求。

服务至上是商业伦理的必要的基本原则。商业实际上就是服务,服务是商业的突出特性。让顾客满意是商业工作的宗旨,因此商业的服务工作主要是围绕着顾客和消费者来展开的,而"顾客至上"就是服务至上原则的最基本的内核。

公平竞争是商业伦理的内在道德准则。竞争作为一种社会现象,是指人们为了某种利益而相互进行较量以择出优劣的社会现象。在商业竞争中,竞争的各方常常是利益相分立的,因此"商场如战场"式的竞争就不可避免。但这绝不意味着市场竞争就是简单的"优胜劣汰"、"适者生存"的过程。竞争机制是市场经济的基本规律,通过竞争才能使社会资源有效配置,但无序竞争和恶性竞争也会断送市场经济,也会造成竞争者之间的两败俱伤。因此竞争也需要一定的规则和制约,使竞争不仅仅只是一种淘汰机制,还应使其成为一种激励机制。而有序竞争的基本法则就是公平竞争,反对不正当竞争。

相关链接

1. 目标管理:7个经典小故事:http://www.managershare.com/post/189149
2. 国务院关于大力推进大众创业万众创新若干政策措施的意见:http://www.gov.cn/zhengce/content/2015-06/16/content_9855.htm
3. 创新创业社规章制度总章程:https://sanwen8.cn/p/166IOpf.html

深度阅读

1. 朱俊德:《不可不知的1000个职场常识》,中国法制出版社2010年版。
2. 徐伟,赵嵩:《职业经理人十万个怎么办:如何提高工作效率》,北京大学出版社2005年版。

本章训练题目

1. 工作目标和员工在部门中的工作职责之间有什么内在联系?
2. 如何做到有效的部门内沟通?

第十一章　做好进入职场的心理准备

案例

尊重是基本礼仪

小君原是南海一家从事五金生产业务的工厂的办公室文员,月收入虽然不算多,但小君还是挺满足的。她是经过亲戚介绍找到这份工作的。但国庆节刚过,小君就失去了这份做了3个月的工作。小君被辞退的原因,老板说是由于小君不懂得尊重老板。

小君到厂后,老板考虑到她的介绍人的缘故,将她安排在办公室任文员,主要工作是负责接电话,为客户开单,购置一些办公用具等,工作并不复杂也不累,相对于整天工作在高温机器旁及在烈日下送货搬货的同事,小君自己都感觉是在天堂。应该说,她是很珍惜这份工作的,尽管每天从早上8点一直工作到晚上6点,但小君下班后仍喜欢待在办公室,毕竟这里有空调,好过只有电风扇的集体宿舍。因为善于交际,小君有很多朋友,朋友们下班后总喜欢来找小君玩,因为小君在朋友的眼中已经属于白领,且可以在小君有空调的办公室聊聊天,看看报纸。小君的老板认为,每个人都有朋友,小君的朋友在下班时间来找她玩,在办公室聊天无可厚非,小君还可顺便接听一些业务电话。因此,他对此事从来都没有加以限制。后来,一次老板从外地跑完业务后赶回厂里拿货,回到办公室时,遇到小君和她的两个好朋友,不知道为什么,小君并没有将老板介绍给朋友认识,而是自顾自地干自己的活。而因为小君没有介绍,她的两个朋友也没有和老板打招呼,虽然已停止了聊天、打牌,但坐在那里却不知所措。性格偏内向的老板也没主动向她们打招呼,气氛很尴尬。片刻后,小君的两个朋友起身离开,也没向老板打招呼。事后,小君就失去了这份工作。

小君不懂得一些办公应酬的基本礼仪,不懂得尊重老板,不懂得在外人面前树立老板威信,她的素质不适合办公室文员的职位,自然就失去了这份工作。

著名作家柳青曾说:"人生道路虽然漫长,但要紧处常常只有几步,特别是当人年轻的时候。"他强调了青年一定要走好人生的头几步。大学毕业正是施展才华的大好时光,对于每一位刚刚走出校门、踏上工作岗位的大学生来说,走好职业生活的头几步是十分重要的。只要有了一个良好的开端,就会使自己少走弯路,并意味着未来的整个职业生涯的成功。

导 语

作为一名大学毕业生,经历了十几年的求学拼搏,即将告别校园走入社会,在全新的社会舞台上展示自身才华,但如何才能顺利地适应崭新的环境和职业生活,将自己培养成企业需要的高素质人才,在岗位上更好地成长成才,需要每个大学生做好充分的心理准备。

关键词

职业形象;职业环境;人际关系;企业人才需求;优秀员工特征;职业人角色;人脉积累

一、迎接崭新的生活方式

到一个新的工作环境,应当注意哪些问题呢?先入为主的印象,往往是最鲜明、最深刻的,使人经久难忘,长期影响着周围同事对毕业生以后的评价。所以,毕业生一定要特别重视第一印象的塑造,开好头,起好步。

(一)设计职业形象

职业形象是社会公众对职业人的感受和评价,职业人从事职业活动时的形象就是职业形象。一个职业人的职业形象是公众对他的着装、气质、言谈、举止能力、敬业精神、乐观自信等外在形象和内在涵养的综合印象。良好的职业形象不仅能够提升个人品牌价值,而且还能提高自己的职业自信心。职业形象也是维护职业声誉的重要组成部分,是企业文化和社会文明的重要组成内容。

1. 衣着整洁,注意仪表

作为一个职业人,穿着打扮要与所在单位的文化环境及同事们保持协调。

一般大公司或企业都有自己的服装,毕业生在报到或培训时,应该拿到公司统一的服装,那么第一天正式上班,毫无疑问,应穿公司的服装。如果单位没有统一的服装要求,根据工作性质和环境的不同来着装,衣着应符合工作性质和环境。衣着尽量以朴素大方、整洁得体为主。男士应定期理发刮须,不宜蓬头垢面。女士可适度化淡妆,但不宜浓妆艳抹。

2. 举止得体,严格要求

刚到一个单位,行为举止要得体适度,说话要注意分寸,对上级领导要使用尊称,对同事要保持谦虚的态度。不要过于表现自己,也不要过于拘谨。工作时间不要聊天,遵守劳动纪律和单位的各项规章制度。在与他人的交往中,应热情坦诚、文明礼貌。为人处世一定要讲道德、重信用。

(二) 融入职业环境

大学生从学校走向社会,周围环境、生活方式都发生了变化,这就要求其观念、意识、心理品质、行为方式等都要随之改变和调整,走好适应社会的第一步。

1. 尽快进入新角色

要尽快抛弃学生时代所形成的依赖、任性心理和生活习惯,树立新的角色意识,并以新角色要求自己;要尽快抛弃恋旧情绪,不要沉湎于学生时代那些美好情景的回忆之中,而是要尽快熟悉和了解自己的新工作,在新的角色中寻找乐趣。大学生步入社会后会承担不同的工作角色,或做技术工作,或搞科学研究,或从事行政管理,无论从事何种工作,都要认清工作的性质、要求,努力扮演好新角色。总之,要适应角色的转换,尽快学会按新角色的要求工作和生活。

2. 尽快适应新环境

大学毕业生走向社会,生活环境发生了重大变化,面对的是纷繁复杂的社会生活。适应新的社会生活,就要正确认识周围的环境,适应新的环境。社会生活内容是多方面的,任何社会环境都有好的方面,也有不好的方面,要用辩证的观点去看待,要善于发现对自己的工作与发展有利的因素,并且善于利用这些因素来促进自己的成长。适应新环境,并不意味着盲目随从,而是要保持清醒的头脑。既要保持自己应有的本色,又要调整自己的心态。

3. 尽快树立职业意识

大学毕业生走上工作岗位后,由于要承担一定的社会责任,在工作中要独当一面,同时人们也开始把他作为一个独立的社会人对待,这就要求其具有独立意识。多数毕业生要参与生产、管理、决策的实践活动,对所在单位和部门要承担更多的社会责任和义务。应该意识到,个人工作成绩的好坏,不仅和自己的前途有密切关系,而且与单位和部门的兴衰荣辱休戚相关,这就要求大学生要树立主人翁意识。科研项目的完成、工程技术的实施、生产的组织管理等,都必须具有协作精神。因此,要树立协作意识,事事从整体利益出发,顾全大局。

4. 尽快培养适应社会的行为方式

第一,要掌握基本的生活技能。尽管每个人都有自己的生活习惯和方式,但在新的环境中要用新的标准来衡量,要提高衣、食、住、行等方面的独立生活能力,调整好生活节奏,培养良好的生活习惯,有积极向上的生活追求。

第二,要掌握职业技能。到工作岗位后,要了解自己所从事职业的特点、性质、工作程序及其相互关系,不断提高自己的业务水平。

第三,要培养自己工作所需要的心理品格。社会工作的门类多种多样,所需要的心理品格也不相同。大学生在确定了自己的工作岗位之后,就要熟悉自己的工作岗位,分析自己工作的特点,注意培养工作所需要的心理品格。

第四,要学习社会规范。学习社会规范,特别是要学习法律规范和道德规范,运用社会规范进行自我评价,调节自己的行为,从而适应社会的要求。

(三)建立和谐的人际关系

人际交流是人际关系形成的实质条件,这是一个动态的相互作用的过程,归根到底人与人之间最终是否形成以情感为基础的人际关系,交流非常关键。要与他人建立和谐的人际关系,必须具备良好的人格素质。要做到这一点,必须注意以下几个方面。

1. 尊重他人

有位哲人曾说过:"对他人不尊敬,首先就是对自己不尊重。"人都有自尊心,要求别人尊重自己是每个人的权利,而尊重别人乃是每个人的义务。尊重他人就等于把自己放在与对方同等的地位,只有尊重对方,双方才可以了解、沟通,才能合作共事。

2. 团结合作

平等待人、平等相处、团结合作,这是建立良好人际关系的前提。没有平等待人的观念,就不能与周围的人融洽相处。单位中的人际交往,既有同事之间的,也有与领导之间的;既有因工作的交往,也有因生活的交往;等等。这些都要求刚走上工作岗位的毕业生在交往过程中能摆正自己的位置。在与人共事和交往中,应本着团结合作、宽以待人、严于律己的精神。

3. 与人相处的艺术

初入职场的毕业生,学一些与人相处的艺术,对建立良好的人际关系是非常有用的。下面几点意见供毕业生参考。

(1) 与人相处时热情大方,尽量面带微笑。热情应成为每个毕业生必备的个性品质。对人要热情,对工作也要热情,热情的外在表现就是你脸上真心的微笑。因为这样会使你周围的人觉得你容易亲近。

(2) 为人谦逊而不拘谨。无论在领导面前还是在同事面前,言谈举止要庄重文雅,不能过于随便或轻浮,要给人一种既有能力又有修养的好感。切忌傲慢,受教于他人时要虚心听取;劝勉别人,不要居高临下。但是在领导或同事面前也不必过分谨小慎微,否则就会让你办事缺乏自信,成不了大事。

(3) 对上级服从而不盲从。领导岗位总是有能者居之,因此,上级在知识、能力、经验等方面都是值得刚进职场的新人学习的,而且下级服从上级、个人服从组织是组织纪律,也是基本的工作准则。当然,服从不是盲目听从,如果上级下达的任务或做出的指示确实有不妥之处,应提出意见,但要注意方式方法,这样不仅体现了对上级领导的尊重,也有利于毕业生的建议被接受。

二、企业追求的人才

新经济时代所需的企业人才,不同于大工业经济时代,具有典范性。具体来说,企业追求以下几种类型的人才。

(一) 创新型人才

企业需要的是具有创新意识的人才。随着经济的发展,产品由于知识含量的增加而形成知识产品。知识产品的生产,最重要的生产资料不再是设备和工具,而是表现为人的知识能力和人的创新能力。商品的价值不再是劳动者体力的简单转化,而是劳动者知识的转化,这就要求劳动者必须有很强的创新能力。科技是第一生产力,科技的创新对经济的发展具有巨大的推动作用。据研究证明:技术对经济增长的贡献率,在20世纪初为5%—20%,70年代至90年代为

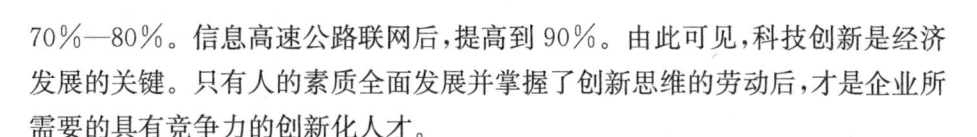

70%—80%。信息高速公路联网后,提高到90%。由此可见,科技创新是经济发展的关键。只有人的素质全面发展并掌握了创新思维的劳动后,才是企业所需要的具有竞争力的创新化人才。

(二) 个性化人才

人的个性化是创新过程中的一种具体表现形式,任何一个创新设计都会表现出个性化的思路。所谓个性化,就是让其个性得到充分发挥,适合学什么,就让其学什么,适合干什么,就让其干什么,有哪一方面的兴趣与特长,就让其在哪一方面发展。个性的全面发展与社会的需求必须相结合,与所在组织的需求必须相吻合,这是个性化发展的基本前提。企业需要操作型、创新型的个性化人才。他们具有突出的决策能力、沟通能力、创新能力和操作能力,有很强的竞争意识、服务意识、市场意识、创新意识和超越意识。个性化人才有创新精神,能超越自己,他们是时代的标志、社会的脊梁。

(三) 复合型人才

所谓复合型人才,就是指有多种专业能力和技术的复合体,是智力因素与非智力因素的复合人才。复合型人才不仅是多学科、多技术的融合体,而且是跨行业、多领域的叠加和放大功能的特殊人才。由于很多创新活动是跨领域的,这种创造不可能依靠某种单一知识和单一技能来实现,它必须借助多种知识、多种技能的综合运用来完成。社会越发展,创造的复杂程度越高,高度复杂的创新需要高度发展的能力系统,也就是对知识面的要求越来越宽。实际上,许多日常工作也离不开综合能力,复合型人才是当代企业所需要的稀缺人力资源。复合型人才要求人才培养和教育机制需要改革创新,也要求人才本身具有永续学习的意识和高效学习的能力。

(四) 合作型人才

企业的许多项目只有通过企业合作的方式才能实现。在网络化、信息化社会中,企业本身就是一个多方面的合作组织,企业只是链状供求中的一环,在这个链条中有政府、银行、税收、工商、保险、交通、质检、环保、高速网络等服务系统。因此,新经济社会是一个人际关系高度社会化的社会。在这样的社会中,更需要紧密的联系和协作,需要借助集体的力量和他人的力量才能发挥自己的力量,取得事业的成功。也就是说,在新经济环境中,从事科研、发明、创造,或从事生产经营活动,靠一个人的力量是难以完成的。有人认为,竞争是工业社会的价值观,而当代经济的价值观就是合作。因此,大力培养合作型人才是企业未来发展的希望所在。

(五) 交往型人才

社会人际交往能力是人的实际操作能力中一种重要的基本的能力素质。企业成功的经验告诉我们,企业所需要的交往型人才,应该是同时和多种人打交道都能成功的人,既有专业才智,又善于合作且有良好人际沟通能力的人才。有人说交往就像一座桥,桥有多宽有多长,交往关系就有多宽有多长,交往的长宽自然就成为企业经济增长和转型的重要手段了。

三、优秀员工的典型特征

(一) 敬业乐业

敬业是一种职业道德,它包含了对自己工作的一种使命感和责任感。所谓敬业乐业就是敬重自己的工作,将工作当成自己的事,其具体表现为:忠于职守、尽职尽责、认真负责、一丝不苟、一心一意、任劳任怨、精益求精、善始善终等职业道德。"乐业"即寻找到工作的乐趣,尽力把工作做到尽善尽美,以便找到工作的真正意义并发挥自己最大的潜能。

(二) 忠诚可信

忠诚建立信任,忠诚建立亲密。只有忠诚的人,周围的人才会接近你。企业在招聘员工的时候,绝对不会去招聘一个不忠诚的人;客户购买商品或服务的时候,绝对不会把钱交给一个不忠诚的人;与人共事的时候,也没有人愿意跟一个不忠诚的人合作……

(三) 团队精神

以团队为基础的工作方式可以提高成员的职业道德水平,团队力量的发挥是组织赢得竞争的必要条件。团队精神不等同于集体主义。团队精神可以使组织保持活力、焕发青春、积极进取。所谓团队精神,简单来说就是大局意识、协作精神和服务精神的集中体现。作为一个独立的员工,必须与公司制定的长期计划保持步调一致。员工需要关注其终身的努力方向,如提高自身及同事的能力,这就是团队精神的具体表现。

（四）注重细节

注重细节是优秀员工品质的体现。作为员工，应把做好工作当成义不容辞的责任，而非负担，要认真对待、注重细节、追求完美，细节体现艺术，也只有细节的表现力最强。考虑到细节、注重细节的人，不仅认真对待工作，将小事做细，而且注重在做事的细节中找到机会，从而使自己走上成功之路。

（五）有执行力

执行力，简单来说，就是保质保量、按时完成工作任务的能力。执行力是建立在以正确行事标准为前提下的积极、有序、快速、高效的行为。执行力是不折不扣的贯彻决策、推行计划，通过实践将策略转化为成果的能力。执行力的核心是务实、实事求是、责任心和关注细节。执行力是从规划到结果的推进器，它的高低往往决定最终的成败。执行力是一种用人单位极其看重的个人核心竞争力。拥有执行力，即使光凭一把生锈的螺丝刀，都要比空有一屋子工具，却只说不做的人更具备迈向成功的竞争力。

（六）工作高效

遇到问题就自己想办法去解决，碰到困难就自己想办法去克服，找方法提高工作效率。在企业里，没有任何一件事情能够比一个员工善于处理和解决问题，更能表现出他的责任感、主动性和独当一面的能力了。

（七）不找借口

"拒绝借口"是成为所有企业追求完美的最有力的保障，它强调的是每一位员工都应该对自己的职业行为准则奉行不渝，没有任何借口地坚定执行，而不是为没有做好自己的工作去寻找任何借口，哪怕看似合理的借口。不以任何借口为理由并不是最终目的，这种要求是为了让个人学会应对压力和挑战，培养自己不达目的绝不罢休的毅力。

（八）善提建议

为企业提出好的建议，能给企业带来巨大的效益，同时也能给自己更多的发展机会。为了做到这一点，你应尽量学习了解公司的业务运作的经济原理，为什么公司业务会这样运作？公司的业务模式是什么？如何才能盈利？同时，你还应该关注整个市场动态，分析总结竞争对手的错误症结，不要让思维固守在以前的地方。

（九）维护形象

企业形象不仅靠企业各项硬件设施建设和软件条件开发，更要靠每一位员工从自身做起，塑造良好的自身形象。因为，员工的一言一行直接影响企业的外在形象，员工的综合素质就是企业形象的一种表现形式，员工的形象代表着企业的形象，员工应该随时随地维护企业形象。

四、职场新人的角色和位置

（一）职场新人的职业人角色

在校园期间，大学生学习和生活条件比较优越，空闲时间和自由支配时间比较多，节奏也比较缓和，压力较小；而参加工作后，特别是在试用期内，毕业生往往被安排到条件艰苦的基层去锻炼，而且工作繁忙，经常需要加班加点，属于自己的时间越来越少。在这种情况下，往往会加剧角色冲突，为此，大学毕业生应该加强试用期内的学习和认识，使角色转换顺利实现。

1. 重视岗前培训

岗前培训对于刚刚走上工作岗位大学生的角色转换是非常重要和必要的。它不仅仅是让新员工了解单位的基本情况，熟悉规章制度和工作程序，更重要的是通过岗前培训来树立集体主义观念，培养人际协调能力和奉献精神。从某种意义上讲，岗前培训可以直接反映出新员工的素质高低，因此单位都非常重视，并依此择优录用，分配岗位。毕业生一定要以认真的态度把握好这样一次充实自己、表现自己和提升自己的良机。事实证明，很多毕业生就是因为在岗前培训期间显露才华、表现出色而被委以重任的。

2. 要善于展现自己的知识

大学毕业生因为具有新知识而受到同事的青睐和尊敬，但为此也使一些人与同事之间容易产生一定的距离。因此，大学生在同事面前一定要表现得谦虚、随和，在尊重同事丰富经验的同时，适时适度地展现自己的知识。例如，可以利用工作机会，特别是当同事在工作中遇到麻烦时，以谦虚诚恳的态度从理论上提出自己的见解，共同商讨，共同解决问题。也可以利用业余娱乐机会，发挥自己的知识优势。在交流中让同事了解你的为人和性格，表明自己的世界观、人生观和价值观，缩短与同事间的距离，成为大家的朋友。要切忌以文凭自居自傲，那样只能使得同事对你产生反感，使得自己越来越脱离群众，变得孤立无助。

3. 要树立工作的责任意识

大学生对未来都有美好的期望，都想在事业上大干一场，建功立业。但是多数人在走上工作岗位之初，一般不会被委以重任，而是先从最简单的辅助性工作做起，这也符合人才成长的基本规律。但是，有不少人凭着对工作的新鲜感和学识上的优越感，认为自己被大材小用了，对一些工作不愿意干，甚至开始闹情绪。其实，这是缺乏责任意识的表现，干任何一项工作，都要有足够的热情，更要有丰富的经验和随机应变的能力。这种经验和能力的获得并非一朝一夕之功，它需要在平时的工作中来积累和训练。显然，凭借热情和情绪只能是对工作的不负责任。因此，不管工作的大小、分工的高低，大学生都要以满腔的热情、高度的事业心和责任感认真对待，圆满完成。

4. 要培养实事求是的工作作风

大学毕业生具有较强的自尊心和自立意识，在工作上总想独当一面，取得成就。尽管很多人对待工作的态度是认真谨慎的，但在很多时候，工作中还是难免出现失误。工作失误并不可怕，可怕的是不能正确地认识失误，不能实事求是地去承认失误。如果工作中一旦出现了失误，就要认真地分析原因，总结经验教训，找准失误点；同时要敢于向领导和同事承认，并勇于承担责任，以获得领导和同事的理解；另外，要虚心学习、请教，总结经验教训，防止类似失误再次发生。

（二）找准职场新人的位置

1. 正确看待"挑剔"

许多人觉得一些公司对待新人太过挑剔，但是优秀的企业领导思维总是相似的：许多领导喜欢从苛刻与挑剔中观察员工的反应与能力，从中决定自己对员工的重用程度。在网上疯狂转播的微软公司面试题同样以挑剔与怪异出名，如询问面试者为何下水道的盖子总是圆的等。公司实习生必须知道，对于任何一家公司而言，他们要招收的不仅仅是新人，而是有创造价值的新人，所以表现出自己的创造价值，这正是完成从实习生到正式员工华丽转身的必经路径。从这个角度上，实习生必须从心态上就认定自己是公司一员，从为公司利益考虑的角度,去思考如何使自己的工作能够为公司创造价值,而不仅仅是自己能从公司中学习到什么。

2. 学会"忍耐"

实习生初始到职场中工作,公司往往只是分配给他们一些非常简单、重复性的事务,主要目的是让实习生更多地了解公司业务及运作,对其要求并不高。如果实习生表现较好,公司领导往往会在潜意识中将其视为公司未来的职员,在这种情况下,公司领导会把一些超出实习生能力范围或其职责范围的事务交代下来,其中可能就包括一些公司业务之外的事务,为完成这一任务,许多初入职场的实习生觉得压力不小。但聪明的实习生就知道:这种貌似挑剔的要求或任务,其实正是公司考验自己的命题之一,如果自己能沉得住气,好好寻找相应的完成策略,自己必然会受到公司领导的刮目相看。

3. 快速了解公司业务

作为刚进入职场的实习生,从学校到社会、到企业是一个很大的转折,需要不断地通过各种方式和渠道了解所在企业的相关情况。很多企业的领导会告诉你,你要尽快地了解企业和相关的业务,但是往往很多领导不会很仔细地告诉你,你应该怎么去了解。聪明的职场新人会通过不断找同事沟通,通过公司的文件、公司的组织架构及公司的网站等对公司有一个很好的了解;而很多的职场新人往往进入职场后所做的事情是担心自己如何融入企业,而没有采取很好的方法,将这样的担心一直保持到离开这家企业。

4. 熟悉公司成员

很多刚入职场的新人,往往在离开企业的时候,连企业里面的很多同事所在部门和名字都不知道。往往一些企业的领导就会要求,你一定要尽快地了解公司的相关业务部门和人员,而有些领导往往让你自己去和相关的人员进行沟通,这对于一些新人压力是很大的,但是对于刚进入职场的新人,我们建议你在熟悉公司背景和相关业务的时候,也应该迅速地通过各种渠道熟悉公司的各部门及负责相关业务的人员。因为你只有熟悉了相关的部门和人员后,你办理事情的时候才能少走弯路,你少走弯路了,才能迅速地找到工作的状态,这样,你就能在办事和为人上找到很好的突破口,从而为你能留在企业增加更多的机会。

五、拓展人脉

人脉，是由人际关系而形成的人际脉络，就是人与人之间的关系。人脉与人际关系有着千丝万缕的联系。经营人际关系是面，经营人脉资源是点；人际关系是花，人脉资源是果；人际关系是目标，人脉资源是目的；人际关系是过程，人脉资源是结果。

（一）人脉规划与管理

人脉需要规划与管理。下面是几个人脉管理的建议：

1. 努力充实自己

优秀的人身边总不会缺乏朋友。"物以类聚，人以群分。"成功者喜欢和成功者在一起。作为一个学生，所谓的成功并不是说让你挣很多的钱，你只要有意识地在各方面充实自己，尤其在自己的专业爱好上做出成绩，积累自己的实力与底蕴，人际关系才会巩固。切勿只注重提高交际技巧，而忽略自身素质的提高。

2. 结识优质人脉

人脉分为优质人脉、中等人脉和低级人脉。只有优质人脉才可以帮助同学们取得事业成功，而低级人脉则会阻碍同学们的事业进步。同学们都不希望结识一些对自己的事业没有任何帮助，甚至让自己更加堕落的人。

一个整日沉迷于网络游戏的人和一个整日在图书馆埋头苦读的人是不大可能成为莫逆之交的。同学们必须考虑人脉资源结构，比如行业、学历与知识素养、高低层次等因素，以便达到真正的志同道合。

3. 注意人脉资源的深度、广度和关联度

在拓展人脉资源的过程中，要注意人脉的深度、广度和关联度。人脉的深度即人际关系纵向延伸的情况，达到了什么级别；人脉的广度即人际关系横向延伸的情况，范围有多广；人脉的关联度是指人际关系与个人所从事行业的相关性和人脉资源直接的相关性。人脉资源既要有广度和深度，又需要有关联度，可以利用朋友的朋友或他人的介绍去拓展你的人脉资源，从长远考虑，千万不要有人脉"近视症"，需要关注其成长性和延伸空间。

（二）经营你的人脉

人脉如同金钱一样，也需要管理、储蓄和增值。在经营、利用自己的人脉资源的同时,同学们应该遵守几个原则。

1. 人之所欲,施之于人

你的朋友想要你用什么样的方式与之相处,你就用什么样的态度跟他相处,而不是用你想要的方法来与他互动。在关系的互动和维持上,仅凭一面之缘就要打电话请人帮忙,会很容易让人觉得你交朋友的目的性太强。弄懂每个朋友真正需要的是什么。你越是愿意无私地服务别人,别人才可能无私地回报你。

2. 价值对等原则

价值对等原则也叫互惠原则,价值即"被利用价值"。在盘点人际关系前,冷静地先问问自己:你对别人有用吗？如果你无法被人利用,就说明你不具有价值;你越有用,就越容易建立坚强的人脉,同时也更方便经营、利用自己的人脉资源。你的价值正是你利用人脉的前提。在人际交往中,要善于向别人传递你的"可利用价值",从而促成交往机会,彼此更深入地了解和信任对方,形成一种利人利己的双赢人际关系模式。

3. 诚实守信原则

信用的心理作用是给对方以安全感,人际关系是以互相吸引为前提的,而这种吸引很重要的一点是双方必须在交往中达到心理上的安全感。因此,约定的聚会,要按时出席;承诺的任务,要力争完成;朋友托办的事,答应了,就要办到;借别人的款项、物,要如期归还。这些不是无关紧要的小节,而是影响到个人信誉和人际关系的大问题,切不可掉以轻心。

4. 分享原则

分享是一种最好的建立人脉资源的方式,你分享得越多,得到的就越多。世界上有两种东西是越分享越多的:一是智慧、知识,二是人脉、关系。正如萧伯纳所说:我有一个苹果,你有一个苹果,交换一下每人还是一个苹果;我有一个思想,你有一个思想,交换一下每人至少有两个以上的思想。同理,你有一个关系,我有一个关系,如果各自独享,则每人仍是只有一个关系,如果拿来分享,交流之后则每人拥有两个关系。

(三) 积累人脉的方法

1. 寻找你的贵人

贵人是可遇不可求的。同学们唯一能做的就是通过经营自己的人脉来给自己创造更多的可能。大学生的贵人可能是赏识你的老师、关心你的朋友、督促你的亲人，还有可能是一个陌生人。贵人对你最大的影响就是在你人生的重大选择、行动上给予重大的支持，可能是一句话，可能是鼎力相助。不要只看重人脉中的显贵，而忽视其他更多的普通人。在适当的时机，任何一个普通人都可成为你的大贵人！

2. 熟人介绍

根据美国人力资源管理协会与《华尔街日报》共同针对人力资源主管与求职者进行的一项调查显示，95％的人力资源主管或求职者通过人脉找到了适合的人才或工作，而且61％的人力资源主管及78％的求职者认为，这是最有效的方式。前程无忧也曾经做过"最有效的求职途径"调查，其中"熟人介绍"被列为第二大有效方法。通过熟人或已有人脉，来扩展自己的人脉链条，是最主要的方法和渠道。

3. 把握帮助别人的机会

先不要问别人能为自己做什么，要先问自己能为别人做什么。把握每一个帮助别人的机会。其实在帮助别人的同时，你也得到了别人的感恩，而对方的感恩预示着在你需要帮助的时候，也必将获得对方的帮助。帮助别人可以提高你遇到贵人的概率。

4. 参与社团

通过社团活动的开拓来经营人际关系。在平常，太过主动地接近陌生人，容易引起对方的反感，会遭到拒绝，但是通过参与社团活动，人与人的交往将更加顺利，能在自然状态下与他人建立互动关系，扩展自己的人脉网络。而且人与人的交往在自然的情况下发生，往往有助于建立情感和信任。

5. 利用网络

一位销售部经理，闲暇时间喜欢上网。利用网络，他结识了所从事行业中第二大企业的老板。现在，他已是这家企业主管营销的副总经理。由于他们在网上不设防地交流，对对方的价值观、爱好、兴趣、处事能力等已经有了比较透彻的了解，所以，他与老板相处得很融洽。他还利用网络在全国十五六个城市结交了20多位知心朋友，此举大大促进了他业务的开展，人脉资源的延伸取得突破性的进展。

6. 学会沟通与赞美

想成为一名成功的人士，就要善于学会把握机会，抓住一切机会去培育人脉资源与关系。参加婚宴，你可以提早到现场，那是认识更多陌生人的机会；参加活动,要多与他人交换名片,利用休息的间隙多聊聊;在外出旅行过程中,善于主动与他人沟通等。

相关链接

一、视频

《职来职往》

内容简介:《职来职往》是由江苏卫视和中国教育频道联合打造的,帮助求职者正确地对待自己与职场,为多样的职场精英提供就业机会的国内首档职场类娱乐真人秀节目。节目囊括各行各业、人生百态,通过行业达人和求职者之间的对话,反映当下最热点的行业话题并产生观点的碰撞。通过不同行业职位的人群,不同的思维与视角展示社会的本来面目,通过理性、客观、全面、真实的分析,展示真正的职场。这档栏目每期都将邀请18位来自各行各业的"职场达人",以亮灯和灭灯的方式对参与节目的选手进行评判,决定他们能否前往100家知名企业工作、能否与自己心仪的工作岗位牵手,同时现场针对每一位选手的情况提出来自职业和职场的宝贵意见。

二、图书

《高效能人士的七个习惯》,[美]史蒂芬·柯维,中国青年出版社,2011年版,23.80元

内容简介:《高效能人士的七个习惯》是福布斯"有史以来最具影响力的十大管理类书籍之一"、《首席执行》杂志"20世纪最具影响力的经济类书籍",在全球70个国家以32种语言畅销。本书中的七个习惯是一个整体,它们相辅相成,既讲到了个人要全力以赴确立目标、进行个人修炼,并由依赖转向独立,从而实现"个人成功",也讲到了要通过建立共赢、换位沟通、集思广益等,促进团队沟通与合作。而不断更新更是涵盖了前六个习惯,督促我们从身心开始完善。本书汇集了作者10多年来对世界变化的新思考。

三、网站

职场百科网 http://www.zcbkw.com/

中国大学生在线·就业频道 http://job.univs.cn/

中国就业 http://www.chinajob.gov.cn/

深度阅读

1. 中组部、人社部、教育部《〈关于进一步引导和鼓励高校毕业生到基层工作的意见〉重点任务分工方案》

2. 国家"十三五规划建议"中关于社保的规定

3. 教育部《关于做好 2017 届全国普通高等学校毕业生就业创业工作的通知》

4. 人力资源和社会保障部关于加强高校毕业生职业培训促进就业的通知（人社部发〔2012〕20 号）

本章训练题目

训练一：环境适应训练

为了培养大学生岗位适应、自我适应、现实适应、情绪适应、人际适应、生活适应等适应职业环境必需的能力，请做以下环境适应训练：

训练内容：

（1）面对高强度的劳动，要有吃苦耐劳的准备。

（2）面对不习惯的生活，要有坚持奋斗的准备。

（3）面对重重困难，要有坚持到底的准备。

（4）面对复杂的工作，要有勇于进取的准备。

（5）面对突发事件，要有处变不惊的心理。

（6）面对不同的人员，要有区分好坏的能力。

（7）面对困苦的环境，要有忍受屈辱和寂寞的准备。

（8）面对茫茫的前途，要有自信、自强、自立的精神。

训练步骤：

（1）教师案例导入。

（2）新入职工作环境模拟表演。

（3）学生进行小组讨论，发言。

（4）教师进行讲评和总结。

关于环境适应的感想。

训练二：制订岗位学习计划

岗位学习计划是指为在不同的工作岗位上，结合岗位职责及工作任务而制订的业务学习计划。

　　岗位学习计划的制订应从如下几方面着手:(1)资料学习:①员工手册学习,包括公司各种规章制度、企业文化等方面的学习。②工作手册学习,学习与工作任务直接相关的知识和技术、工作手册、与工作相关的参考书等。(2)经验学习:向有经验的师傅学习。

　　在以上两方面的学习中,还应该特别注重延伸学习。应该了解自身工作任务与上下级工作任务的关系,以及上下级工作任务的技术特点。

　　请同学们询问相关人士,查找相关资料,制订一份岗位学习计划。

第十二章　提高工作效率

> 案例

案例 1

■ 一天,动物园管理员发现袋鼠从笼子里跑出来了,于是开会讨论,大家一致认为是笼子的高度过低。所以他们决定将笼子的高度由原来的 10 米加高到 20 米。结果第二天他们发现袋鼠还是跑到外面来,所以他们又决定再将高度加高到 30 米。

■ 没想到隔天居然又看到袋鼠全跑到外面,于是管理员大为紧张,决定一不做二不休,将笼子的高度加高到 100 米。

■ 一天长颈鹿和几只袋鼠在闲聊,"你们看,这些人会不会再继续加高你们的笼子?"长颈鹿问。"很难讲。"袋鼠说,"如果他们再继续忘记关门的话!"

案例 2

■ 小李是一家房地产公司的行政助理,她曾一度陷入工作的困境。当她正努力完成一个同事交给的工作时,另一个同事又打断她,交给她一项更紧急的工作。她是应该停下手头工作去满足第二个人的要求呢,还是应该继续完成第一项工作,满足第一个人的要求呢? 不管怎样,总会有一个人对她不满。当她向上司求助时,已经做好了辞职的准备,但最后还是决定听听上司的建议。

■ 现在小李在她的桌子旁放了一个白板,板上写着每个人的要求。当同事有紧急要求时,他们自己向与之"冲突"的人解释,获得优先处理权。既然整个团队都看到了她的工作安排,小李可以将与每个人相关的工作列为最优先。很快,由于各人的要求是公开的,需紧急处理的工作便大大减少了。

案例 3

■ 查尔斯·M·斯瓦伯，就是那个把巴布斯雷汉姆钢铁公司经营成世界上最大的独立钢铁生产公司的英雄，曾经在一次晚宴上向一个叫爱威·李的管理顾问提出了一个挑衅性的问题："请告诉我怎样才能用同样的时间干更多的事情，如果你讲得有道理，你要多少钱都行。"

■ 爱威·李递给他一本空白便签说："每天晚上写出明天你要干的事，然后按它们的重要性编码。早晨就开始干第一件事，直到完成。接着开始干第二件事，第三件……如果你没能完成所有的项目，不要忧虑。如果你这种办法不灵，别的方法也白费。不信，请你试试看。"不久，斯瓦伯给爱威·李寄了一张 3.5 万美元的支票。后来他说那是他有生以来最有益的一堂课。

资料来源：https://wenku.baidu.com/view/677cb867482fb4daa58d4b6f.html?from=search

导 语

　　工作效率，一般指工作产出与投入之比，通俗地讲，就是在进行某任务时，取得的成绩与所用时间、精力、金钱等的比值。产出大于投入，就是正效率；产出小于投入，就是负效率。工作效率是评定工作能力的重要指标，因此如何提高工作效率就变得很重要。一个人的工作能力如何，很大程度上看工作效率的高低。提高工作效率有利于单位的劳动生产率和经济效益的提高，增加活力；有利于工作人员个人实现多劳多得，增加收入；提高工作效率可以缩短工作时间，从而有更多的时间让员工自行支配，去学习、娱乐、旅游、社交和休息。

关键词

　　工作；效率；时间；计划

一、制订工作计划

　　古代孙武曾说："用兵之道，以计为首。"其实，无论是单位还是个人，无论办什么事情，事先都应有个打算和安排。有了计划，工作就有了明确的目标和具体的步骤,就可以协调大家的行动,增强工作的主动性,减少盲目性,使工作有条不紊地进行。同时,计划本身又是对工作进度和质量的考核标准,对大家有较强的约束和督促作用。

计划对工作既有指导作用,又有推动作用,搞好工作计划,是建立正常的工作秩序、提高工作效率的重要手段。

写工作计划实际上就是对我们自己工作的一次盘点,让自己做到清清楚楚、明明白白。

(一) 工作计划的分类

1. 按时间的长短可分为:长期工作计划、中期工作计划和短期工作计划;年工作计划、季度工作计划、月工作计划和周工作计划。

2. 按紧急程度可分为:正常的、紧急的、非常紧急的工作计划。

3. 按制订计划的主体可以分为:自己制订的和上司下达的工作计划,以及同事请求协助完成的工作计划。

4. 按任务的类型可分为:日常的、计划的和临时的工作计划。

5. 按计划目的可分为:消极式的工作计划(救火式的工作:灾难和错误已经发生后再赶快处理)和积极式的工作计划(防火式的工作:预见灾难和错误,提前计划,消除错误)。

(二) 写好工作计划的要求

1. 工作计划不是写出来的,而是做出来的。

2. 计划的内容远比形式重要。要拒绝华丽的辞藻,欢迎实实在在的内容。

3. 工作计划要求简明扼要、具体明确,用词、造句必须准确,不能含糊。

4. 简单、清楚、可操作是工作计划要达到的基本要求。

(三) 制订工作计划须经过的步骤

1. 根据上级的指示精神和市场的现实情况,确定工作方针、工作任务、工作要求,再据此确定工作的具体办法和措施,确定工作具体步骤。环环紧扣,付诸实现。

2. 根据工作中可能出现的偏差、缺点、障碍、困难,确定办法和措施,以免发生问题时,工作陷于被动。

3. 根据工作任务的需要,组织并分配力量、资源,明确分工。

4. 计划草案制定后,应交相关人员讨论。

5. 在实践中进一步修订、补充和完善计划。

(四)工作计划的表现形式

1. 条文形式:一般详细的计划多采用条文形式。

2. 表格形式:简单的计划多采用表格形式。

3. 文件形式:时限长的计划多采用文件形式。

(五)写好工作计划四大要素

1. 工作内容:做什么(What)——工作目标、任务

计划应规定在一定时间内所完成的目标、任务和应达到的要求。任务和要求应该具体明确,有的还要定出数量、质量和时间要求。

2. 工作方法:怎么做(How)——采取措施、策略

要明确何时实现目标和完成任务,就必须制定相应的措施和办法,这是实现计划的保证。措施和方法主要指达到既定目标需要采取什么手段,动员哪些力量与资源,创造什么条件,排除哪些困难等。总之,要根据客观条件,统筹安排,将"怎么做"写得明确具体,切实可行。特别是针对工作总结中存在问题的分析,拟定解决问题的方法。

3. 工作分工:谁来做(Who)——工作负责

这是指执行计划的工作程序和时间安排。每项任务,在完成过程中都有阶段性,而每个阶段又有许多环节,它们之间常常是互相交错的。因此,订计划必须胸怀全局,妥善安排,哪些先干,哪些后干,应合理安排。而在实施中,又有轻重缓急之分,哪些是重点,哪些是一般,也应该明确。

在时间安排上,要有总的时限,又要有每个阶段的时间要求,以及人力、物力的安排。这样,使有关单位和人员知道在一定的时间内,在一定的条件下,把工作做到什么程度,以便争取主动,有条不紊地协调进行。

4. 工作进度:什么时间做(When)——完成期限

(六)写好工作计划的五大原则

1. 对上负责的原则。要坚决执行上级的指示精神,服从全局利益,反对本位主义。

2. 切实可行的原则。要从实际情况出发定目标、定任务、定标准。

3. 集思广益的原则。广泛听取意见、博采众长,众人参与,反对主观臆断。

4. 突出重点的原则。分清轻重缓急，突出重点，以点带面，不能眉毛胡子一把抓。

5. 防患于未然的原则。写明相关保护或者防备的措施。

编制计划要求胸怀全局，计划目标要科学、先进，是"跳起来能够摘到的桃子"，如果不用跳轻易便可摘到，既不利于企业的发展，也不利于调动企业经营者与员工的积极性，反过来，如果付出巨大的努力，再跳也摘不到桃子，那么，这样的经营计划便具有虚假欺骗性，不完全具有可操作性。

要有实现计划的具体保障措施和出现"意外"的补救措施。没有实现计划的具体保障措施和补救措施，只是纸上的计划，再完善也只是一个"画饼"。

另外，工作计划应该是可以调整的。当工作计划的执行偏离或违背了我们的目的时，需要对其做出调整，不能为了计划而计划。

还有，在工作计划的执行过程中，销售经理要经常跟踪检查执行情况和进度。发现问题时，就地解决并继续前进。

工作计划写出来，目的就是要执行。执行不是人们通常所认为的"我的方案已经拿出来了，执行是执行人员的事情。出了问题也是执行人员自身的水平问题"，计划能不能真正得到贯彻执行，不仅仅是执行人员的问题，也是写计划的人的问题。

二、确定工作轻重缓急

我们常常会看到这样的现象，一个人忙得团团转，可是当你问他忙些什么时，他却说不出来，只说自己忙死了。这样的人就是做事没有条理，一会儿做这，一会儿做那，结果没一件事情能做好，不仅浪费时间与精力，还不见成效。其实，无论在哪个行业、做哪些事情，要见成效，做事过程的安排与进行次序都非常关键。

（一）工作的分类

艾森豪威尔法则，又称四象限法则，是指处理事情时应分主次，确定优先的标准是紧急性和重要性，据此可以将事情划分为必须做的、应该做的、量力而为的、可以委托别人去做的和应该删除的五个类别。

表 12-1　　　　　　　　　　四象限法则

	紧迫	不紧迫
重要	Ⅰ 危机 紧迫的问题 有期限压力的计划	Ⅱ 防患于未然 改进产能 发觉新机会 规划、休闲
不重要	Ⅲ 不速之客 某些电话 某些信件与报告 必要而不重要的问题 受欢迎的活动	Ⅳ 繁琐的工作 某些信件 某些电话 浪费时间的事 有趣的活动

第一象限代表既"紧迫"又"重要"的事情，这些事情看上去比任何事情都要优先，似乎必须立刻去做。而这样的结果是：你会嗜急成瘾，永远忙忙叨叨。其实，最好的时间管理，就是让这类事越少越好。比如说处理怒气冲冲的客户的问题、赶时限、修理出故障的机器、做心脏手术或帮助一个哭哭啼啼的受伤儿童等等。我们需要在第一象限投入时间。在这个象限，我们进行管理、创造，需要拿出自己的经验和判断力来应付诸多需要和挑战。如果我们忽视它，就会被活埋，但是我们也需要认识到，很多重要事情之所以变得迫在眉睫，是因为被延误或因为没有进行足够的预防和筹划。

第二象限包括"重要但不紧迫"的事情。这是质量象限。在这个象限，我们进行长期规划，预测和预防问题、赋予能力，通过阅读和不断的专业培养来增长见识、提高技能，设想如何帮助正在奋斗的儿女，为重要的会议和发言做准备，或通过深入坦诚的交流进行感情投资。在这个象限多投入时间，将提高我们的办事能力。忽视这个象限就会导致第一象限扩大，从而造成压力，筋疲力尽和更深层次的危机。另一方面，对这一象限进行投入将使第一象限缩小。计划、准备和预防可以避免很多事情变成当务之急。第二象限不会逼迫我们必须去做，这是个人领导象限。在我们的工作中，大多数真正重要的事情都不是急的，可以现在或稍后再做。实际上我们却往往把这些事情无休止地拖延下去。对这类工作的注意程度，可以分辨出一个人办事有没有效率。正确的方式是：要

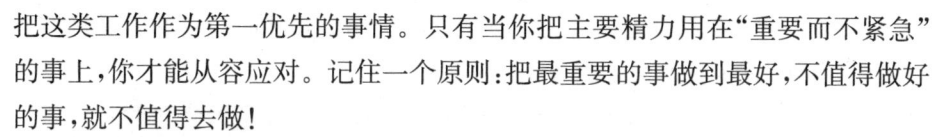

把这类工作作为第一优先的事情。只有当你把主要精力用在"重要而不紧急"的事上,你才能从容应对。记住一个原则:把最重要的事做到最好,不值得做好的事,就不值得去做!

第三象限几乎就是第一象限的幻象,包括"紧迫却不重要的"事情。这是一个蒙蔽象限。紧迫的噪声造成了重要的假象。而实际情况是,这些事情即使重要,也是对别人重要。很多电话、会议和不速之客都属于这一类。我们在第三象限花费很多时间,满足他人优先考虑的事情和期望,却认为自己在干第一象限的事情。这一类是表面上看起来需要立刻采取行动的事情,但客观而冷静地分析一下,我们就可以把它们列入次优先工作中去,或者,让别人去做。

第四象限是留给那些"既不紧迫也不重要的"事情。这是浪费象限。我们常常在做重要的事情前先做它们,这是本末倒置。因为这些事情会让你分心,它们给你一种有事可做和有成就的感觉,使你有借口把重要的工作向后拖延。这是许多能力不够而又身居高位的人的最大弱点。当然,我们根本不应该在这个象限白费时间。但是我们被第一和第三象限折腾得伤痕累累,因此为了生存经常"逃避"到第四象限。第四象限都是什么样的事情呢?不一定是娱乐,因为作为再创造的真正意义上的娱乐是第二象限值得去做的事情。而沉湎于看轻松的小说、一味地看"没有思想"的电视节目或在办公室的喷泉周围闲聊都属于第四象限浪费时间的事情。第四象限不是生存,而是堕落。它可能开始像吃棉花糖一样给人一种满足感,但我们很快会发现空无一物。

我们大多数重大目标无法达成的主因,就是因为把大多数时间都花在次要的事情上。所以,我们必须学会根据自己的核心价值,建立起优先顺序,然后坚守这个原则,并把这些事项安排到自己的例行工作中。

(二)工作方法

我们要学会分清工作的主次。首先把那些无关紧要的工作放一边去,接着再排除那些你认为以后再干也不要紧的工作。对于那些必须目前就干的工作,也要很好地进行组织。组织工作的方法有如下几条,既可以单独使用其中的一条,也可以互相配合使用。

1. 同时综合进行多项工作。办事要有顺序,并不是同一时间内只能办一件事,而是运用系统论、运筹学等原理,同时综合进行几项工作,这样效率就会大大提高。

2. 把若干步骤结合起来。有两项或几项工作,它们既互不相同,又有类似之处,互有联系,实质上又是服务于同一目的,因而可以把这两项或几项工作结合为一,利用其相同或相关的特点,一起研究解决,这样就能节省时间。

3. 改变步骤的顺序。考虑做工作时采取什么样的顺序最合理,善于打破自然的时间顺序,采取电影导演的"分切"、"组合"式手法,重新进行排列。

4. 改变工作方法。改变工作方法大体有两种:一种是"分析改善方式",对现行的手段、方法认真仔细地加以分析,从中找出存在的问题并加以改进,使之与实现目标的要求相适应。另一种是"独创改善方式",不受现行的手段、方法的局限,在明确目的的基础上,提出实现目的的各种设想,从中选择最佳的手段和方法。

5. 尽可能把不同性质的工作内容互相穿插,避免打疲劳战。如写报告需要几个小时,中间可以找人谈谈别的事情,让大脑休息一下。

6. 把某种要素换成其他要素。如能打电话的就不写信,需要写信的改为写便条,需要每周出访的改为隔周一次,在不出访的那一周里,可用电话代替出访。

7. 作业标准化。用相同的方法来安排那些必须时常进行的工作,比如,记录时使用通用的记号,这样一来就简单了。对于经常性的询问,事先可准备好标准答复。

"分清轻重缓急,设计优先顺序,要务优于急务,选择优先速度",这是高效工作的精髓。但这里还有一点需要注意,时间管理还应尽量避免产生急务,这就要求平时尽量多处理要务,这样可以减少任务的堆积,降低既是要务又是急务的任务产生概率。记住这个原则,并把它融入工作当中,你才会感觉自己的工作轻松高效,否则你永远都不会感到安心,会一直觉得陷于一场无止境的赛跑中,永远也赢不了。

三、日常工作的程序化

不管是什么岗位,日常工作是最重要的,也是最基础的。在实际工作中,需要对日常工作进行程序化。

流程管理是企业从粗放型管理过渡到规范化管理直至精细化管理的重要

手段,利用流程化管理可大幅缩短流程周期和降低成本并可改善工作质量和固化企业流程、实现流程自动化、促进团队合作以及优化企业流程,最终实现职能的统一和集中、职能的合并、职能的转换,让企业负责人不用担心有令不行、执行不力,让中层管理人员不用事事请示、相互推诿,让所有的员工懂得企业的所有事务工作分别由谁做、怎么做以及如何做好,标准清楚明了、一目了然,使企业管理标准化和程序化。

根据日常工作的轻重缓急,把其分为以下四类:

1. 加急,这类通常是危机、紧迫的问题,有期限压力的计划、突发性工作,无法进行程序化,流程中没有规定,也没有事先安排的临时性事件。

工作类型:临时接待类、方案调整类、对外通知类、后勤维修类。

管理方法:应急管理,一般由上级主管临时指定责任人,并口头交流处理办法,突发性工作完成后要尽快总结与汇报。

时间周期:以小时为单位。A++:一小时内。A+:两小时内。A:三小时内。即时完成,即时汇报。

2. 急,任务性工作,可以提前安排,但不会重复发生的工作。

工作类型:管理制度类、教学方案类、活动方案类、管理流程类、拓展方案类、后勤支持类等。

管理方法:计划管理,确定任务负责人,任务负责人制定书面的项目工作计划,确定好工作目标、完成周期、需要的资源和实施的步骤,将任务里程碑、关键点向上级汇报,保持通畅的沟通。在任务完成时提交任务总结报告,包括完成时间、使用的资源、和计划相比完成的效果、遇到的困难和解决办法等,附上数据、图片等进行补充说明。

时间周期:一天以内。

3. 常规,日常触发性工作,在岗位职责中有明确定义的工作,一般都有严格的流程,要求在某项事件发生时联动实施,要求及时、准确。

工作类型:招聘面试类、离职交接类、员工反馈类、活动策划类、市场拓展类、物资更新类、宣传文案类等。

管理方法:开关式管理,员工列出本人负责的各项触发性日常工作,确定启动和终止条件,形成"日常触发性工作明细表"。同时确定每项工作的流程、方法。员工在完成工作后需要以书面方式向流程上下游人员进行通知。

时间周期:一天到三天。

4. 周期,日常周期性工作,在"职务说明书"里明确定义的工作,一般都有严格的周期性,要求在确定的时间内准时、准确完成。

工作类型:考勤统计类、后勤统计类、市场数据统计类、教学反馈类等。

管理方法:闹钟式管理。员工提前列出本人负责的各项周期性日常工作,确定开始时间和终止时间或条件,按每日、每周、每月、每年进行汇总,形成"日常周期性工作时间表",按时间表工作,进行自我检查,安排其他人员抽查。

时间周期:一周之内。

四、提高时间的使用效率

相信大家都知道,时间一去不复返。时间的供给毫无弹性,无法蓄积,无法取代,无法失而复得,人生最宝贵的两项资产,一项是头脑,一项是时间。

只要是成功的人都是利用时间的高手,甚至他们的每一分钟都得到了有效利用。而大多数人常常却以"天"为工作单元。时间管理的重要性往往被我们所忽略,当我们去商学院学了MBA那些看似很耀眼的课程后,才发现最重要的一门课也许是时间管理。应该讲,有效的时间管理是目前公司职业经理人最缺少的。时间管理可不是我们不具备这样一门技能,而是没有真正重视每一分钟。其实每天的时间,大家都知道,被大把浪费掉了。因此,重视时间管理,记录我们时间的使用和流失情况,利用好工作中的每一分钟,已成了我们迫在眉睫的首要工作。

每一个人都有着天生不同程度的懒惰。在工作的时候总有一万个不愿意投入的理由,一旦打开喜欢的网页后,就再也舍不得关掉,导致明明一个简单的工作却需要思考很长时间;对于时间管理来讲,只要你行动,放弃浏览并不重要的网页,你就会发现,让工作变得有序且高效并非难事。

(一)以目标为导向

1. 设立明确的目标

写出年度的几个目标,找出一个核心目标,并依次排列重要性,然后依照你的目标制订一些详细的计划,你的关键就是依照计划进行。

2. 进行目标切割

（1）年度目标切割成季度目标，列出清单，每一季度要做哪些事情；

（2）季度目标切割成月目标，并在每月初重新再列一遍，碰到有突发事件而要更改目标的情形时便及时调整过来；

（3）每一个星期天，把下周要完成的事列出来；

（4）每天晚上把第二天要做的事情列出来。

时间管理的重点不在管理时间，而在于如何分配时间。

（二）六点优先工作制

写下一天中要做的全部事情。

按事情的重要顺序，分别从"1"到"6"标出六件最重要的事情。

每天一开始，请你全力以赴做标号为"1"的事情，直到它被完成或被完全准备好，然后再审视一下剩余的工作的排序，全力以赴做标号为"2"的事情，以此类推。

六点优先工作制集中体现了"要事第一"时间管理方法的原则，被管理学界喻为"价值2.5万美金的时间管理方法"。

表12-2　　　　　　　　优先工作制工具表

序号	今日事务	量化目标	完成状态详细描述
1			
2			
3			

（三）时间的合理分配——80/20原则

帕累托最优原则是以意大利经济学家维弗多·帕累托的名字命名的，他在1895年写出了80/20原则的公式，经过多年的研究，他得出以下结论：

社会上的人可以被分为两组——第一组占总人数的20%，他称这组人为"重要的少数人"，其中包括控制意大利80%的财富的人和家庭；他将剩余的80%的人称为"微不足道的多数人"，他们只控制20%的财富。

后来人们发现，80/20原则几乎可以应用于所有经济活动中，社会中有许多事情的发展，也都迈向了这一轨道。

80/20原则的一些应用如下：

有80%的可能我们会到所熟悉的20%的餐厅就餐,并且有80%的可能我们会点所熟悉的20%的菜。

一个单位领导是很少的,他是关键的少数20%,但他们决定了关键多数的80%的事情,并且薪资占到了总数的80%。

20%的工作占整个工作80%的价值,所以我们应该集中精力要做20%的工作,投入20%的精力做另外80%的工作。

要把注意力放在20%的关键事情上,不管是工作、学习、人际关系等,只做重要而且是必要的任务,我们就不会迷失方向且总能完成最终目标。

作为一名职业经理人,他的工作大部分时间是用在规划、组织、用人、指导、控制上。

作为一名销售经理,他的工作可能就是把产品的知识传授给属下,制订未来的销售计划,走访一些重要的顾客,把下级的一些意见反映给上级等。

作为一名销售人员,他的优先顺序就是打电话约见客户,然后准备销售的工具以及材料,到客户那儿去,向客户介绍产品,最后签订订单。

五、养成良好的职业习惯

良好职业习惯的养成是建设职业化队伍必不可少的一项重要内容。美国作家杰克·霍吉在他的名著《习惯的力量》中说,习惯是一种重复性的、通常为无意识的日常行为规律,它往往通过对某种行为的不断重复而获得。有调查表明,人们日常活动的90%源自习惯和惯性。我们大多数的日常活动都只是习惯而已。我们几点钟起床,怎么洗澡、刷牙、穿衣、读报、吃早餐、驾车上班等等,一天之内上演着几百种习惯。习惯一旦形成就难以改变,所以应养成良好的职业习惯。

1. 计划与承诺

计划是工作总目标的任务分解历程,它反映的是一个人对工作的有序程度。有计划与无计划地执行一个目标,有着本质的差别,有计划可以检点完成的度。对于自己的工作,不管是学习上的,还是实际的工作内容,都应该学会做计划,大计划与小计划,月计划与年计划,周计划与天计划等。计划好的工作内容,就像一种承诺。养成良好的计划习惯,然后按步骤有序地进行,对项目目标的达成起着很重要的作用。

2. 明确工作内容,要学会处理工作中的轻重缓急关系

大家上班的主要事情就是执行工作任务,工作任务是有轻重缓急之分的,我们在处理领导交代的任务时,要注意正确地区分它们的重要程度,对于很重要、很紧急的任务要第一时间执行。

3. 要学会回馈、善始善终

任何人的任何工作都不是孤立的,每个人都希望自己的工作能够得到认可,认同感对工作的持续有效性在人的心理上会造成很大的影响,在工作中一定要学会回馈,在执行一项工作时,在必要的时间点应该反馈给相关的人员,比如领导、客户,理由很简单,你的工作任务并不是你一个人孤立地关心与执行,你应该考虑到其实你的工作还有另外一些人也是在关心的。

4. 保持工作热情、主动

主动与被动,对人与事产生的效果绝对是不一样的,我们都应该主动面对自己的工作与困难,在工作中,遇到困难与不理解是难免的,但我们要学会主动去化解,在困难面前千万不要逃避,主动面对与解决问题,成长会很快。

5. 检查验证

你在提交工作任务时,确定过没问题了吗?你的工作完成时,确定自己这一关没有问题了吗?我们应该检视自己,过好自己这一关。

6. 养成良好的工作习惯——写工作日志,及时总结

工作日志是对每天工作情况的记录和总结。写工作日志,可以让你及时地记录每天的工作事项,清楚地知道自己每天的工作内容,进而可以及时地发现并了解到还有哪些工作做得不够,需要及时改进和提高。把自己能预想到的第二天应该做的工作和该处理的问题简单列出来,使自己在第二天的第一时间内就处理这些事情,形成严谨的工作作风,培养自己有计划有目的的工作习惯和能力。看得更远,想得更深,飞得更高。

7. 主见与坚持

独当一面,学会全面考虑与分析问题,在工作中经常会遇到人多嘴杂这种现象,它经常会让我们迷失方向,其实我们自己应该要有自己的主见,要有自己的判断标准,你的主要目标是什么?在没有更好的做法时,我们要坚持我们自己的做法,主线不能偏。坚持自己良好的工作习惯,不受外界影响而产生惰性。

8. 特别时期应该全力以赴,而不是尽力而为

每个人都会在工作中遇上一些特殊时间点,比如:进度太紧、人力不够、资源不够、突发性任务等,我们应该全力以赴,而不是尽力而为。在特殊时期表现出特殊的气质,需要足够的勇气。

9. 勤于学习与请教,每天有所收获

我们每个人都有很多东西要学习,工作上更是如此,当你遇到不懂或不清楚的问题时,一定要虚心地向别人请教,避免走弯路。每天寻求提高的途径并落实,每天感觉有所得。

10. 遇到困难时,要积极寻求帮助

每个人在工作中都会遇到困难,但困难并不是最重要的,最重要的是如何去面对困难、克服困难,寻求资源与帮助其实是一个解决困难的很好的途径。

11. 做人与做事其实是相通的

做事的工作态度、工作习惯、工作方法等其实与做人是相通的,对工作有责任心、有良好工作心态的人,他在做人方面应该也是有责任心的,而且工作方法得当。

六、在平凡的工作中去创新

"把每一件简单的事做好就是不简单,把每一件平凡的事做好就是不平凡""合抱之木,生于毫末。九层之台,起于垒土"……从这些文字中,我们读出了作为一名平凡的企业员工,在工作中应该从简单的事情做起,从细微处着手,认真做好每一个细节,在平凡的岗位上奉献自己的青春,成就不平凡的自己,让自己成为一名卓越的员工。

如果说企业是一棵参天的大树,那么每一位员工就是树上的每一片叶子。树叶的色泽是否油亮、是否苍翠,是人们判断这棵大树好坏的一个鲜明的参考标准。因此,一个企业想要发展壮大,每一位员工是责无旁贷的,应该唤醒自己的责任感,在自己的岗位上做好本职工作,对企业今后的发展至关重要。

从这个意义上来说,每一位员工都是企业核心的承载者。我们应该热爱自己的工作,认真对待工作中的每一分钟,把握每一个机会。今天,在微利的时代,人们往往追求利益的最大化。学者也许不用埋头苦读,会迎合读者则财源滚滚;演员也许无须苦练十年,靠绯闻就能红遍天下。但越是这样,就越应冷静自守,越要坚守自己的岗位,承担起自我责任,倘若缺少责任心,少了

一份对工作的热忱,就会容易产生倦怠的情绪,久而久之就会成为一个失败的人。

在平凡的岗位上,我们应该明确目标,即工作是为自己,而不是为别人。态度决定成效,起步影响结果。既然我们选择了这份工作,就要定下心来,着眼于当前的实际,以一往无前的进取意识和担当精神,发挥好自我的能力、自觉做事的能力、善于创新的能力,与企业共进退,相信我们一定会在自己的岗位上做出不俗的业绩。

在平凡的岗位上,我们还要学会团结协作。每个人的能力有大小,起点有高低,但只要我们团结协作,人人都能在企业这个大家庭中有所作为。我们应该时刻以企业的利益为重,不以个人得失为念,勇于担当,努力提高自身的业务水平。如果每一个人朝着共同的目标坚持不懈地努力奋斗,我们就能蓄积起工作的正能量,形成无坚不摧的强大合力。

在平凡的岗位上,我们要注重节约、养成良好的节约习惯。麻绳从细处断开,水从木桶最短处溢出。铺张浪费绝非小事,不仅因为它脱离整个大环境、背离优良传统文化,还在于它败坏企业的名声,影响员工工作的积极性,尤其是公款浪费,更是危害巨大、影响恶劣。正因如此,我们应该养成勤俭节约的习惯,尽量处处为公司节约成本。

让我们凝心聚力、各尽所能,把自我的人生目标融入企业的发展大计中并奋力拼搏。我们今天做出的每一分耕耘,都会在企业的发展壮大中收获到回报;我们今天流下的每一滴汗水,都将浇灌出明天的美好和幸福。

相关链接

http://news.sina.com.cn/c/2005—12—22/03557770144s.shtml
http://www.zjzfcg.gov.cn/new/sysej/293804.html
http://www.mxwz.com/news/view.aspx? ID=871153
http://baike.so.com/doc/4432688—4640554.html
http://language.chinadaily.com.cn/2017—04/25/content_29061299.htm

深度阅读

1. 被填满的罐子:苏格拉底给学生们上的一堂课
2. 帕累托最优原则

3. 关于推进公务员职业道德建设工程的意见
4. 华为的时间管理

本章训练题目

1. 根据四个象限法则对自己的日常事情进行分类。
2. 请制订自己的学习计划。

第十三章　毕业生求职的方法与技巧

案 例

求职面相一： 林同学将个人简历递上，简历的封面是用相纸打印出来的一幅个人艺术照。因为面试现场人很多，大家都在等待，她却一直在与其他同学不停地交流着，招聘员听在了心里，抬头问："林同学，能否介绍一下你在学校的成绩？"林同学两分钟没回答出这个问题。

点评： 在面试之前可先模拟求职场景展开训练，找同学或老师设计几个面试问题给你，通过情景模拟能够帮助你发现问题、总结经验且能适当增加求职时的自信。同时，在面试过程中，切忌大声喧哗、东张西望，或做些小动作，如两手不停抖动、身子不停摇晃等。而应利用等待时间整理自己的思路。

求职面相二： 何某，毕业于某高校机电一体化专业，从其学校成绩附表中发现其学习成绩平均92分，爱好单一，属比较文静的一个女孩，面试官问了她几个专业方面的问题，何同学从理论角度进行了分析，很明显其思维逻辑性比较好，对所学习的专业课程知识点掌握得比较系统。

点评： 要想在较短的时间内对自己所学专业进行系统分析，若不加以提前准备，是很难做出完整回答的。所以，求职前应对所学的专业课进行整体复习，记住基本的概念，将这些专业课程的知识点进行交叉连接。总之，过硬的专业技能会为你的求职印象打高分。

求职面相三： 在某校园招聘现场，王同学递上其简历后，就一直在介绍自己，先是用英语然后用中文，大约用时8分钟，虽然留下了"深刻"印象，但其他同学都在等着投递简历，有些同学都等不及离去了，招聘员也在着急。

点评： 通常在校园招聘会现场，用人单位在有限的时间内会接到很多简历，不可能对学生提出的问题一一回答，同时也期望学生能简明扼要地介绍一下自己。这时你可将事先准备好的内容讲出来,但也要注意招聘员极有可能会打断你的话,主要是考查你的应变能力及思维能力,因此只有自信且事先做好准备的你才会脱颖而出,所以充分的准备对你而言是"磨刀不误砍柴工"。

求职面相四:张同学的简历制作精美,一下便吸引了大家的眼光,此份简历一定经过认真地设计,该同学的成绩也很好,招聘人员便做了重点标记。当与张同学联系时,她却反问:"我投递贵公司的简历是 A 简历还是 B 简历?"招聘人员听后一头雾水。

点评:对自己的简历,要表里如一,不要准备几个版本,这样最终受到伤害的是你自己,因为诚实在毕业生的面试过程中是单位最为重视的一点,试想,谁愿意在一张有污点的白纸上画画呢?

——毕业生求职经典故事与点评:源自"应届生毕业网"

以上职场面面观,告诉我们一个简单的道理:掌握求职方法与技巧是毕业生走向职场前必上的"一堂课"。

导 语

目前,高校毕业生人数居高不下,就业形势严峻,毕业生就业成功与否很大程度上取决于自己本身的实力,然而在求职中实力是否能完全得以展现,在一定程度上又取决于毕业生们是否掌握了相应的求职方法与技巧:如何打一个印象深刻的求职电话,如何更好地利用网络、中介平台,怎样辨识招聘广告的真伪等等,正所谓"一分耕耘,一分收获",掌握好求职时的小窍门,把握好求职时的各种机遇,会使你的求职之路越走越宽阔。

关键词

成功求职;方法与技巧;权益维护

一、自荐求职的方法与技巧

在求职中,没有永远的失败者,只有不断的拼搏者。要想获得一份较为理想的职业,自荐是起步,也是基础,自荐的艺术和技巧如何,会直接影响到择业的效果。

（一）自荐的基本礼仪

自荐时所呈现出的礼仪是面对面沟通时的第一张无形的名片,这张名片如果用得好,求职之路就会逐渐向着阳光大道迈进。

1. 准时守信

自荐时应准时守信,不要迟到。有条件的同学最好能提前考察一下环境,掌握路途往返需要的时间,以免因不熟悉或途中延误而迟到,影响和丧失应试机会,并且应提前5~10分钟到达应试地点,以表示求职的诚意,给对方以信任感,同时也可利用这个时间,放松自己的心情,调整自己的心态,做一些简单的仪表修饰,以免仓促上阵,手忙脚乱。记住:守时就是守信。千万不要让别人觉得你是一个不诚实守信的人而拒绝与你接触,那可是你远离求职成功的开始。

2. 沉着自然

在推销自己时要沉着自然,不要紧张。进门前记住关闭手机,以免在应试期间"乱鸣"。如门关着,应先敲门,得到允许后再进去。开关门动作要轻,以从容、自然为好。关门时须面对房门,不能背对房门。见面时,要向招聘者主动打招呼,问好致意,称呼应亲切得体。在主试人没有请你坐下时,切勿急于落座。主试人请你坐下时,应道声"谢谢"。坐下后保持良好的体态,安心等待,不要"四处巡视",左顾右盼。

3. 应答自如

主试人提问,应逐一回答,对方介绍情况时,认真聆听,必要时还可做些记录。为了表示你已听懂或很感兴趣,可以在适当的时候点头或穿插提问。应答问题时,口齿要清晰,声音要舒缓,语速要适中,答话要简练、完整,尽量不用方言、土话、口头语和不规范的简称。一般情况下不要打断主试人的问话,更不能抢问、抢答,以免给人留下急躁、鲁莽、不礼貌甚至喧宾夺主的印象。对其中听不懂的问话,可要求主试人重复,当不能回答某一问题时,应如实告诉主试人,切勿吞吞吐吐、模棱两可或者胡吹乱侃。

4. 精神饱满

在自荐过程中,要保持举止文雅大方,挺胸抬头。回答问题时,双眼应看着对方,以表示充满自信和尊重对方。如主试人有两个以上时,回答谁的问题就注视谁,并应适时地环顾其他主试人,以表示尊重。在应答过程中,要注意文明用语和尊敬用语,并面带自然、亲切的微笑,增加亲近感,但笑得不能太僵硬、夸张,给人以过分造作的感觉。坐姿要直,身体可略微前倾,以表示对话题感兴趣和投入。总之,在举手投足之间,都要以饱满的精神状态面对主试人。

(二)自荐的基本要素

自荐时找准"切入点",抓住自荐的基本因素,求职成功率就会大大提高。

1. 主动出击

自荐时,记住要"快、准、稳",千万不能慵懒懈怠,延误了"战机"。为使用人单位更全面地了解自己的情况,事先应做好自荐信、个人简历等各种材料的准备,当得知需求信息时,更不能迟缓,应选择适当时机,及时寄送、主动呈交、主动介绍、主动询问,并提前做好面试、笔试的准备。这样,会给人一种"求职心切、胸有成竹、准备充分"的感觉。

2. 突出关键

在做介绍时,对基本情况可做简单介绍,重点突出自己的专长和能力,有时还要举例说明,比如,上大学期间发表过的文章,获得的各种奖励,组织的社团活动,承担的社会服务工作或积累的某些工作经验、社会阅历等。尽量突出自己的优势和闪光点,因为与众不同的特点,才能吸住用人单位的"眼球",彰显你与众不同的魅力。如果平铺直叙,过分谦虚,将会影响用人单位对你的全面了解和正确定位。

3. 如实全面

自荐材料的准备应全面、完整,个人基本情况、社会关系、工作简历、学习成绩、业务特长及爱好,关键的内容不可缺少,并按目录把它装订成能随时拆卸的小册子,当招聘者需要时你可方便有序地拿出来。切忌丢三落四,否则会给人留下粗枝大叶、办事不利落的印象。同时,在做介绍时,既要突出重点,其他方面的情况也不能忽视,一定要实事求是,优点不羞谈,缺点不掩饰,做到全面客观,不能吹嘘或夸大,尤其是在介绍自己以往学习、工作中所取得的成绩时,一定要把握好分寸,否则,效果将适得其反。

4. 有的放矢

单位要招什么类型的员工,你就多强调自己在这方面所积累的经验和专业特长,这样才能使招聘者相信你就是最佳人选。比如用人单位如果招聘文秘人员,你却介绍自己的公关能力,就不如介绍在写作、电脑操作方面的能力更有说服力;用人单位如果招聘技术人才,你如果展示自己的语言才能,就不如操作实训和技能比武成果来得实在;用人单位如果招聘管理人员,你的学生干部经验及组织管理才能可能会更受重视。但是,强调针对性的同时,也不能忽略相关知识才能的作用,只有把专业特长和广泛的知识面、兴趣爱好有机结合,才会更受用人单位的青睐。

二、电话求职的方法与技巧

在信息化的时代,恰当的求职电话是一种成功的自我推销手段,你在电话中所表现出的语气、语调、语速都能在不同程度上反映出你的性格特征与习惯,如果一个电话就能让招聘者对你留下"虽未谋面却已入心"的印象,则求职将会事半功倍。

(一) 电话求职"五要诀"

现在,毕业生很多时候求职都会首先进行电话联系,能不能在电话中建立一个良好形象,将影响到以后的笔试与面试,因此,电话求职时须掌握一些基本要诀。

1. 恰当的通话时间

毋庸置疑,求职电话应该在工作时间打,一般来说,上午 9:30 至 11:00 以及下午 2:00 至 4:30 之间较为合适。此外,在刚上班的时段内,对方会比较繁忙,而临近下班时又会归心似箭,工作效率及水平都会降低,甚至都无心工作,所以应该避开这些敏感时段去打电话。

2. 合适的通话联络人

毕业生要注意招聘广告信息上的联络人姓名,避免转接或误接而给人留下此人办事不利落、思维不清晰的印象。

3. 安静的通话环境

不要在喧嚣的马路或吵闹的环境下打电话,避免漏听、重复叙述的情况发生。

4. 清晰的通话要点

打好"腹稿"。电话中应该说些什么,该打多长时间,事先拟出要点和顺序,备齐资料。在通话中应简单概括出符合自己职位的特长和擅长的技能,简明扼要地介绍自己的经验,询问招聘流程、面试时间、上岗时间等。

5. 得体的通话方式

通话中,不仅要用"您好"、"请问"、"谢谢"等礼貌用语,而且还要控制语气语调。因为电话是声音的传递,你的声音往往代表了你的形象,所以,通话时态度要谦逊、声调温和且富有感染力、口齿清晰、言简意赅。

(二) 电话求职的基本流程

心中牢记电话求职要诀固然重要,但要想在短时间(一般不超过5分钟)内完成自己的求职过程,达到求职目的,还必须对电话求职的基本流程熟记于心。

1. 定位:找准电话应当打给谁

除非你正在寻找人力资源方面的工作,否则不要给招聘人员打自荐电话。因为他们并不是最终的决策者,相反,你应确定负责你申请具体职位的人,也就是最有可能成为你老板的人。因此,如果你想成为财务经理,那么你需要知道负责财务部门的管理人是谁。

2. 开始:拨电话时奠定初步印象

电话接通后,求职者可先称呼对方说"老师您好"。"老师"被当作一个广泛的称谓,不一定指学校里的老师。在初次打电话不了解对方身份的情况下,"老师"的称谓表示对对方的尊重。但当得知对方的职务、身份、姓氏以后,则应改称对方的职务。对方回应后,你就要做简短的自我介绍,可以这样说:"我是××学校××专业××级学生。听说咱们单位("咱们"能够拉近双方的距离)需要一个××专业的毕业生,今年我刚好毕业,专业对口,成绩也不错,我也很喜欢您那里的工作,希望您能考虑我的情况。"

3. 深入:接通电话后仔细交流

认真倾听对方讲话,对重要内容要边听边记。如果问题没听清楚,要很有礼貌地请对方重述一次,不要不懂装懂。同时,还要礼貌地呼应对方,适度附和、重复对方话中的要点,不能只是说"是"或"好",回答时尽可能表现得有礼貌,不要答非所问。要让对方感到你在认真听他讲话,但也不要轻易打断对方的谈话。要记得,请求对方说得更清楚一些是正确的做法。

4. 结束:留下美好印象

通话结束时,应该礼貌地说声"再见"。这是通话结束的信号,也是表示尊重。听到对方把话筒放下后,再把电话挂掉,切不可突然挂断电话,一个小的细节也能很好地彰显你的职业素养。

(三) 电话求职的关键环节：介绍自我

在电话求职中，最为关键的是要捕捉受话人最为关注的问题以及兴趣所在，尽量突出自己的优势和长处，同时也要以诚实客观的态度回答自己的弱势与不足。

1. 心态平静

不要因为与陌生人通话，就显得比较紧张，导致语无伦次或者影响发挥，可以适当调整气息后进入通话状态，这样通话时才会让自己听上去更加自信。建议打电话前理清思路，拟好通话时的要点，最好是先列出几条关键点，写在手边的纸张上，以免对方接电话后，自己由于紧张或者是兴奋而忘了自己的讲话内容。当电话接通后，确保听话人能听清你的基本情况。

2. 语速适中

不要说话太快或者太慢，试着并保持你声音的自然节奏，保持适宜的音量，不要低声嘟咕，也不要大嚷大叫，尽量保持适中。如果遇到某个问题没有听清，不要扯着嗓子喊"喂"、"听不到"等等，给人留下不好的印象，尽量说"您好，不好意思没听清，能麻烦您再说一次吗？"等礼貌性句子。若他们在记录或写留言，那你应该重复这些信息。说话做到简捷、中肯，但不要急促。口中更不能有妨碍说话的东西，例如糖果、香烟，或者水。

3. 语气良好

通电话时虽看不到表情，但是却能听到表情，语气是其工具之一。人们会根据声音构造你的精神面貌和身体形象。绝不要用烦躁或带有侵犯性的语调说话，那会令对方感觉很不舒服。你的声音应该表现出热情、愉悦。热情的态度能从侧面反映出你的精神面貌。

4. 表达感谢

当介绍完自己或者表达要挂掉电话之前，一定要记得感谢对方的聆听，记得说明有疑问欢迎来电。

三、举荐求职的方法与技巧

举荐是指因为值得信赖或关注而推荐，举荐求职即求职者委托他人推荐自己进入某一职业岗位,毕业生可通过自己的老师、校友或者其他亲戚朋友来推荐自己。举荐求职因具体职位和举荐人的不同而有不同的方法与技巧,在此就普遍的情况做一简述。

(一) 找准合适的举荐人

每个人都是纷繁的社会关系网中的一个结点,人际网的互相联络是交流各种信息的纽带,毕业生要善于利用这种纽带为自己求职奠定人脉基础。这种社会关系包括亲戚、朋友、邻居、同学、校友,也包括自己本专业的老师和班主任。

本专业的老师和班主任比别人更清楚你适合到什么单位就业,而且老师和班主任在兼职教学、学生实习实践中与对口单位接触广泛。他们一方面对行业领域有了解和研究,有些老师甚至在专业领域有一定影响;另一方面,他们对你的性格、职业倾向和能力有一定的了解,老师的推荐可能更加适合你,且成功率也大。

要经常与校友保持联系,因为校友大多在对口单位工作,对所在单位情况比较了解,通过他们可以获得许多具体、准确的信息。父母和亲友对你的就业更为关心,他们与社会的方方面面有联系,常常是你找到工作的最有力后盾。

要注意的是,以上提到的所有社会关系中任何一个人都有可能给毕业生们提供就业机会,毕业生们要做的是通过适当的途径和方式告诉他们你在找工作,你要找什么样的工作。同时,认真对待他们给你介绍和推荐的工作,正确地处理你认为其中不适合你的工作,不能直接拒绝或者有诸多不满和埋怨,否则,下次即使有适合你的工作,他们也不敢再贸然推荐给你,使你丧失好的就业信息和机会,有的甚至造成终身遗憾。

(二) 举荐求职的关键:举荐信

好的举荐信是毕业生能否被用人单位录取的重要依据。有时候,好的举荐信可以弥补你在学术成绩上的不足,若能有举荐人相关的举荐信或者其他推荐材料,则求职成功率会更高。所以毕业生应在恰当的时机配合举荐人完成举荐信的准备工作。

1. 陈述举荐缘由

这里可以接受的理由其实只有一个:您特别适合评估我在这个方面的能力。举荐人并不需要是在这一领域特别有名的人物,高职毕业生在校期间结识本专业大师级别人物的机遇并不多,但要找有能力或有资格评估自己专业水准的人,举荐人若真心了解你,写出来的材料会充满真情实感,反而更容易打动人。

2. 给举荐人提供素材

请举荐人写举荐信最为关键的一步是提供详实的个人材料。即使在一所很小的大学里，每个老师一学期都要教许多学生。如果举荐人从你那仅能得到成绩单，那么在举荐信中他也只能提到你这几年的学习成绩。如果你希望得到一封优秀的举荐信，你就需要整理自己的个人材料，准备一个详尽的文件夹，并清楚地标明你的全名。你的个人材料文件夹至少包括以下材料：

（1）你的成绩单：最好附上官方的成绩单。

（2）简历（一页）。你的简历应突出你所做的社会服务工作，和你选修的与申请的大学有关的课程。这样，你的举荐人便会较全面地了解你。如果这些他们都知道，那就再提醒他们一次。

（3）其他与之相关的表格等，你都需要一并把他们放入相应的信封内。

并且在提供素材时要说清楚"仅供举荐人参考"，明确给对方随时修改的自由。

3. 预约见面

在请求信发出前的两周，与你的举荐人预约简短的会面，谈论一下举荐信的事情。一定要提前5分钟到达，并且着装要整洁。不一定必穿正装，但是一定要让别人看起来很舒服。从你的着装表明你要谈较正式的问题。

同时，为你这次谈话做好充分准备。哪些是你个人的兴趣、爱好及擅长，你的职业生涯规划如何？总之，要把这次会谈当作一次面试，让举荐人了解你想获得这份工作的强烈愿望。

最后，一定要避免在课上或者课后来讨论你的举荐信。无论如何，不能在信发出之前一天，把材料塞到举荐人手中。你很忙，你的举荐人也忙。急匆匆写就的举荐信，不会太好。

4. 做好调研工作

请举荐人写举荐信，一定要提前了解你所拟聘的单位。这样不仅会有利于你的应聘申请，而且也向你的举荐人表明你对于那份工作是认真的。你想去的单位发展前景怎样？这些公司的竞争程度怎样？属于传统型，还是创新型？专家学者们一般喜欢那些知道应该谈论什么的人。所以，你要让自己在举荐人眼中属于此类型。

5. 征求建议

大多数举荐人喜欢谈论他们自己领域的事情。所以，找举荐人时最好找准与自己职业意向相同方向的专家、学者。这样可以更多地获得举荐人对于你职业的建议,并且会进一步拉近你们之间的距离。举个例子,你对机电工程技术非常感兴趣,这将会使机电方面的举荐人感到高兴,这样,当你告诉他你是如何想在毕业后在工程技术领域内发展自己的职业,举荐人也会为你骄傲,说不定,举荐信就信手拈来了。

6. 发致谢函

在会面之后,发一封感谢信给你的举荐人。致谢函一定要礼貌地、感激地表达你的心声,同时不要忘记告诉举荐人举荐信你已经发出了。

另外,在与举荐人交流商谈中应注意谈吐文明,多用礼貌用语,态度谦逊,注意细节,这样举荐人会觉得你有良好的道德素养而愿意为你写举荐信。

四、中介求职的方法与技巧

中介在初入职场的毕业生们与用人单位之间架起了一座沟通的桥梁,在解决就业中起到了很大的积极作用,然而,某些不规范的中介严重扰乱了劳动力市场的正常运转,给毕业生们带来了物质和精神上的双重伤害。那么到底该如何搭上中介这趟顺风车,让自己的求职顺水又顺风呢?

(一)识别"黑中介"诈骗伎俩

某些"黑中介"为谋取不义之财,打着廉价、优惠、高薪等"招牌"诱惑毕业生,当真相败露后,又以种种理由拒绝退还中介费,让作为弱势群体的毕业生们是赔了夫人又折兵,所以,通过中介求职首先要有一双慧眼。

1. 发布虚假信息

"黑中介"利用法律法规允许用人单位自主招工为幌子,在各类报纸、互联网、街头小报等大肆发布虚假信息,利用学生缺乏社会经验的特点开展非法招聘活动。常见的招数有:虚假承诺工资待遇能达到多少标准;夸大承诺如不被录用,则职介所免费培训后再推荐;或者吹嘘自己与某某单位有合作关系,能够"走后门"等等。通过此类伎俩骗取求职者信任,借此骗钱骗物。

2. 以招聘之名敛财

某些"黑中介"利用毕业生社会阅历不够,同时又急于挣钱的心理,承诺在收取所谓的介绍费、信息费、服装费、体检费、培训费等名目繁多的费用后再提供招聘信息,但收费后便人间蒸发,实际上这些收费标准不完全是依据物价部门颁布的收费标准进行设定的,有一定的欺骗性。

3. 用人单位和职介所串通

一些职介所与某些用人单位暗中联系,承诺求职者缴纳费用后,会领到由职介所出具的介绍信,求职者然后到公司应聘,经过简单面试后轻易就被录用了,但求职者在工作一段时间后往往被企业以各种名义辞退。

4. 调虎离山逃避责任

在路边等处经常可见一些"黑中介"打出的广告,受聘者在交了介绍费后被通知去某公司上班,但就是找不着上班的地方。回头再去找黑中介,发现中介已是人去楼空。

5. 多荐少录

用工单位明明只招几名或十几名员工,中介机构却推荐几十名甚至上百名求职者前去面试,然后收取报名费、中介费、车辆使用费等费用。这些中介组织与求职者约定,推荐求职者到单位面试,如果因为求职者自身原因无法录用的话,只退中介费不退报名费,这样报名费顺理成章就到了黑中介手里。

(二) 揭开合法中介的"面纱"

跳出"黑中介"的陷阱,揭开正规中介的"面纱",使职介所成为求职者和用人单位之间牵线搭桥的"红娘",让求职者们明明白白去求职。

1. 正规中介应具备的条件

《就业促进法》第40条规定,设立职业中介机构应当具备下列条件:(1)有明确的机构章程和管理制度。(2)有开展业务必备的固定场所、办公设施和一定数额的开办资金:有不少于5万元的开办注册资金及完善的财务管理制度。有不少于10平方米的固定办公场所以及相应办公设备。(3)有一定数量具备相应职业资格的专职工作人员。(4)法律、法规规定的其他条件。设立职业中介机构,应当依法办理行政许可。经许可的职业中介机构,应当向工商行政部门办理登记。未经依法许可和登记的机构,不得从事职业中介活动。

在此,温馨提示各位即将走向职场的毕业生朋友们:在职介所找工作时,应注意职业介绍机构是否有职业介绍许可证、营业执照、税务登记证、收费标准四个证件,登记收费要求对方出具正规发票。没有"四证"或"四证"不全的职介所均是不正规或不合法的,不要到那里去求职,并积极向当地劳动监察部门举报。

2. 选择中介须知

(1) 须选择口碑好的中介

专业的中介公司口碑一般非常好,所以通过亲戚朋友、网络平台、咨询公司去打听,就可以先对中介公司有一个初步的总体评价,而且一般信誉良好的中介都是经营多年,那么通过成立年限和其经营业务发展也可看出些端倪,在和工作人员沟通交流时,从服务人员的业务素质和职业素养上对其进行细致观察,就可以进一步确定该中介是否值得信赖。

(2) 须警惕网络中介

随着信息化时代的到来,网络求职已受到很多年轻人的追捧与青睐,通过网上"海投"曾一度被各高校毕业生奉为"求职圣经",现在网上也有很多的中介平台,如赶集网、58同城、51job求职网等,有不少的公司会在这些平台上招聘员工,但是需要注意合理地辨别,尤其是那些职位非常诱人、同时薪水很高的职位,要注意辨别分析,切勿盲目相信,以免落入陷阱。

(3) 须实地考察中介

如果条件允许,最好是自己去实地考察一下中介公司,看看周围有没有明显的建筑物之类的标志,最好这些中介不是太偏僻,看看中介规模,如果就是一间房,一两个人,一两部电话,那肯定不靠谱,至少说明实力不是特别雄厚。进门之后再看看墙上是否挂有各类证件,如营业执照、行业许可证、执业资格证以及收费许可证等等,然后询问员工,了解员工的介绍是不是和通过其他途径知晓的公司信息一样,比如介绍的工作、工种、工资等等,同时,还要考察员工提供就业信息时所做的服务承诺是否切合实际,正规的中介公司对你的求职意愿是不会做出百分之百的承诺的。

(4) 须明白消费的中介

中介公司的收费标准是由当地物价部门、劳动监察部门审核后,公示于营业机构的显眼位置,所以正规中介应当是在此标准范围内收费。对于不按照标准随意收费的中介,那么十之八九可以确定是"黑中介"了。且对收费形式一定要明确,是提前支付定金,还是在工作确定之后再全部结款,总之在签约时,所有细节都要了解清楚,避免上当受骗。

(三) 谨记中介求职"三原则"

俗话说:"要想求的职好,中介必不可少。"中介求职,拓宽了渠道,但也一定要增强自我防范意识,牢记"一看"、"二辨"、"三警惕"的原则。

"一看"是指要详细查看人力资源服务机构的各类证件,证照是否齐全,是否凭证经营,证照是否悬挂在经营场所显著位置。

"二辨"是指要辨认职介所从业人员是否持《职业介绍从业人员资格证》(佩戴上岗证)从业。辨认职介所服务机构是否按照物价部门收费,是否超范围经营与违规乱收费,是否开具正规的服务票据、建立服务台账等。

"三警惕"是指要警惕非法职介所和披着合法个体工商户执照外衣的"骗子公司",对一些中介的非法行为和所谓的"承诺"要有清醒的认识。

同时,市场上职介所众多,当没法分辨筛选时,建议到各级人力资源和社会保障部门开办的市、区、街(镇)公共就业服务机构进行求职。在求职过程中,若遭遇诈骗行为,可以到有欺诈行为的单位所在区劳动监察部门投诉或举报。

五、广告求职的方法与技巧

毕业生在求职中,通过广告来获取职位信息是常用渠道之一,但毕业生要想在海量的招聘信息中,找到与自己兴趣、专长相切合的职位,其间的方法与技巧则不容小觑。

(一)辨别真假招聘广告

通过广而告之,择业信息大大增加,但招聘广告中哪些是真、哪些是假就需要毕业生们擦亮眼睛仔细辨析。

1. 真实广告必备事项

一个真实有效的职位广告至少应包括六个核心要素:

(1)广告标题:如"高薪诚聘"、"某某公司招聘"等,而且应将单位的名称堂堂正正写在广告上;

(2)公司简介:包括企业名称、性质、主营范围等;

(3)核准机关:发布招聘广告,一定要经过人事或劳动主管机关的核准,广告中还需特别注明"已经核准"的字样;

(4)招聘职位:包括职位名称、任职要求、工作能力、工作地点等;

(5)公司政策体现:包括工资薪酬、社会保障、福利待遇、学习培训等;

(6) 联系方式:包括联系电话、通讯地址、邮政编码、传真、电子信箱、联系人等。

以上六个要素基本上传递了职位信息,如果应聘广告符合这些条件且自己有求职意向,毕业生们就可以跃跃欲试。

2. 虚假广告常见类型

(1) 华而不实的广告。这些广告篇幅较小,口气大,哗众取宠,内容笼统不具体,不谈企业的历史、现状和未来,甚至不写单位的名称,只留一个电话号码。这类广告少接触为好,说不定是个"皮包公司"。未经劳动部门审批的广告,轻易不要相信,极有可能是"三无企业"或是不正规企业。

(2) 反复刊登多次的广告:若一个企业每隔一段时间又反复刊登相同的广告,好像永远也招不够人似的,一般说明该企业待遇不好,很难招到人或是留不住人,应该谨慎从事。这种做法也有可能是公司仅仅为测试市场动态、人力资源流动情况的一种伎俩,其真实意图不在于招聘员工。

(3) 急聘和大量招聘的广告。某些公司附加急聘、大量求聘等字眼,目的是借助广告量吸纳新人,在录用后的短期内再淘汰不合适的员工。但是毕业生切勿胡乱申请,以免上了使用廉价劳动力的当。

(4) 爆炸式招聘广告。一次招人过百,岗位从总经理到属下员工一线贯穿,除非是新建公司,否则大多实际上是恶意炒作。

(5) 单线式招聘广告。联系方式模糊,或仅有邮箱、手机联系,则大多是私人作坊乃至传销陷阱,进去容易出来难,自身权益很难得到保障。

(6) 垃圾式招聘广告。招聘广告贴在马路边、电线杆、私人民宅,或贴在人才市场的外墙者,大多是为了捞取报名费的垃圾广告。

(7) 色情式招聘广告。打着急招"公关先生"、"公关小姐"字样,或发廊急招小工等,从事的大多是苟且勾当,千万应聘不得。

(8) 高薪诱人广告。许多广告打出的工资高得惊人,如年薪十万、百万,这些单位大多对学历、经验、能力、社会关系要求较高,不适合大学刚毕业的学生,而且许多广告是为了制造轰动效应,起促销作用,大可不必理它。

(9) 其他。在招聘广告中还有一些其他花样也不可忽视。如拔高式招聘:打出招聘财务总监或部门主管、总经理者,一般难得兑现,需要你经过漫长的考核期,"高招低用"现象明显。补偿式招聘:刚在内部大幅裁员,第二天却又跑到人才市场扯起横幅大规模招人。这都是公司玩噱头、避人耳目、转移视线的一些把戏。

(二) 正确、有效地阅读招聘广告

面对铺天盖地的招聘广告,求职者该如何阅读,这直接关系到求职的成败,毕业生们不能"只见其一,不见其二",结果因错读或误读广告内容而使求职遭遇挫折。

1. 注重时效性。有少数单位,为了壮大声势,在职位推荐中,刊登一些已过期"招聘",而所报的薪金也可能与真实情况有差异,求职者可以选择信誉可靠的人事公司代为筛选。另一方面,网上招聘专页也可能会出现更新不够及时的情况,此时就须注意广告的上网日期及网页的更新频率。由于报纸发行量大,覆盖面广,因而应聘的人多且竞争激烈,因此,应尽可能买到日期最新的报纸,早做准备,以增加就业机会。

2. 注重真实性。许多广告都会表明比如"见报几天后现场招聘"之类的招聘会,求职者可以利用这段时间打电话咨询或展开实地考察,了解其经营和发展状况,做好思想准备,把握主动权。

3. 注重关键性。毕业生看招聘广告时要注意其中的关键内容,即单位对所招聘的员工的要求,这是提高应聘效率的关键。这些要求,对求职者来说,有"软"、"硬"条件之分:"软"条件是有商量余地的;"硬"条件是不可商量的。"硬"指标如学历、户口、年龄等,"软"指标如敬业精神、责任心强、作风正派、管理能力强等。"硬"条件没得商量,如果有一条不符合,用人单位都不会接受。而"软"条件,伸缩性大,没有一个统一的标准,人人都可以说自己能做到,所以说如果毕业生"硬"条件完全符合,只是"软"条件稍有距离,也应大胆去应聘,只要在面试中能自圆其说,工作中认真努力,求职是大有希望的。

4. 注重启发性。从一则广告中也许找不到当下最要紧的工作,但从招聘广告中你可以了解到:在当地能找到哪些工作?入选者需要具备哪些条件?哪些工作领域看起来最有希望?可得到多少薪金?报纸上的招聘广告不仅反映了某些职位是空缺的,而且反映了这类工作的空缺是不是普遍性的,如果是普遍性的,那么一定有许多单位尚未打出广告。研究招聘广告,还可以了解某一项工作需要哪些技能,这些情况可以帮助你为将来求职应聘做好准备。

总之,对于五花八门的招聘广告,毕业生必须保持理智而清醒的头脑,准确地捕捉真正属于自己的职业机会。

六、网络求职的方法与技巧

随着我国就业信息化进程的加快,网上搜寻就业信息已成为如今毕业生最常用的求职手段之一。网络求职摆脱了时间、地点、金钱上的限制,让找工作变得更加方便和快捷。

(一)求职邮件小技巧

1. 写求职邮件须知

(1)标题新颖

一般情形下,在写邮件题目时,求职者会按企业要求写成:应聘××职位,但你想想,人事经理每天收到几百封邮件,缺乏新颖的标题怎么可能吸引住他的眼球?所以,要想自己的求职邮件有机会被打开,毕业生可以根据所求职位并结合自己的特长等因素在邮件题目上多动动脑筋,翻点新花样。

(2)内容简明扼要、重点突出

既要把自己在某一方面的特长讲清楚,又不要过于冗长拖沓。应该在邮件的主题里及邮件正文中注明申请的是何职位。许多用人单位同时招聘多个职位,如果求职者没有写明自己的求职范围,会导致工作人员不明所以而失去机会。

(3)随附一封求职信

求职信应该有足够的内容介绍自己,但要控制字数,不宜过长;求职信和简历都应该用文本格式.txt来写,这样虽然会限制一些文本修饰功能,如粗体、斜体等,但你可以用一些符号来突出重点,如:"+"、"-"、"△"等;还要注意措辞,信中千万不可有错别字。求职者可以在电子邮件的草稿箱里创建并保存一个求职信样式,这样稍加修改你就可以用它来申请其他的职位。

(4)"一一对应"原则

一封电子邮件应聘一个职位,不要同时在一家公司应征数个职位。一般来说,在用人单位看来,你越是对某一职位志在必得,他们会感觉你是认真的,这样应聘的成功率自然也就比同时应聘几个职位要高。

2. 发求职邮件小窍门

(1)让自己的邮件永远在最前面。发邮件到企业指定的邮箱时,让自己的邮件永远排在最前面的方法很简单,在发邮件前,把电脑系统的日期改为一个将来的日期,如 2020 年,因为大多数邮箱都是默认把邮件按日期排序,所以你的邮件起码要到 2020 年以后才会被排在后面。

(2) 如果不是用人单位特别要求,不要把简历贴在附件里发送。一是因为邮件太多,有时看邮件的工作人员不愿意打开;二是因为电子邮件病毒流行,许多用人单位不愿打开电子邮件的附件;三是因为格式的不同,有些附件在用人单位那里可能是打不开的。同时,要注意把简历转化为文本文件,不要出现字词及语法类的错误。

(3) 不要大量邮寄简历。许多毕业生不管对方的职位要求如何,大量发送求职邮件,效果反而不理想,求职者应该仔细研究空缺职位的具体情况,确定该职位符合你的兴趣和背景之后再去应征。不要简历"满天飞",漫无目的去投简历等于没投。

(二) 网上求职注意事项

1. 心态平和

网上求职只是求职的一个渠道,求职时不要将全部的希望都寄托在互联网上,一旦求职不成,还是要积极调整心态迎接新挑战,尽可能通过多样化的途径去谋求职位。

2. 防范骗局

毕业生为了防止网上诈骗,一定要登陆正规网站。一般正规网站在刊登人才需求信息时,都会仔细验证招聘单位的真实性,要求对方能提供单位营业执照、办理人员的身份证件以及加盖公章的单位证明等,严防虚假信息的发生。因此,在网上求职时,应尽量寻找那些比较正规、知名的网站,以减少不必要的麻烦。

当无法确定所要应聘单位的真实性与可靠性时,可以登录当地的工商局网站查询一下企业的注册情况,或者直接在"百度"或"Google"里输入"公司名+骗子公司",看一下搜索结果,或者到一些求职论坛发帖请教,应该会有一个结果。

3. 注意保密

通过网络进行求职时,注意不要随意四处粘贴简历,避免资料泄露,比如不要在网站上透露家庭地址,求职者只需要留下个人的电话、电子邮箱及自己的大概位置就可以了,以防让一些骗子所利用,对于一些刚就业不久却准备跳槽的毕业生,如果不想让现在的就职单位了解到自己的求职资料,可以用自己的英文名,或者在个人资料设置中将自己的个人资料设置成对部分单位保密(目前多数招聘网站都有这一功能)。

虽然求职网站能够提供给应聘者大量的有用信息,但网上求职只是求职道路上的一条道路,记住"条条大道通罗马",毕业生千万别过分依赖网络去求职。

七、毕业生求职过程中的法律防护

毕业生刚刚走出菁菁校园,进入纷繁万象的职场圈,因为自身阅历的缺乏,对法律法规及就业信息不了解,再加上缺乏就业机构、高校等对毕业生的充分引导,在"双向就业"的市场中已然成为求职市场中的弱势群体。为使自己在求职道路上少走弯路,逐渐成长,顺利就业,就必然要拿起法律防护的盾牌。

(一)明晰主要就业权益

权益记在心,求职才顺心,熟悉法律法规中所赋予的就业权益,就好比在求职前吃了一颗定心丸,让求职有了更好的保障和支持,成为择业时强有力的后盾。

1. 自主择业权。《劳动法》第 3 条规定,劳动者享有选择职业的权利。因此,作为求职的毕业生,在就业市场上享有自主选择权,可以按照自己的兴趣、意愿和能力去选择自己爱好和擅长的职业。家长、学校和用人单位,可以为毕业生提供择业意向方面的建议、意见、参考、推荐和引导,但不能强迫或限制他们选择职业。

2. 平等、公平就业权。我国《劳动法》第 3 条规定,劳动者享有平等就业的权利,劳动者就业不因民族、种族、性别、宗教信仰、经济能力等不同而受到差别对待。在应聘某一岗位时,符合竞聘条件的任何公民都可平等地参与竞争,任何人不得享有特权,也不得对任何人予以歧视。

3. 知情权。我国《劳动合同法》第 8 条规定:用人单位招用劳动者时,应当如实告知劳动者工作内容、工作条件、工作地点、职业危害、安全生产状况、劳动报酬,以及劳动者要求了解的其他情况。如果招聘单位对自己企业的情况闪烁其词、模棱两可,则侵害了求职者的知情权,同时也违反了"双向选择"的初衷。

4. 违约求偿权。毕业生的就业协议一经签订,毕业生、用人单位、学校任何一方不得擅自毁约,否则违约方应向权利受损方支付协议条款所规定的违约金。任何一方提出变更或解除协议,均须得到对方同意,并应承担违约责任。

(二) 辨识常见侵权行为

权益在手,就应该勇敢地对侵权行为说"不",才能减少求职中上当受骗的风险。下面介绍几种常见的侵权行为以助毕业生们在求职时辨别。

1. 招聘中的歧视行为。求职中如果没有合法依据而借口性别、身高、相貌、学历、专业、家庭关系等原因而受到区别对待的行为就是常说的就业歧视。求职中常见的歧视现象有性别歧视,部分单位"宁选武大郎,不选穆桂英"的性别歧视观念确实让很多女毕业生在求职时遭遇"瓶颈"。再比如工作经验歧视,有的用人单位在招聘中需要毕业生有实际工作经验,刚刚毕业的人哪来的实际工作经验,经验是慢慢积累的,这样的要求分明就是不合理的条款。

2. 侵犯应聘者隐私。求职中如果认为自己在应聘时被问及的问题有损个人尊严,可以拒绝回答,如果是出于安排合适岗位的考虑或者考察应变能力,毕业生可以视情况回答,如果认为损害已成事实,则可以投诉、报警。另外,某些招聘单位将应聘者的姓名、住址、电话及身份证号码转让给他人或中介机构,实际上这种做法也侵犯了求职者的隐私权。隐私权的保护在我国《民法通则》、《关于贯彻执行〈民法通则〉若干问题的意见》及相关司法解释里都有明确规定:用人单位获得毕业生的个人隐私后,负有保密的义务,否则构成侵权。

3. 收取求职者的财物。招聘单位提出收取服装费、培训费、押金,或以其他方式变相收钱的,很可能是个骗局,求职者可向劳动监察部门举报。

4. 扣压求职者的证件。目前仍有些招聘单位以便于管理为由要求应聘者留下身份证或毕业证,实际上违反了原国家劳动部规定的"任何企业在招聘员工时都不得以求职者的身份证、毕业证等作抵押"。千万要记住:非公安机关扣押证件均属于违法行为。招聘单位只能要求你提供证件复印件,若要证件原件,请立刻放弃此工作,避免给自己带来损失。

(三) 拿起法律武器护航

为避免权益受到侵害,重要的是要练好"防身术",防患于未然,严格于始终。但一旦权益受到侵害，则要及时寻找解决方案，不能抱着倒霉的心态而听之任之，否则不仅本人的损失难以挽回，还会让更多人上当。

针对侵犯就业权益的行为，毕业生可向用人单位上级主管部门、学校进行申诉，并听取他们的处理意见，或直接向公安机关报案，同时也可提交给当地的劳动争议仲裁机构进行调解和仲裁，或直接向人民法院提起诉讼。

1. 申诉

学校不仅通过制定各项措施，规范毕业生就业指导和就业推荐，对于毕业生申诉的用人单位在过程中的不公平、不公正行为，学校也有权予以抵制，以维护毕业生的公平录用权。对用人单位与毕业生签订的不符合有关规定的就业协议，学校有权不予同意，并可不作为编制就业方案的依据。

2. 报案

对于用人单位在招聘中采取种种欺骗手段侵害毕业生权益时，可以向用人单位所在地的公安部门报案，如果查实中介以非法占有他人财产为目的，采取虚构事实等手段骗取中介费，则构成诈骗犯罪。如果在求职中涉及人身侵害、伤害等，还可直接拨打110请求救助。

3. 调解与仲裁

当权益受到侵害时，还可向当地消费者协会投诉，请求帮助调解解决。如果求职中涉及劳动合同争议，毕业生还可以向劳动合同履行地或用人单位所在地的劳动争议仲裁委员会申请仲裁。当事人申请劳动仲裁，应当自知道或者应当知道权利受到侵害之日起60日内提出，否则就有可能丧失胜诉权。除非是因不可抗力或者有其他正当理由导致时效的中断或中止。

4. 诉讼程序

了解与核实该中介业主在当地是否有房屋等财产，如果有，可依法向人民法院提起民事诉讼，并在起诉的同时请求诉前财产保全。如果中介业主下落不明，也不影响起诉与人民法院受理。法院受理后，完全可以公告送达起诉状等法律文书，即使开庭时中介业主不到场，法院也会依法做出缺席判决。而判决生效后，法院可强制执行属于中介业主个人(已被诉前财产保全的)以及其他财产。

总之，在当前双向选择就业轨道中，不可否认，刚进入职场的毕业生在维护自己的权益方面还远不是用人单位的"对手"。但当自己的权益受到侵害时，只要我们恰当地选择维权渠道，就能为自己在妥善解决劳动争议中争取到更多的主动权。

相关链接

1. 《中华人民共和国劳动合同法》 中央政府门户网 http://law.npc.gov.cn:87/

2. 中国招聘求职网 http://www.528.com.cn

3. 智联招聘网 http://www.zhaopin.com

4. 应届生求职网

深度阅读

1. 高校毕业生就业有关文件汇编(来源:http://www.lm.gov.cn/zb/gx-bysjyfg/node_3313.htm)

2. 毕业生求职成功案例分析(来源:毕业生网)

3. 季靖.《毕业生求职实战案例精析》

本章训练题目

1. 在一次招聘会上,一家饮料公司的招聘主管让应聘毕业生说出几个该公司推出的饮料品牌名字,没想到求职者只回答一两个,结果都没有被录取。下列选项中你认为这些毕业生求职失败的主要原因是(　　)。

　　A. 不会随机应变,应变能力比较差,所以没有被录取

　　B. 没有事先了解该公司的情况,说明根本不重视这次机会,因此没有得到录取

　　C. 以上都是

　　D. 对饮料不感兴趣,不适合去饮料公司工作

2. 古人云"知己知彼,百战不殆"。面试和打仗有着同样的道理,因此,在面试前了解用人单位的情况显得尤为重要。下列选项中,毕业生应了解的有效信息有(　　)。

　　A. 了解用人单位对员工的要求、职责以及给予员工的报酬、培训等情况

　　B. 了解用人单位的文化

　　C. 了解用人单位招聘职位的性质、工作内容、所需知识和技能

　　D. 了解用人单位的性质、规模、特色、组织机构等情况

3. 五一节过后,小杨找到一家名为"名校家教"的中介求职,中介工作人员

非常热情地告诉她说，只要交上会员费200元成为中介会员，中介就会帮你不停地找工作，直到找到满意工作为止。小杨交款后，中介告诉她回去等消息，一周之内就会有结果。谁料一周过去后，一直没收到中介的任何信息。等她意识到中介有问题，再次前往该中介办公地时，大门已紧锁。后经工商部门查实，该中介是未经注册登记的"三无"黑中介。小杨该如何维权？

第十四章　面试训练与技巧

案 例

　　某金属制品公司主营业务为生产出口的宠物笼子。在一次业务员招聘中，公司老板一反惯例，招聘了一名形象和履历看上去比较一般的女生。公司的其他人问为什么会招聘这名毕业生。老板讲了应聘者让他感到满意的两件小事：首先，她是在没有来电询问位置的情况下提前到达的，说明事前做了充足的路线规划准备。而当天的面试者中有好些都未能准时到达。其次，在笔试的时候发现她提前了解了宠物笼子的相关信息。这是一个比较小众的行业。该面试者能花心思去了解相关信息后来面试，说明对这项工作的认可。老板还跟公司的同事说，通过面试的观察，估计这个女孩子应该是公司有史以来用最短时间接到第一单的业务员。这名员工不但性格很好，每天发给客户的开发邮件超出公司要求的一倍。后来果然成为该公司有史以来用最短时间接到第一单的业务员。

导 语

　　面试是对个人的专业能力、个性特质、行事风格、综合素养等各方面情况的全面考察。在绝大多数情况下，面试都是求职的必经环节。能得到面试机会的同学都已通过简历初筛，应聘者之间在过去的履历上应基本差不太多，因此竞争将会十分激烈。在面试中的表现，对于应聘成功起着至关重要的作用。虽然面试成功与否受许多因素的影响，但掌握一定的面试技巧，有意识地进行面试方面的训练对提高面试的成功率仍然是十分重要的。

关键词

　　面试准备；自我介绍；面试回答；面试提问

　　面试是一种在特定场景下，以面试官与应聘者双方面对面交谈与观察为主要

227

手段的人员甄选方法。面试是一个完整的过程,包括面试前的准备、面试中的应对和面试后的跟进三个环节。每一个环节对面试的成功与否,都有着重要的意义。

一、面试前的准备

(一)面试财物的准备

面试前需要进行的财物准备包括求职信与简历、服装、公文包、文件袋、名片、雨具和一定量的钱等。

求职信与简历除了用于大型校园招聘会的普适性的版本外,最好就自己特别中意的企业或岗位有针对性地做几个版本。服装宜大方得体,不必追求华丽。公文包是为了方便携带必要的随身物品。文件袋主要用于装求职所需要的资料。精心制作一套名片,既有利于快速地向面试官介绍自己,也有利于给对方留下特别的印象。记得带上雨具,雨天防淋晴天防晒,可以使自己即使在不太好的天气里前去面试也不会显得太狼狈。一定量的钱用于交通、饮食、住宿、准备各种面试所需要的物品等。

(二)信息资源的准备

收集与面试企业相关的信息资料是整个面试中非常重要的环节,但也常常被毕业生所忽视,常常在并不太了解对方的情况下就去参加面试,或者虽有所收集,但做得不够细致。参照表14-1,对于提高信息采集的质量会有所帮助。

表14-1　　　　　　　　　招聘单位基本情况

单位名称		岗位名称	
单位联系人		单位联系电话	
面试办法			
工作地点		基本待遇	
单位所在地			
乘车路线			
单位网址			
单位主营业务和产品			
单位近期重大事件			
单位的社会信誉			
单位所在行业的情况			

对于表 14-1,有以下内容需要特别注意:

1. 单位所在地

了解单位所在地,除了前去面试的需要,还可以通过单位所在地对单位的层次、前去面试的安全性等进行评估。单位所处的地段越是在城市的商业核心区,层次往往越高。而地处越是偏远的地方,层次会相对低一些。到正规的写字楼面试,一般是比较安全的。而如果要到一些偏僻位置、甚至在居民区内的企业面试,则应谨慎小心一些。

2. 乘车路线

目前通过各种电子地图和乘车服务软件,要查明乘车路线已经不再是难事,但要注意提前查询好从所住地前去面试地所需要的时间。尤其是要注意在自己准备前去的时段是否会存在塞车的情况,以确保能准时到达。

3. 单位网址

单位网址可以衡量一个企业的发展状况。现今如果一个企业连个独立域名的网站都没有,说明企业比较小,发展比较初步。而通过企业网站的新闻报导、更新频率等可以大致推测这个企业的运营情况。

4. 单位主营业务和产品

这应是重点了解的内容。不论前去应聘的是什么岗位,如果原来所学的专业知识中没有与面试企业的主营业务和产品相关的知识,一定要提前补充。除了解该企业目前的主营业务和产品,还应争取了解与之有竞争关系的企业的产品情况以及上下游产业链的情况。

5. 单位近期重大事件

通过企业近期发生的重大事件可推测企业的发展状况,为自己是否去应聘提供参考。如果单位近期发生有负面影响的重大事件,对于是否还要去应聘就应当慎之又慎了。如果单位近期发生有较好的正面影响的重大事件,则最好对其前因后果多做一些了解,也许面试时用得上。

6. 单位的社会声誉

企业的社会声誉主要是指社会对单位的评价,尤其是否存在负面评价。查询一个企业的社会声誉,不但有助于判断企业的好坏,还有助于识别虚假招聘,防止被骗子公司欺骗或误入传销陷阱。

7. 单位所在行业的情况

了解单位所在行业的情况可以实现两方面的目的:一是为自己选一个更好

的发展环境。在一个朝阳行业里,即使企业差一点,仍然有发展的机会。在一个夕阳行业里,即使个人能力很强,所在企业暂时不错,但未来的发展机会总是会少得多。二是为面试时回答面试官的问题收集背景资料。面试官会更喜欢对自己企业所在行业比较了解的人。

(三) 形象准备

良好的形象不仅体现对面试的重视和对面试官的尊重,能给人良好的印象,同时,也能增加自己的自信心。一到毕业季,大多数的毕业生都会准备参加面试的服装。男生多是黑色的西装,女生多是职业装。这至少表明了在态度上对面试的高度重视。不过,形象准备并不仅仅是指着装,而是包括了全身上下的打扮,也不是千篇一律的西装或职业装就一定好。

第一,要对自己的求职意向的岗位特点进行分析。由工作岗位的特点选择自己的形象风格。需要严谨低调的岗位,如会计,则应塑造自己冷静、沉稳、细致的形象。而面试需要有创意的岗位,如平面广告设计师,则不妨将自己打造得大胆、新潮甚至另类一点。第二,要观察面试公司的整体文化。一般提供社会公共服务类的企业(如银行、学校)会比较注重自己的社会公信力,注重着装的严肃性。不但要求着装正式,甚至连发型、配饰、指甲等都有要求。商务贸易类的企业会比较看重商务礼仪,注意着装的规范。而创意类的企业,则会突出创新理念,对着装的要求比较随意,甚至喜欢与众不同的着装,更喜欢外在形象比较吸引眼球一点的求职者。第三,可以直接咨询面试的通知者,对面试着装有无特别的要求或建议。

(四) 心理准备

对于许多从未有过面试经历的同学来说,第一次参加面试难免会有些紧张,但要克服这样的紧张也并非难事。

一是要能坦然面对这种紧张。第一次面试有些紧张是几乎所有人都可能发生的,因此,要坚信这是一种正常的心理反应,不必由此而怀疑自己。这样可以减轻自己情绪上的压力。二是要充满自信。不论自己过去的学习、工作经历如何,都要对自己充满信心。过去不代表未来,在同学当中表现不突出不等于进入职场不能表现突出。三是要将自己调整到一种与面试官平等的心态上。面试是一个双向过程,既是企业在挑选自己合用的人,也是求职者在选择适合自己的企业。要从被挑选者变成主动挑选者,这样会使自己的表现更加积极主动。因此，除了做好自我介绍的准备，还应做好评估招聘单位的准备。包括准备向面试官提出问题，了解用人单位的情况。四是要做好充分的准备，并进行一定的面试练习。例如，自我简介做到非常流畅自如，对可能提出的问题进行分析和回答，充分了解面试企业的行业信息和发展动态，理清自己的职业生涯发展思路等。

二、面试中的应对

（一）理解面试官和面试的考查点

虽然从人力资源管理学科的角度而言，面试已经有比较成熟的工作体系，对于面试官也有一定的面试技术要求与相关标准，但在实际的职场中，尤其是在中小型企业的面试中，往往并不是如教科书所述的那么规范科学。有一些面试官有着多年的工作经验，有自己的一套选人标准；也有些面试官会只关注自己感兴趣的能力，如技术能力，而对其他方面也许并不会太在意。当然，这也并非完全无迹可循。面试官的考查点，往往与他们的身份相关。不同身份的面试官，选人目的不同，其面试方法、考查重点也有所不同。根据面试官的身份有针对性地进行准备，对于提高面试成功率将有一定的帮助。

1. 老板选人

人才无疑是公司最重要的资源之一，是一个企业成败的关键。选人用人一定是企业老板最关心的事。而每一位老板都有自己的选人用人经验和方法。同时，老板是薪酬的支付者，招聘一个员工，必然期望他能带来远远超过给予他的薪酬的利润。因此，老板在选人时，往往不一定会按照常规的面试方法进行，可能仅仅根据面试者的某方面的优点，或者某项专长，甚至可能是因为形象就做出选择。此外，老板也有可能不一定按照原定的岗位选人。在发现应聘者具备从事其他岗位工作的能力或潜能时，也许会临时增加或改变招聘岗位。

如果面试官是老板，既需要有全面的准备，更需要有自己独特亮点的准备，哪怕这些亮点与岗位工作完全不相关。要知道，一名喜欢打乒乓球的老板对于一位乒乓球高手的面试者一定会多给予一些关注的。

2. 部门主管选人

对于部门主管而言，争取到一个进人机会并不是一件容易的事。一般都是工作任务比较重，或是需要开拓新的业务领域，在向老板反复申请之后才能获得批准。因此，部门主管会比较珍惜这个机会。并且，部门主管在选人时会将这个人员的工作能力放在第一位，尤其是具体的业务能力、专业技术水平。而老板能安排部门主管来选人，一般就已经授予了用人权，多数情况下都会按部门主管的意见决定人选。

面对部门主管这样的面试官，需要重点做好专业技术上的准备。如果有相关的工作经验，则更应当拿出来大书特书。如果缺乏相关的工作经验，而自己的专业水平也不是很高，专业能力也不是很强，则应展示出自己对这项工作的热爱、自己的学习能力和吃苦耐劳的工作态度，让面试官觉得你还是可以培养的人员，从而给予试用的机会。

3. 单位 HR 选人

能够安排单位 HR 来选人的，一般是相对大一点的企业。而来选人的 HR，多是奉命行事。对于他们而言，由于选来的人并不是自己要用的，就是完成一次任务而已。同时，单位 HR 一般对专业并不在行，往往只能做应聘者的初选，然后交由相关的用人部门或老板来进行进一步的挑选。因此，对于单位的 HR 来说，招聘中比较重视的是过程的规范性。

面对单位 HR 这样的面试官，一定要确保应聘材料准确，尤其是要求提交的各种证书务必备齐。可以按一般的人才测评要求进行面试准备。

4. 社会中介 HR 选人

社会中介 HR 选人，一般是用于劳务输出，或是代其他企业选人。所选人员将来能否作为劳动力输出或能否为委托的企业所接受对于公司来说非常重要，直接影响公司的效益。因此，他们会研究工作岗位的人才需求情况，尽量按当前通行的岗位要求选人。

面对这样的面试官，准备的重点在于对工作岗位要求的了解，并在面试过程中表达出自己愿意从事这样的岗位工作的意愿。由于通过这类方式选择的人员，多是从事一些比较基础性的岗位的工作的，因此对工作技能的要求可能并不一定很高，但对工作态度、团队精神、吃苦耐劳品质的期望会比较高。因此，要注重做好这些方面的准备。

表 14-2　　　　　　　　不同身份的面试官选人特点

面试官身份	选人目的	决定权	规范性	考察内容
老板	选资源	大	小	或全或偏
部门主管	选下属	较大	小	专业能力
单位 HR	选同事	中	中	综合素质
社会中介 HR	选产品	小	大	个性特质 综合素质

(二) 面试礼仪

礼仪之所以重要,因为它是一个内在修养的外在表现,是面试官观察应聘者综合素质的一个重要窗口。可以说,面试礼仪对面试成功与否有着巨大的影响。面试过程中涉及的礼仪内容是多方面的。从最初的打、接电话到现场面试中的衣着形象、言谈举止及面试后的道别、跟进,都需要加以注意。而关键在于,一个人平时就要注意提高自己的修养,这样在关键时刻才能自然而然地显示出来。而一个平时缺乏修养的人,到紧张的时刻,所有的不良习惯都可能不经意间就显露出来了。当然,所有的礼仪细节虽多,但只要做到态度诚恳、尊重他人,一般都不会差。

1. 面试前电话联系中的礼仪

大多数面试都是通过电话进行通知的,有些企业甚至直接通过电话交流进行首轮面试。对于文员一类的岗位而言,接听电话也是其基本工作技能之一。因此,面试礼仪首先从接听电话开始。

首先是养成保存企业招聘联系人电话的习惯。一旦向某个企业投出了你的简历,就应保存该企业招聘联系人的电话(最好连同企业名一起保存)。这样做有三大好处:一是如果对方同你联系面试事宜,你可以在第一时间辨识出对方,并向对方问好,就比完全没有准备问对方"您是哪位?"要显得礼貌和亲切。二是如果没有及时接到对方的电话,在未接来电中能很快发现对方已经同你联系。这样有助于及时回复,避免错失良机。三是有助于防范骗子假借招聘之名行骗。对于没有保存其电话的招聘信息,要保持警惕。其次是保持手机畅通,确保用人单位能联系上自己。再次是在电话沟通过程中,要充满热情。记住,即使隔着手机,对方仍然可以感受到你脸上的笑容。

2. 面试过程中的形象

面试过程中的形象不仅仅是指着装。一般而言，应聘者都会注重自己的着装，但需要注意的是自己着装的风格要与企业的文化尽量一致，与岗位的要求相一致。面试过程中的形象还包括守时、精神状态、态度等各个方面。

第一，守时在面试中非常重要。一般而言应尽量争取提前15分钟左右到面试地点。早点到，尤其是在其他竞争者之前到达，往往会占据一些主动。千万不要掐着最后一分钟到场。而迟到则是面试的大忌。一般面试迟到的多数都会首先被列入淘汰名单中。第二，要有良好的精神状态。面试中的精神状态会影响面试官的评价。建议面试前一晚早点休息，以便第二天有良好的精神状态。同时，从住宿地去往面试的路线要提前做好规划，确保自己从容到达，而不要弄得慌慌张张的。如果天气热，容易汗湿衣服，可以考虑多带一件，以便到场后换，这样可以避免浑身汗湿，影响发挥。第三，要有坦诚认真的态度。对整个面试有着精心的准备，资料齐全，整洁有序。如果确实存在薄弱环节，又恰好被面试官指出了，要坦然面对、虚心接受，不要诡辩。

3. 面试过程中的言谈

第一，声音要响亮。虽然说话声音不用太大，但应确保面试官能比较容易地听清楚。一定要避免由于紧张或平时习惯于小声说话，以至于在面试时说话声音太小，严重影响面试官听取你的发言。第二，注意语言的层次和逻辑。一般面试时不宜反反复复地说同一件事情，或是已经说过了的事件但却说得很不全面，需要不时回头补充。这样会显得比较乱，并且会使自己都搞不清说了些什么，还要再说些什么。可以准备一个小本，记下面试官询问的问题的关键词。并且，在回答之前先在小本上写下要回答的关键词或提纲，做一个简要的梳理，然后再回答面试官的提问。这样既可答得全面，又层次清楚，逻辑清晰。第三，言谈要恰到好处。既不可寥寥数语，草草收场；也不可夸夸其谈，漫无边际。要把自己的特色优势有重点、有内容地讲清楚，但又不要太重复啰嗦。

4. 面试过程中的举止

第一，遵守面试秩序。在未轮到自己时，宜安静等候。既不要四处走动，也不要与其他人高谈阔论，更不能催促或追问何时轮到自己。第二，如果到办公室面试，应先敲门而后进。即使是在会议室面试，已经安排好顺序的情况下，轮到自己入场时，也应先问一声"可以进来吗?"，以避免打扰面试官正在进行的讨论或面试准备。第三是在面试官指示下就座，一般坐座位的前三分之一，以确保坐得比较直,有精神。第四是回答问题时肢体语言的恰当运用和与面试官的眼神交流。要显得自信,但不夸张;尊重别人,且很自然。第五是避免各种不良的习惯动作,如跷二郎腿、抖腿、弄头发、玩弄领带、掰关节、手里摆弄钢笔或名片等。

5. 面试后的礼仪

面试结束后,起身离场时顺手把椅子放好。尽量面向面试官后退出场。出场后轻轻带上房门。过程中举止自信从容,不要慌张。面试完回到住处,也可以给联系人发个短信,感谢对方的安排,表示期待好消息,并报平安。过一段时间如果还没有消息,可以再电话询问一下结果。

(三) 1分钟自我介绍

1到2分钟左右的自我介绍是几乎所有面试的第一个环节。虽然此前面试官已经收到了应聘者的简历,并进行了初步筛选,但面试官对应聘者的了解仍然是相当不足的。尤其是一些需要介绍背景才能理解的个人业绩,更需要通过面对面的介绍才能更准确地理解。同时,1分钟的自我介绍也是对个人的分析归纳能力、语言表达能力、心理素质等的一次很好的考查。因此,虽然是短短1分钟,却需要很长的时间进行精心的准备。但一些同学却并未重视,认为只需要即时发挥,那是手到擒来的事。或是虽然有所准备,但疏于练习,或不习惯于平时练习,临场时仍然表达不清或显得十分不自然。在进行1分钟自我介绍时,需要注意应聘岗位、个人优势、介绍中的亮点、语气与肢体语言运用、信息传递效果等内容,并需要进行反复练习至自然而然的状态。

1. 应聘岗位要求明确

进行自我介绍时不能就自己的情况进行介绍,而应在分析应聘岗位要求的基础上对自己的情况进行重新梳理。一种比较简单明了的语言组织办法是,直截了当地说:"我来应聘某某岗位,我有以下的优势能胜任该岗位的工作。"切忌从一些不着边际的话开始自己的自我介绍。

2. 优势介绍具体

个人优势是围绕岗位要求进行组织的。但介绍个人优势不是简单地罗列自己的优势,而是要有足够的说服力让面试官相信你的优势。因此,在介绍时要注意将场景、例证讲清楚,最好能用业绩和数据说话。如要介绍自己有较强的组织能力,就应该列举自己组织过什么样级别的活动,参与的人次,活动的影响范围等。要介绍自己有较强的销售能力,就应介绍自己在什么公司、什么时间段销售了什么产品、业绩如何。

3. 亮点介绍巧安排

要明确自己的介绍中哪些是最具价值的内容,哪些是最希望引起面试官的重视和得到面试官的认可的内容。在排定内容的先后次序及讲解的详略安排上就应围绕着亮点来进行。亮点一般宜安排在中段,这时面试官一般会比较认真地在听你介绍。同时,亮点的内容应安排得细致一些,尽量让面试官感受到你的这些亮点确实非同一般。

4. 语气与肢体语言运用得体

面试中的语气把控与肢体语言如果运用得当,会给面试加分不少。而如果运用不当,也会减分不少。语气一般以平和、稳重为主。语速不宜太快,但也不要太慢。在介绍自己的亮点时,可以适当放慢一点语速,并适当加重语气,以引起面试官的注意。肢体语言主要是手势要尽量自然,既不要有太大幅度动作,也不要紧张得发抖,而宜适当配合讲的内容有一些小的手势。在介绍的过程中,应与面试官进行眼神交流,如果有多名面试官,应在与主试官交流为主的情况下,适当兼顾其他面试官。

5. 信息传递效果要评估

信息传递效果评估是准备1分钟面试最重要的环节。面试时的1分钟自我介绍不是自娱自乐,而是在进行沟通交流,因此光自己觉得讲得不错是没有意义的,而是要别人听明白了你所讲的内容,并且觉得你不错才有价值。也就是要确保信息传递的有效性。

为此最好是面向老师或同学进行试讲,讲完之后看看老师或同学能记住你介绍的哪些内容,尤其是你认为的亮点是否引起听者的共鸣,然后让老师或同学提出完善的意见。

6. 反复练习

虽然自我介绍的对象是自己,按理对其内容应是最熟悉的。但要真正把自己介绍好,除了前述的准备外,反复练习是必需的。反复练习一方面强化自我认知,增强自信心;另一方面熟悉内容,确保在十分紧张的状况下仍然能够清晰自然地进行自我介绍。进行反复练习时,除了自己练,最好能对着老师或同学多讲几遍,以适应面对面试官的场景。

（四）回答面试官的问题

回答面试官的问题是面试中最为关键的一步,也是所有关于面试的训练中最受关注的一个环节。要在这个环节有完美的表现,除了自己的平时积累,还需要有很好的临场发挥能力。面试官的提问有着很大的随机性。但不论面试官如何提问,所要考查的基本内容是不会有太大变化的。因此,要做好回答面试官提问的准备工作,首先要深刻理解面试官提问的考查要点。在准备回答问题的内容时,要换到面试官的角度来评估是否恰到好处;要注意细节,力争提供有说服力的对应案例和相关数据。面试官的考查大致分为知识、能力、态度三个大的方面。

1. 对知识的考查

对知识的考查可以分为对专业知识的考查和综合知识的考查。

（1）对专业知识的考查

对专业知识的测试一般会安排在笔试中进行。受时间和面试官本身知识结构等因素的影响,除了部门经理参与的面试外,很少有在面试时直接进行专业知识测试的。但面试官仍然可以通过一些问题来了解应聘者的专业知识情况。

比较具有代表性的问题有:请介绍一下你大学期间最喜欢的课程?你大学期间学得最好的是什么课程?

面对这类问题时,一定要努力紧扣与应聘岗位的知识要求来进行回答。如果你的相关课程成绩比较好,甚至可以把考试的成绩、班级排名等向面试官介绍。如果除了教学计划要求学习的课程,自己还参加了其他的相关课程培训,或是报了相关的专业自考等,都应向面试官展示。如果成绩不是太好,在去面试之前不妨找一些相关的参考书或补充读物来看看,这样就可以说自己在课堂学习之外,还进行了相关的自学,这样有助于提高面试官对你专业知识的信心。

（2）对综合知识的考查

综合知识是一个十分宽泛的概念,每个人的知识结构不同,很难用具体的知识点来进行考查。但一个人的知识结构对其今后的可持续发展有较大的影响,因此面试官有时也会关注。

比较具有代表性的问题有:你课外阅读什么书?你有什么业余兴趣爱好吗?

一个人的课外阅读更能反映这个人的整体素质。并且,这是最难以用技巧来解决的问题。从来不进行课外阅读的人,至少在自主学习能力上是有所欠缺的。而课外阅读的书的层次,也反映出个人的修养层次。因此,平时就应养成课外阅读的习惯,并且争取每年能完整地读完至少一本比较有品位的书。这样才能较好地回答这个问题。在回答此类问题时,最好能将自己的阅读书目、主要感悟与收获等进行介绍,以加深面试官的印象。个人的业余兴趣爱好可谓是双刃剑。一个完全没有业余兴趣爱好的人,可能发展的潜力会受到一定的影响。而一个兴趣爱好太多或太投入的人,又可能影响本职工作。因此,回答时应把握好度。如果能将兴趣爱好与促进工作进行适当结合,则最好。

2. 对能力的考查

对能力的考查分为对专业能力的考查和对综合能力的考查。

(1) 对专业能力的考查

对专业能力的考查是选人的核心内容,除了在面试时会重点考查外,一般还会安排试用、在实践中进行考查。与对知识的考查不同,能力往往需要通过应聘者在实际工作过程中的表现体现出来,因此面试官会比较关注应聘者专业相关的工作业绩。

具有代表性的问题如:有没有相关的工作经验?介绍一下你专业实习的情况和心得体会。公司要开展某项工作,你认为最关键的环节有哪些?对于应聘这个岗位,你有什么优势?

工作经验无疑是求职成功中最具影响力的因素之一。企业一般会优先考虑有工作经验的人。因此,建议应聘者最好能提前进行一些相关的工作实践。如利用暑假、寒假到将来有意向就业的行业去兼职锻炼。在回答有关工作经验的问题时,应将工作的单位、所从事的具体工作、相关的业绩(最好能有数据)等加以说明。如果能介绍自己工作之后的体会与收获则更好。对某项工作的关键环节的把握完全依赖于自己平时的积累。如果平时没有相关的实践经验,是很难答到点子上的。而平时如果积极进行过相关的实践,并且注意反思总结,则可能回答得比较出彩。个人的应聘岗位的优势,主要体现在自己的专业能力水平上。如果在本专业内已经有较好的业绩,甚至在业界都小有名气,则不难回答这样的问题。

(2) 对综合能力的考查

综合能力是从事任何工作都需要的通用能力,如与人沟通、与人合作、信息处理、创新能力、自我管理能力等方面的能力。综合能力虽然看似与某项专门的工作没有非常直接的关系,但却是完成各种工作的重要基础。随着社会的不断发展和技术的不断更新,专业能力常常会面临过时的危机,而综合能力却可以促进一个人持续地发展。综合能力作为一种更为深层次的能力,渗透在日常的工作中,却更难以在短时间内测定。面试官一般通过相关的实践业绩和个人的体会来考查。

代表性的问题如:请介绍一项你组织的最有影响力的活动。你大学期间最成功的事和最失败的事是什么,对你有什么启发?

组织一项活动需要很好的策划能力、沟通能力、与人合作能力等多方面的能力,是对综合能力的最好体现。组织的活动的层次最能反映一个人的综合能力的高低。一般能组织系一级或是学院(校)一级活动的同学,综合能力会显得更强一些。如果所组织的活动仅仅是班级,甚至是宿舍一级的,则需要多加学习。大学期间最成功和最失败的事是对一个人的自我认知的一次检验,也有助于对个人综合能力水平高低进行判断。而通过经历最成功和最失败的事所获得的启发则最为珍贵,能很好地反映个人现在的综合能力水平。因此,在回答时一定要重点突出自己所获得的启发以及此后的进步,最好能有具体的事例来说明。

3. 对态度的考察

态度在表面上看起来与岗位的需求最不相关,但实际上对于一名新人而言,态度的重要性有可能超过知识和能力。虽然企业也希望新人能到岗即用,独当一面。但即使暂时做不到也没有关系,毕竟企业还会有后继的培养。但是,如果一名新人缺乏吃苦耐劳的精神,不愿意从基层做起,不能认识到自己的不足并努力学习弥补,则即使现在看上去很有才,也不堪大用。但态度的考查却又是最难的,因为在面试的时候大多数人都会表现得非常认真、诚恳、谦虚,承诺忠诚于企业,但此后是否真的能做到,却常常值得进一步观察。

比较有代表性的问题如:你为什么选择我们公司?你如果到我们单位工作,有何打算?你觉得你们学校怎样?你觉得自己最大的优点和缺点分别是什么?你希望与什么样的上级共事?

要说明为什么选择这家公司,首先当然要说明自己现有知识能力与公司岗位要求的匹配度。但这还不够。毕竟符合要求的人很多。因此,还应说明自己的职业生涯发展与公司发展的关联性。通过自己的努力,通过公司的平台,能实现个人与公司的共同发展。关于到一个单位工作的打算,不要笼统地回答了解情况、加强学习之类。可以具体地谈自己现在可以胜任哪些工作,经过培训今后还可以胜任哪些更有难度的工作。但切忌说我到单位来,是为了学习,为了不断锻炼提高自己。如何评价自己的学校是一个非常考查人的态度的问题。显然,对大多数人而言,自己与学校之间都会存在好的和坏的联系,只是所占比例不同而已。如果一味地否定自己的学校,同时也就等于否定自己,也意味着将来对自己工作的企业也是如此态度。如果一味地认为自己的学校好,则又可能显得没有原则,过于老好人,即使不让人觉得有些虚伪,也让人觉得自己缺乏主见,没有批判精神。在回答这样的问题时,重点在于肯定学校与岗位要求相关方面的优势。对于存在的不足,则更多地从历史发展的局限性角度去讲。对自己的优点和缺点的分析,一定要实事求是,但同时也要结合岗位需求。切忌玩"最大的缺点就是没有缺点"这样的文字游戏。应聘者对上级的"希望"反映出的是应聘者对自我的要求。上级不是自己能决定的,上级的风格也是多种多样的,因此,最好不要去假设上级的情况,而更多地强调自己的工作态度。

4. 综合考察

现实的工作实际是涉及知识、能力、态度等多个方面的。因此,面试官也会提出一些综合全面考察应聘者的问题。

这类问题多是以情景题的形式出现。最常见的提问方式为:公司最近发生了×××事,如果你是某个岗位的员工,准备怎么做?

回答这一类的问题,一般应包括事前的预防、事中的处理、事后的总结改进等内容。在事中的处理上,一定要注意处理的程序与逻辑。可以按"前后上下左右"的结构进行思考。"前后"指时间顺序上分清不同事情的轻重缓急和因果联系。"上下"是指向上级的汇报请示和对下级的工作安排。"左右"则是指与相关部门或人员之间的协调。由于这一类问题都属于开放性问题,且答案并不唯一。因此在回答时,除了中规中矩地完成基本的业务要求外,还应该展示出自己批判性思维、学习灵活性、创新能力、团队协作等方面的素质。这些素质有时比具体的操作能力更能打动面试官。

(五)向面试官提问

在面试官问完问题后,面试官可能会问应聘者是否有问题问面试官。很多人在回答完面试官的提问后便感觉到大功告成,往往会忽视这个环节,因而要么没有进行准备,要么就是选择的问题比较随意。但是这个环节对应聘者而言至少有三个方面的重要意义。一是通过提问对企业的状况进行判断,以确定自己是否真的要到这个企业工作。二是进一步了解企业的情况,如果面试成功,为入职后尽快适应岗位工作积累资料。三是向面试官展示自己对此次面试的重视,对企业的深入了解和所做的充分准备,及自己对未来的思考,从而给面试官留下深刻印象,为自己进一步争取机会。如下问题可以考虑向面试官提出:

1. 试用期的培训情况

了解试用期的培训情况,一方面是出于以下考虑:如果应聘成功,方便自己接下来的时间安排。新入职培训是比较重要的,尽量争取全程参加。另一方面也是判断企业的情况。如果企业重视对员工的培训,试用期的培训安排比较科学合理,内容充实有实效,说明这是一家值得去的企业。而如果没有培训,或培训非常简单,说明企业的状况不太好。同时,也是向面试官展示自己对工作的态度,以及希望早日胜任工作的愿望。

2. 员工的绩效考核办法

了解员工的绩效考核,一方面是了解公司的管理模式、管理水平,甚至公司文化,以确定自己是否适合到这样的公司工作。另一方面是了解未来的发展晋升路径。其次是间接地判断自己未来的收入状况。薪酬是一个既敏感又不可回避的问题。如果面试前企业已经确定了薪酬,这样最好。如果企业没有明确,也可以直接询问。但通过了解绩效考核办法来推测,可能更准确,并且也显得更自然。

3. 个人对该岗位的顾虑

如果个人对该岗位的工作有什么顾虑,也不妨提出。一来是对招聘负责的表现,二来也便于及早解决可能存在的问题。

4. 何时可以有结果

了解清楚何时有面试的结果,既方便自己进一步跟进面试的情况,也方便自己安排参加其他的面试。同时,也显示出自己对这次招聘的重视。

三、面试后的跟进

即使在面试现场已经大致定下了录用的人选,面试官仍然会比较礼节性地表示对应聘者前来应聘的感谢,并请应聘者等候通知。因此,面试后的跟进仍然是有必要的,同时也许会带来新的机会。

(一)做好面试过的用人单位的记录

如果参加过多家企业的面试,尤其是参加大型校园招聘会,一次性参加了多家公司的面试时,最好做一份记录表。这样不但方便自己跟进了解面试的结果,还能在一定程度上防止有人假借面试的名义行骗。

表 14-3　　　　　　面试过的用人单位的记录表

序号	面试时间	单位名称	面试官	查询电话	查询时间	备注
1						
2						

(二)选择恰当时间进行电话询问

虽然面试者都非常希望尽快获得面试结果,但太过急切地追问面试结果仍然不可取。如果面试时有明确告知出结果的时间,则宜在到时间后再去询问。如果未被告知明确的出结果的时间,则可以在面试结束一周后电话询问一下。

(三)做好迎接面试结果的准备

面试成功当然欢喜。此时可以进一步深入了解一下企业的情况,并根据自己面试过程的体验进行更为细致的分析判断,决定是否到该企业工作。如果确定进入该企业,时间和条件允许,不妨早一点到企业工作,尽快适应岗位要求。

面试失败也不必伤心。一方面认真总结一下原因,提高自己应对面试的能力,积极参加其他企业的面试。另一方面,如果对原来应聘的企业确实有兴趣,不妨再询问是否有别的岗位机会。

相关链接

1. 新职业(教育部大学生就业网)http://www.ncss.org.cn/
2. 大学生就业在线 http://www.gradjob.com.cn/cms/index.html
3. 求职 OMG－大学生就业指导与技能开发(中国大学 MOOC) http://www.icourse163.org/course/OUC-1001769006

深度阅读

1. 求职面试十大禁忌 https://www0.gtcfla.net/job/guide_list.aspx?

guide_id=65
2. 面试中常见的三类能力考察题型
　　http：//202.116.160.177/cnews/2013/06/05/200901aPGk.html
3. 大学生求职军规：应聘面试13项注意事项
　　http：//202.116.160.177/cnews/2005/06/03/135831fJiC.html

本章训练题目

1. 请自定一个拟应聘的岗位，并针对此岗位准备1分钟的自我介绍。
2. 请查阅与自己未来就业岗位相关的企业信息，并按本章的《招聘单位基本情况表》采集企业信息。

后 记

2016年国务院办公厅印发《关于深化高等学校创新创业教育改革的实施意见》(以下简称《意见》)后,从在高校开设创新创业必修课、允许学生休学创业,到加强教师创新创业教学能力,成为高等学校改革创新的重要内容。这一重大的变化对于在校的大学生来讲,需要及时的指导和帮助,以引导大学生尽快适应这种转变并以正确的心态和方法去创新创业和就业。为此,在中国职业技术教育学会副会长李小鲁教授的支持下,由广东省职业技术教育学会和广东省高等学校思想政治教育研究会组织,邀请全国有代表性的高等学校中从事大学生创新创业和就业指导的专家与专业教师集体编写了这本《高职大学生创新创业与就业指导》教材。本书的特点是根据教育部明确要求我国高等学校面向市场经济发展的需要,适应国家对大学生创新创业与就业政策的改革和调整,全面引导大学生树立新的创新创业与就业观念,主动进行创新创业,并对大学生的自主择业与就业提供指导和帮助,以引导大学生尽快适应这种转变并以正确的心态和方法选择职业。《高职大学生创新创业与就业指导》在编写的要求上,力求以高职大学生的实际学习与就业需要为重点,既有理论指导,又有案例介绍,突出理论性、指导性、可操作性。

参加《高职大学生创新创业与就业指导》审稿和编写的专家所在高校有:广州珠江职业技术学院、广西工商职业技术学院、三峡电力职业学院、常德职业技术学院、广东青年职业学院、珠海城市职业技术学院、佛山职业技术学院、广东亚视演艺职业学院、广州城建职业学院、辽宁职业技术学院、常州工程职业技术学院、广东理工学院、广东清远职业技术学院、南宁职业技术学院、广州民航职业技术学院、广东交通职业技术学院、广东机电职业技术学院、广东省外语艺术职业学院、广州铁路职业技术学院。编写作者(以编写章节先后为序)有高斌、张韵、印敏惠、吴玥琼、马玉兰、谢洁、赵婷、白立强、欧阳效升、张立华、卢红军、欧汉生、李弘、张雪华、赵蕾、仇志海、鲁春燕、胡鹏飞、谢平、刘建珍、廖非、覃文松、赖赛珍、李爱卿、曾艳英、夏连虎、湛峤赟、叶华、冯清云、陈楚瑞、张举正、陈伟、文香艳、理阳阳、王媚莎、陈飞飞、胡荣华、曾准、许爱军、胡英芹、梁润华、刘苍劲。本书最后由刘苍劲教授定稿。在本书编写过程中，本书顾问李小鲁教授提出了很好的修改意见，编写本书的部分资料参考和引用了百度等参考文献，特此说明并致以感谢！

  由于本书是由全国有代表性高等学校的专家和专业教师集体编写而成，加上编写时间比较仓促，案例的收集也不完整，错误之处在所难免，恳请读者批评指正，便于今后修订再版。

《高职大学生创新创业与就业指导》编写组
2017年7月于广州